浙江省普通高校"十三五"新形态教材

浙江省一流课程传播心理学配套教材

浙江工业大学校级重点教材

PSYCHOLOGY OF
COMMUNICATION

传播心理学

周 琼 ◎编著

ZHEJIANG UNIVERSITY PRESS
浙江大学出版社
·杭州·

图书在版编目（CIP）数据

传播心理学 / 周琼编著. —— 杭州：浙江大学出版
社，2024.12
　　ISBN 978-7-308-24057-4

　　Ⅰ.①传… Ⅱ.①周… Ⅲ.①传播学－应用心理学－
教材 Ⅳ.①G206

中国国家版本馆CIP数据核字（2023）第145935号

传播心理学

CHUANBO XINLIXUE

周琼　编著

策划编辑	葛　娟
责任编辑	葛　娟
责任校对	高士吟
封面设计	春天书装
出版发行	浙江大学出版社
	（杭州市天目山路148号　邮政编码310007）
	（网址：http://www.zjupress.com）
排　　版	杭州林智广告有限公司
印　　刷	杭州高腾印务有限公司
开　　本	710mm×1000mm　1/16
印　　张	15.75
字　　数	258千
版 印 次	2024年12月第1版　2024年12月第1次印刷
书　　号	ISBN 978-7-308-24057-4
定　　价	49.80元

我国传播心理学研究的最新思考————————————●

近三十年来，我国的新闻与传播心理学研究在教学、科研、学会活动及为传播实践服务等方面都取得了显著的成绩，传播心理学从不被世人所知到被学界、业界认可。在我们为之兴奋、欢呼之时，更需要清醒地看到传播心理学在发展中存在的问题，对传播心理学这门学科有更加深入的认识。

一、传播心理学研究中存在的主要问题

中国社会心理学会传播心理专业委员会秘书处所在的中国传媒大学新闻学院传播心理研究所多年来持续编辑刊发《新闻与传播心理学研究动态》，该动态是面向新闻与传播心理研究者定期发布的一种内部交流电子刊物，每年辑录四期，主要从国内新闻学、传播学和心理学核心刊物中遴选有关传播心理学研究方面的论文。

通过对第十二届新闻与传播心理研讨会暨中国社会心理学会传播心理专业委员会第九届年会选录的95篇论文进行文本分析后发现，其中真正属于传播心理学论文的只有57篇，仅占总数的60%。不符合传播心理学论文的原因有多种表现，最主要的问题是摒弃了传播心理学研究的核心问题：将传播学研究替代传播心理学研究。

在2002年的张家界会议（第四届新闻与传播心理研讨会）上就有代表提出过这样的疑问："传播心理学出现时，传播学中已经有了相当数量的心理学研究课题，也已应用了许多心理学理论，为传播心理学留下的空间不多了，那么，传播心理学研究的目的是什么呢？""与传播学重复和重叠是没有意义

的，成为传播学中心理现象的解释也会使它的存在价值大打折扣。"[1]

这个问题提得非常尖锐也非常重要。但是长期以来我们对此问题重视得不够。至今部分研究者还存在着忽视传播心理学和传播学研究对象的区别，摒弃了传播心理学研究的核心问题的现象。不过这种现象的存在是传播心理学学科发展过程中难以避免的。

二、传播心理学研究的难点

目前我国传播心理学研究处于初级阶段，尚不成熟。有学者认为，目前我国传播心理学的研究仅是同类研究的统称，与有自己的一套概念体系和理论框架并成为一门相对独立的学科相差很远。教育心理学从产生、发展到成为一门独立的学科用了一百多年，而我国传播心理学从产生到现在才仅有二三十年的历史，所以，在传播心理学研究中存在诸多问题是非常正常的现象。

首先，传播心理学研究的难点与传播心理学的学科特点有关，传播心理学是一门传播学和心理学的交叉学科，要求研究者既要具有传播学的知识，又要具有心理学的知识，而且还需要将二者有机地结合起来，这便更增加了研究传播心理学的难度。

其次，传播心理学研究的难点与传播学和传播心理学的边界模糊有关，由于传播学的研究离不开人类的信息传播活动，很难不涉及心理问题，所以在传播学中有相当数量的心理学术语。可以说传播学和传播心理学在某些层面上相互重叠，分辨这两门学科确实不易。

再次，传播心理学研究的难点与心理学具有的"两端性"特点有关。"两端性"指"低端"和"高端"。所谓"低端"是说，由于人人都有心理感受和经验，即使不学习心理学知识也会明白一些心理学概念，如"情绪情感""记忆""思维"等，所以从这个角度看有心理学家认为"人人都是心理学家"。与理工科、医学、人工智能等不学习就无法知晓相比，似乎心理学可以不学而明。这就容易使人们忽视对心理学的学习。其实心理学具有"高端性"，它

1　刘京林.传播心理学理论与实践[M].北京：中国言实出版社，2015：19-20.

博大精深，对人的心理的探讨即使终其一生也难以全面掌握。

最后，也是更重要的一点，就是我们对传播心理学基础理论研究的意义认识不足。长期以来，我们对于传播心理学研究的基础理论缺乏深入探索，仅仅停留在传播学的某些表面层次，很容易将传播心理学和传播学混淆。那么传播心理学研究的基础理论到底是什么，这个问题迫切需要答案。

三、传播心理学研究的基础理论

研究传播心理学的基础理论是一个非常重要的问题，如果传播学的研究可以取代传播心理学，那么传播心理学就没有独立存在的必要！皮之不存，毛将焉附？进而中国社会心理学会传播心理专业委员会也就失去了存在的意义。这种假设常会使我产生深深的危机感。尤其在当前，能否确认传播心理学的独立性还有其重要的实践意义。2018年教育部将传播心理学设置为传播学本科生的一门必修课。随之就存在专业教师队伍的建立、教材的编写、课堂教学及学术研究上如何能真正体现出这门学科独有的特点和规律的问题。研究传播心理学的基础理论迫在眉睫。

传播心理学的基础理论包括：传播心理学的研究对象、学科性质及其核心理论。

（一）传播心理学的研究对象："一门相对独立的学科，必须有相对独立的研究对象"，"传播学是研究社会信息系统及其运行规律的科学"，[1]其研究对象更宏观一些；传播心理学则是研究传播活动中认识主体心理活动的特点、规律及其生理、心理机制的科学，研究的对象更微观一些。

（二）传播心理学的学科性质：传播心理学属于交叉学科，其母体学科是传播学和心理学，在研究中强调将心理学理论、原理和方法应用于传播实践领域。

（三）传播心理学的核心理论：传播心理学的核心理论就是心理学理论。主要是社会心理学，还有普通心理学、认知心理学、人格心理学、发展心理学、生理心理学以及各种心理学流派等。

1　郭庆光.传播学教程[M].北京：中国人民大学出版社，1999：6-8.

四、传播学和传播心理学的区别："传统导向"和"问题导向"

将传播学研究取代传播心理学的研究，与这两门学科中都存在心理学的术语有关。为辨清这二者的区别，需要重温传播学者施拉姆对心理学研究传播现象的历史及其在传播研究中地位演变过程的论述："在传播学确立的早期，是心理学从各自的学术传统出发，把传播现象作为心理学各自领域的一个研究对象"（传播学在建立之初被认为是"缠绕在社会心理学这棵大树上的藤蔓"），"可称为传统导向的研究"[1]（本质上是社会心理学的研究）。

"到本世纪（指20世纪）六十年代初期，开始出现由传播学者进行的大规模传播研究，这些研究被认为是心理学研究向传播学者易手的转折点""以传播现象作为研究的出发点，而心理学的理论和方法仅作为一种研究工具。这些研究被称为问题导向的研究"[2]（这才是真正意义上的传播学研究）。

"传统导向"和"问题导向"的区别在于对传播现象研究的过程中，"心理学从'主导地位'转变为'研究工具'"，它只具有工具价值。所谓工具，"比喻用于达到目的的事物"，[3]所谓"工具价值"，指物品或观念自身所具有的工具性作用。通俗讲，就是当传播学出现了大量内生的理论之后，为说明一些问题，便采取借用心理学理论并以之为工具，为传播学研究服务。例如，刊于2020年第1期《国际新闻界》上的《2019年中国的传播学研究》一文。该文整合出十个专题，其中有4个专题的题目借用了5个心理学概念，如"自我表露与隐私""政治传播的情感维度""听觉文化研究""互联网历史与记忆研究"[4]。

我国对传播心理学的探索肇端于20世纪80到90年代[5]。其研究内容遵循"回归"或者"延续"传统导向的研究，需要强调的是，这绝对不是对历史简单的重复，而是一种扬弃的、螺旋式上升的回归，因为20世纪80~90年代心

1　刘晓红，卜卫.大众传播心理研究.北京：中国广播电视出版社，2001：341.

2　刘晓红.试论心理学在传播学研究中的作用[A]//刘京林.大众传播心理学.北京：中国传媒大学出版社，2005：252.

3　中国社会科学院语言研究所.现代汉语词典.6版.北京：商务印书馆，2012：447.

4　于瀛，秦艺丹，方惠，等.2019年中国的传播学研究[J].国际新闻界.2020(1)：23~42.

5　1989年由韩向前编著的我国第一部以"传播心理学"命名的著作出版，本文以此作为我国传播心理学研究的开端。

理学的发展状况比20世纪初期有了巨大的变化。传统导向的研究思路，即强调运用心理学理论及概念对传播活动中认识主体的心理特点、规律及其心理、生理机制的研究，所以坚持"传统导向"既是传播心理学研究的指导思想，也是判定是否属于传播心理学论文的可操作性的客观标准。

五、传播心理学研究中使用的心理学理论和概念

按照上述标准，本研究对57篇属于传播心理学的研究论文进行了文本分析，这些论文运用了4种心理学理论和145种心理学概念，凸显出传播心理学将心理学理论、原理和方法应用于传播实践领域的学科性质。

表1 传播心理研究中使用的心理学理论

一	普通心理学理论	有关注意、感知觉、记忆、情绪情感理论
二	社会心理学理论	社会交换理论、社会助长理论、社会比较理论、班杜拉的三元交互理论、准社会交往理论、归因理论、角色理论、戈夫曼的拟剧理论、梅罗维茨理论、哈里约之窗、态度和态度改变、社会认知理论、社会学习理论、群体动力学、刻板印象认知体系
三	人格心理学理论	大五人格理论、荣格的原型理论、人本主义、行为主义、精神分析
四	认知神经科学理论	认知神经科学理论

表2 传播心理研究中使用的心理学概念

学科	分类	概念
普通心理学	注意	注意、注意水平、注意的选择、注意的选择性、精细加工可能性模型（ECM）（深加工：中枢路径；浅加工：边缘路径）
	感知	感知觉、视觉、知觉
	记忆	记忆、长时记忆、新旧效应、外在性和内在化、记忆的生理机制、交互记忆、短时记忆、联想、隧道记忆、情绪记忆
	动机	动机
	思维	思维、语言、推理
	情绪情感	情绪情感、孤独感、倦怠、幸福感、满意度、满足感、情感共鸣、情感劳动、情绪效价、情绪唤醒、情感偏向、情感共振、情感的生理性、情感的意识性、情感的社会性、情感的互动性、情感的可理解性、情感的共通性、情感动员、情感功能、情感资源、失落情绪、颓废、悲观、绝望、挫折、负面情绪、死亡恐惧、情绪化表达、焦虑、冷淡
	其他	怀旧、感受、面子、卷入度

续表

学科	分类	概念
社会心理学	社会认知	社会认知、认知失调、认知图式、认知过程、认知模式、认知加工、认知倾向、具身认知、认知属性、情境认知
	印象管理	印象管理
	态度	态度、可信度、说服、行为意愿、喜爱度、态度偏差、态度偏离、态度改变
	亲社会行为	亲社会行为、旁观者效应
	角色	角色冲突、角色调试、角色知觉、角色学习、角色变化、身份认同
	自我	自我、自我意识、自我控制、自我认同、自我否定、自我呈现、自我表露、理性自我、羞耻感、习得性无助、独立型自我建构、依存性自我建构、自我效能感、哈里约之窗
	移情	移情、共情、同理心
	行为	行为、行动、行为反应
	群体动力	群体压力、社会临场感、从众
	其他	价值观、隐私、社会隐喻、映射理论
人格心理学	行为主义	刺激、强化
	人本主义	需要、爱和归属、以人为本、尊重、自我实现、求知、理性诉求、情感诉求
	精神分析	意识、无意识、原型、集体潜意识、集体记忆
	人格理论	个性特征（质）、大五人格理论
认知神经科学		认知科学、神经科学、认知神经科学、生理心理反应、脑科学、大脑的神经系统、脑的功能及机制、大脑网络、脑区定位、脑成像、人脑信息加工、激活、脑电、皮肤电、眼动、面部表情

六、非传播心理学研究的几种表现形式

本研究对被剔除的38篇非传播心理学论文进行了文本分析，说明它们"非"的理由，这样可以反过来理解传播心理学研究的核心问题。在这些论文中，不乏论述深刻、文笔精彩的文章，但是它们各有自己的学科归属。

（一）对传播活动认识主体的分析不是运用心理学理论，而是其他学科的理论

1.跨文化或亚文化传播理论，如《粉丝社区的面子协商：一种跨文化研究视角》《后亚文化视角下网络"丧文化"的社会表征及其反思》；

2.符号学理论，如《以符号叙事学理论为视域研究网络公共事件的同情动员问题》；

3.教育心理学理论，如《知识获取VS理论享受——基于UTAUT拓展模型的网络课堂使用探究》；

4.建构运动理论，如《社会公共事件中网络媒介与公众情绪联动机制研究》；

5.网络信息生命周期理论，如《新媒体时代下网络热点事件情感传播特征研究》。

（二）属于传播学研究

例如《中国城市的网民性格与网络影响力：基于90个城市微博大数据的研究》，本书通过微博大数据的分析总结出不同城市群体对微博内容的偏好并得出结论：北京网民喜谈政治；上海网民偏爱经济。心态上，上海网民较为消极，广州网民表达温和等。全文没有对何为性格，何为群体性格的内涵做任何介绍和具体分析，缺少心理学理论。在这里的性格和群体性格仅是对网民大数据统计的落脚点，它们只是起到工具作用而已。

（三）疑似传播心理学研究

之所以用疑似，是因为这类论文虽然涉及了一些心理学理论或者心理学概念，但采取了蜻蜓点水的方式，即点到为止，缺少深入的阐释。例如《抖音短视频APP用户使用行为及动机研究》里几乎没有对"动机"这个心理学概念做任何界定和具体分析。

（四）使用与满足理论、媒介依赖等传播学理论

这两个理论属于传播学理论，但是它们本身具有很强的心理学色彩（心理学和传播学重叠部分），所以对这类论文不能一概而论。凡是坚持传统导向，运用心理学理论进行深入分析的文章，可以算为传播心理学论文；反之缺少具体的心理学理论的阐述，则归于传播学范围。

以上是在传播心理学研究中发现并一直在思考的问题，希望能对传播心理学研究同仁有所启发，也希望能有更多研究者来思考和探索传播心理学的学科内涵、学科发展和学科构建。

刘京林

2024年10月

目 录
Contents

第一章

新媒体时代的传播心理学 ————————●

第一节　传播心理学的学科定位

一、传播心理学的概念

传播心理学是由传播学和心理学这两门学科构成的多级交叉学科，它既从属于应用心理学，也可以归入传播学中的一个分支学科。

传播心理学之所以被称为多级交叉学科，因其母体学科（传播学和心理学）本身就是交叉学科。心理学是"在哲学、社会科学同自然科学、人文科学、技术科学和数学交合点上形成和发展起来的综合科学"[1]，同时也是一门"既具有社会科学性质又具有自然科学性质的中介科学"[2]。传播学是一门"对人类传播现象及其规律进行综合性与深层化研究的新兴的交叉学科"[3]。传播学与心理学这两门交叉学科的再交叉就构成了"传播心理学"这门新的多级交叉学科。

在心理学界对传播心理学的归类有两种：第一，从心理学的宏观视角出发，传播心理学从属于心理学的一个分支；第二，从应用心理学视角出发，传播心理学从属于应用心理学范畴。心理学的宏观视角，是指把应用心理学

1　赵璧如.如何理解心理学和哲学的关系——论用"认知"取代"认识"的问题[J].哲学研究, 1996（2）: 65~72.

2　车文博.心理学原理[M].哈尔滨：黑龙江出版社, 1986:30.

3　李彬.传播学引论[M].北京：新华出版社, 1993:41.

（新闻心理学、广告心理学、传播心理学等）与基础心理学（普通心理学、心理学史、实验心理学）相提并论，统称为心理学的分支学科。《中国心理学》一书前言中曾写道，按照我国心理学的实际情况，心理学分支有普通心理学和实验心理学、理论心理学和心理学史、生物心理学、发展心理学、教育心理学、社会心理学、医学心理学、工作心理学和体育运动心理学等。[1]应用心理学是指将心理学的原理和法则，应用于各种实践领域的学科的总称。若以此为原则，与心理学的交叉学科，包括传播心理学是可以纳入这个范畴的。[2]综上所述，从心理学的宏观视角和应用心理学的视角出发，把传播心理学归入心理学或应用心理学的一个分支是合乎逻辑的。

国家技术监督局1992年11月1日发布的《学科分类与代码》（GB/T 13745—1992）中，将"新闻学与传播学"列为一级学科，下设新闻理论、新闻史、新闻业务、新闻事业经营管理、广播与电视等七个二级学科，"新闻心理学"属于"新闻理论"下属的三级学科。

1998年，新闻学由二级学科上升为一级学科新闻传播学，传播学研究作为新闻传播学研究的重要组成部分，得到广泛而深入的发展，并逐渐成为新闻传播学研究的理论基础。1982年，传播学在第一次全国传播学研讨会上被予以肯定，此次会议将其视作一门新科学，提出"系统了解、分析研究、批判吸收，自主创造"的传播学研究方针。传播学研究对于中国传播学学科的设立，中国新闻学从二级学科上升为一级学科新闻传播学功不可没。[3]但"媒介效果""受众分析"等研究作为传播学研究的核心领域在实际研究中占比并不高。

据此，传播心理学可归入"传播学"下属的三级学科。应用心理学和传播理论的次级学科，是传播心理学这门学科的学科定位。传播心理学的研究日臻成熟，但构建具有科学体系的传播心理学的条件还不完善，目前国内同类研究仅属于"该学科范围内的统称"这个层次。

---

1 孙天伦.中国心理学[M].北京：中国文史出版社，2016：11.
2 刘京林.对传播心理学研究的两点思考[J].现代传播，2003（3）：39.
3 廖圣清，朱天泽，易红发，等.中国新闻传播学研究的知识谱系：议题、方法与理论（1998—2017）[J].新闻大学，2019（11）：75.

二、传播学研究的心理学渊源

20世纪30年代至40年代，传播学雏形初现，一批心理学、社会学的学者对传播研究深入推进。20世纪40年代后期，传播学兴起后，常将传播研究中的人际交流、心理和态度变化，以及大众传播中的群体心理，作为传播学的重要议题来讨论。韦伯·施拉姆（Wilbur Schramm）在20世纪40年代出任依阿华大学新闻学院院长开创其传播事业时曾说过，"我希望所看到的新闻学院将不会像其自身那般软弱，而是像这所大学一样强壮。不是一群教师和学生坐在这所大学的边缘地区，摆弄着他们的小玩意，在文章的第一段中拼凑着关于谁、什么、哪里和何时的情景描述；而是一个处于这所大学的中心地带的学院，它会以这样的假设开始，即它所要造就的学生将是整个大学中最适合于理解和谈论他们所处的那个世界的学生"。[1]二战后到20世纪50年代，传播学作为一门正式学科发展迅速。

传播学在发展初期属于边缘学科，在发展过程中不断吸收其他学科的理论框架、研究方法、知识模型、实验手段，虽然有自己明确的研究领域，却没有专属的研究方法。传播学诞生伊始，在借鉴和吸收其他相关新兴学科成果的基础上，不断完善丰富自身。传播学是一门显学，但学科边界一直比较模糊，因其研究对象的复杂和研究领域的开放，学科知识以经验积累，并非以逻辑和理路的严谨推演为路径。在传播学的发展过程中，心理学、社会学、统计学和信息学科等与其关系密切，并在传播学的发展历程中留下了深刻印迹。

心理学对传播学的影响深远，两门学科之间存在互动和交叉。相对成熟的心理学，在传播学的开创和建立过程中，发挥了极其重要的作用。传播学的创始人施拉姆认为所谓的传播学，其实也把重点放在了人与人怎样建立关系上。施拉姆确立了传播学的四大奠基人，其中心理学家占两位，关注群体传播研究的库尔特·勒温（Kurt Lewin）和关注大众传播中态度改变研究的卡尔·霍夫兰（Carl Hovland），还有两位是关注宣传研究的政治学家哈罗德·拉斯韦尔（Harold Lasswell）和关注广播听众效果研究的社会学家保罗·拉扎斯

1　罗杰斯.传播学史：一种传记史的方法[M].殷晓蓉，译.上海：上海译文出版社，2001：26.

菲尔德（Paul Lazarsfeld）。

但从学科的思想渊源上追溯，传播学的先驱可扩展到芝加哥学派的库利（Charles Cooley）、杜威（John Dewey）、米德（George Herbert Mead）、帕克（Robert Ezra Park）等，还包括诸如李普曼（Walter Lippmann）、香农（Claude Elwood Shannon）、维纳（B. Weiner）等学者。在传播学并不是那么长的发展历程中，心理学和社会学几乎是传播学的先天基因，心理学就融合在传播学的建立和发展过程中，处理了大量与传播学密切相关的课题，如关于态度转变的说服研究，群体动力学中的人际传播网络研究等。一直以来，传播学和心理学的发展路径经常交织在一起，而学科界限的内爆到后期越发加剧。当施拉姆将勒温和霍夫兰作为传播学奠基人时，已经表明心理学家研究的一些课题是传播学课题的重要组成部分。即传播学界一直将与传播相关的心理学课题作为传播学学科范围内的专业研究来看待。

心理学是探索人类行为及其心理规律的科学，尽管作为一门独立的学科，心理学的历史还十分短暂。1879年，世界上第一个心理实验室由德国心理学家冯特（W. Wundt）创建落户莱比锡大学，标志着心理学从哲学中分化出来。实验心理学和行为主义心理学统称为科学心理学，心理学家冯特等让心理学从哲学思辨中脱离，强调用实证研究方法来考察人类的心理活动。冯特接受了英国经验主义的哲学思想的传统，结合欧洲19世纪的生理心理学实验的科学成果，建立起科学的实验心理学。1929年，第九次国际心理学会议在美国耶鲁大学举行，美国著名心理学家卡特尔（J. M. Cattell）在致辞中认为美国在19世纪80年代以前没有心理学和心理学家，卡特尔指的心理学是以冯特的科学实验心理学为标准的，不符合这个标准的所谓的精神哲学或道德哲学都不认为是心理学。卡特尔的观点受到了伊文思（R. B. Evans）的批评，他认为否认美国19世纪80年代以前的心理学思想，也就是否认欧洲在冯特创立莱比锡实验室以前和高尔顿（F. Galton）在伦敦开设实验室以前所存在的心理学思想。

基本上心理学思想都是涵盖在其哲学系统内的，这一点上，中西方都是一样。中国古人一直认为心理在"心"，心理活动主要是"心"的功能。"主心说"一直在中国历史上占据着统治地位，直到明清的时候，"主脑说"才正式被提了出来。几位思想家把心理与人脑联系起来加以考察，逐步形成"主脑说"或"脑髓说"。明代医学家李时珍在《黄帝内经》中提及的"脑为髓之海"的认识基础上，提出"脑为元神之府"的命题。明末清初学者方以智提出"人之智愚系脑之清浊"，清初学者刘智提出大脑总觉作用和功能定位的思想，清代医学家王清任提出"灵机记性不在心在脑"，可以说"脑髓说"在我国古代心理学思想的发展史上竖立了一块丰碑。中国古代的心理学思想丰富多彩，给创立自己的科学心理学提供了大量有益的参考资料，可概括为形神、心物、无人、人禽、知虑、情欲、志意、智能、性习、知行等。中国古代心理学思想发展史上，虽有方以智、刘智、王清任的关于心理学器官的"脑髓说"，但中国科学心理学的诞生或许可以从陈大齐1917年在北京大学建立中国第一个心理学实验室，或1918年他发表《心理学大纲》时算起。[1]

　　心理学在百年发展历程中不断开拓研究领域，并产生了诸如构造主义心理学、行为主义心理学、精神分析学、认知心理学、人本主义心理学等一系列相关学派。实证主义排斥西方哲学的形而上学传统，强调经验实证，从现象的归纳出发去寻找研究对象的规律。但在人文学科领域，实证主义思路往往导致关注局部而忽略整体。20世纪五六十年代的效果研究将行为主义心理学应用于传播学，但诸如动物心理学、原子物理学的研究方法好像不太能适应传播学的不断发展。

　　传播学在80多年的发展过程中，也建构了诸如"二级传播""意见领袖""沉默的螺旋""议程设置""使用与满足"等一系列理论和研究模型。心理学流派与传播学理论和研究模型有着千丝万缕的关联。作为一门经验实证性学科，传播学的目的是解决传播研究中的实际问题。在研究过程中，各种理论及研究方法交相使用。传播学的这一倾向使传播研究中传播理论必须在不断整合中重构该学科的体系和学理逻辑。在心理学和传播学的学科关系史的研究中，要避免线性思维和单一逻辑的推演。只有在学科互动的状态中，才能把握心理学和传播学之间的复杂关系。

　　从心理学和传播学的学科关系史的角度看，行为主义心理学对早期传播学的影响最大。行为主义心理学不同于冯特主导的构造主义心理学。行为主

1　高觉敷.中国心理学史[M].北京：人民教育出版社，2005：2-4.

义心理学认为不能只从意识或情感、理智、意志、灵感等心理元素来解释人的心理活动，不能脱离个体的具体行为而仅仅通过思辨方式来研究意识的内在规律。个体行为的多样性和复杂性给行为主义心理学开辟了广阔的研究空间。因此早期传播学采纳了行为主义的研究方法来研究和测定传播效果。

在传播学界，"效果研究"一直是居于核心地位的主流范式。效果研究以受众为重点考察对象，追溯形成传播活动产生的影响发生的各种要素，用实证研究方法检验理论假设是否符合传播规律。效果研究在大众传播研究中有着独特的视角和专门关注的领域。20世纪80年代，学者洛厄里（Shearon A. Lowery）和德弗勒（Melvin L. Defleur）的著作《大众传播效果研究的里程碑》总结了传播学早期发展和学科确立的重要史实，书中列举了14个在传播学发展史上具有里程碑意义的效果研究：佩恩基金关于电影对儿童的影响研究（1929—1932）；"火星人入侵"广播剧引发恐慌的研究(1938)；拉扎斯菲尔德主导的"人民的选择——选战中的传播媒介"研究(1940)；"二战中对美国士兵的说服"电影实验研究(1942—1945)；霍夫兰主导的耶鲁研究计划(1946—1961)；艾奥瓦杂交玉米种研究(20世纪30年代初)；施拉姆主导的"儿童生活中的电视"研究(1958—1960)；"60年代暴力和媒介"研究(20世纪60年代末)；"公共卫生局长报告:电视与社会行为"研究(1969—1972)；儿童"电视与行为研究(1979—1982)；20世纪40年代社会心理学家勒温及其同事对于"小群体"的研究；拉扎斯菲尔德主导的"两级传播"研究(1945—1955)；"信息扩散的品质和途径"里维尔项目研究(1952—1954)；"新闻的议程设置功能"研究(1968—1972)[1]。这些典范研究都深受行为主义心理学的影响，心理学家主导了其中一些项目的研究。心理学和传播学学科间理论、方法和研究范式的借用、移植、改造的路线明晰，经典传播研究中的心理学要素甚为丰富。

许多早期大众传播研究不是作为一个独立的研究领域，而是考察心理学和社会学领域的问题。这14个具有里程碑意义的传播学效果研究从研究者、研究对象、研究方法、研究价值及结论来看，都有明显的心理学和社会心理学要素，有些实际上就是心理学研究，如耶鲁研究计划、"二战中对美国士兵

1　汪淼.传播研究的心理学传统[M].桂林：广西师范大学出版社，2014:5-8.

的说服"电影实验项目等。霍夫兰主导的耶鲁研究计划研究团队主要是心理学家，很多拥有实验心理学背景，研究内容是在传播环节中寻找影响改变受众认知、态度和行为的因素，控制实验提供了大量研究结果。该研究分为传播者、受众、传播信息、受众反应四个方面，包括免疫力、可信度、恐惧诉求、睡眠效果等。该研究的理论框架是一个"刺激—反应"的学习模型，实质是基于个人差异的选择性影响理论。这些心理学理论成为传播学研究的重要理论基础。

20世纪60年代，随着传播学院培养出经过专业社会科学方法训练的研究人才日益增多，传播学者进行的大规模传播研究开始出现。如"新闻的议程设置功能"、"儿童生活中的电视"等项目，这些专门化的传播研究，标志着传播学研究的主导权，从跨学科学者手中向传播学学者移交，心理学家和社会学家逐渐退出，但心理学并未退出传播研究领域。

心理学作为传播学研究的理论基础之一，对其影响深远。对传者、受者心理特点的心理学实验以及理论模型，对人类传播行为的研究助益颇大，但其影响不只限定于方法论。传受者心理研究的相关理论对传播内容、传播形式的影响直接而迅速，对长期以来传播研究偏重从行为主义角度研究大众心理的局限产生冲击。新媒体传受者研究从"传者中心论"转为"受者中心论"，实则传受双方的地位仍是不平等的。

在人本主义心理学崛起之前，传播学界已经关注到个体的特殊性和人际传播的复杂性。拉扎斯菲尔德等在伊里县总统选举研究和迪凯特研究中有关"意见领袖"和"二级传播"理论的提出，意味着研究者在传播研究中对人际传播和小群体传播的特殊性的关注。其后，人本主义心理学研究出现，对行为主义心理学进行了纠偏，以马斯洛为核心，代表学者还包括罗杰斯、布根塔尔、罗洛·梅等。人本主义心理学派的开创者马斯洛提出动机理论，认为大多数人类行为是由多种动机或需要共同决定，在个人行为的内在历程中体现了个体之间、个体与群体的互动本质。

心理学的这一新思路也影响到其亲缘学科之一的传播学。马斯洛理论具有鲜明的人本主义色彩，把传受双方放在平等互动的立场和角度，强调以人的自身需要来进行传播，以构建良好的传受关系。唯有如此，传播才能成为人类自我实现和完善的交流手段。至此传播学的人本主义倾向逐渐外显。"使用与满足"理论强调受众的立场与标准以及主动性，在研究中关注儿童教育与民生问题，呈现人文关怀色彩。在传播学历史脉络内有人本主义源流，早先的芝加哥学派的新闻理想就是为了保护社会共同体，服务于民主与进步。

学者彼得斯（John Durham Peters）在《交流的无奈——传播思想史》一书中认为人类已经处于不可交流的绝望境地，即"交流的无奈"，或是"交流的不可能"更为准确。但彼得斯纵览整个人类传播史，看到了人类对交流的热爱和向往，交流是人的本质，传播的理想就是让人与人之间相互交流。彼得斯关于传播观的思考基于人本主义关怀，闪烁着英雄主义的悲剧色彩，是人本主义倾向的传播学研究。[1]彼得斯对人际交流的不信任并非源自传播工具的不完善和外在技术手段的欠缺，而是源自个体间的差异，以及个体的不可复制性。个体之间无法达成完美契合的交流，传受双方也不能完成圆满的意义传递。但基于交流的缺失和对交流的渴望，人际传播能"让他人受到关爱"，彼此间的接触"胜过了天使能够提供的东西"。在传播活动中，意义的交流演变为关爱的传递，这就是人际传播特有的宿命，"人类不能不传播"。

传播学的效果研究、人际传播研究与群体传播研究之间都关联紧密，群体传播也包含人际传播，会产生效果和态度改变，但探讨的问题更广泛，语境也更复杂。交际是一个以引出内涵意义为功能的心理—生理过程，本质是精神（思想）和生理（感知和词语）之间的关系。人际交往作为一个以引出内涵意义为导向的过程，事实上确实需要某种生理符号复合体。生理符号并不是交际过程的充分条件，它们的作用只是为了实现可能达到也可能无法达到的心理目标。这些关于生理符号复合体的必要和充分条件的区分之所以重要，是因为前者将注意力集中在交际的生理成分上，而后者则将注意力集中在精神成分上，即意义及其观念。[2]

作为群体心理学研究开山之作的《模仿律》和《乌合之众》，为群体传播的诸如意见领袖、社会观念等问题的研究打下了基础，为勒温等学者的后

1　汪淼.传播研究的心理学传统[M].桂林：广西师范大学出版社，2014:136.

2　Daniel K. Stewart. The Psychology of Communication[M].New Your: Funk & Wagnalls, 1968: 22–23.

续研究提供了丰厚的思想资源和借鉴思路。社会心理学家勒温主导的"小群体"研究，涉及小群体的社会现实构成功能。这个概念是由20世纪初库利提出的"初级群体"概念演变而来，初级群体被看作是人们获得"人性"的重要来源。从此群体传播开始关注传播中群体的复杂性和重要性并探讨群体的本质，区别于个人传播中的传受信息的特点，把符号互动的传播技术手段、场论的媒介环境、团体动力学、群体性质相整合。勒温是群体研究的开创者，从"小群体"研究打开了群体传播研究之门。勒温把个体和群体两者有机地整合到一个研究框架内，把传播主体和社会环境视为有机整体进行研究，因此成为传播学的集大成者。

回顾传播学和心理学的历史渊源，梳理两者之间的交集互动，探索两个学科之间相互生发的研究空间，我们发现如果没有欧美心理学的理论基础，传播研究无法作为独立的学术领域出现并发展，传播心理学的出现和应用也会推迟很久。威廉·詹姆斯（William James）作为美国心理学之父，其对于行为主义心理学以及传播学芝加哥学派的杜威、库利、米德、帕克等学者都产生过实际影响。受到威廉·詹姆斯影响的早期思想家们也都在传播、社会、政治以及艺术研究中灌注了心理学的思想和理论。可以说，心理学是他们从事这些领域研究的重要理论工具。

总之，心理学是传播学学科的一个重要源头和理论资源，是传播研究这一学术领域得以诞生的温床。心理学领域中每一次学术革新都对传播研究产生了极为关键的影响，这一传统将始终贯穿于心理学和传播学的未来发展中。

第二节　传播心理学的现状

一、构建传播心理学的可能性

传播学和心理学的学科联系是构建传播心理学的内在原因。首先，在"研究人"的问题上，传播学和心理学有相交之处。一般对大众传播学研究的范围都统一在美国著名的政治家哈罗德·拉斯韦尔在其《社会传播的结构与功能》文中提出的5个W模式上,即:谁、说了什么、通过什么渠道、对谁和取得了什么效果。相应的研究内容包括:控制分析、内容分析、媒介分析、受众分析和效果分析。其中认识主体即传播主体和接受对象应当是传播学研究的核心因素。因为离开了人,大众传播也就失去了意义。美国著名传播学者韦伯·施拉姆曾在《传媒·信息与人——传播学概论》书中指出:"研究传播学就是研究人:研究人与人、人与他的团体、组织和社会的关系;研究人怎样受影响,怎样互相影响;研究人怎样报道消息,接受新闻与知识,怎样受教与教人,怎样消遣与娱人。要懂得传播学,应先了解人与人怎样建立关系。"[1]在《传播的社会心理学》一书中也强调主体间因素的重要性,它使有效的沟通成为可能,并且必然是任何有意义的沟通变革前景的基础。许多沟通是通过沟通者之间的社会关系进行的。事实上,沟通本身就可以表明并表征这种关系。沟通可能涉及意义或信息的交换,但它总是在社会关系中进行,而社会关系有其自身的品质和约束与沟通的品质和约束交织在一起[2]。而心理学也属于"研究人"的科学,它是研究人的心理和行为的科学。

其次,从心理学家在传播学先驱者中的构成比例看,这两门学科的学缘源远流长。传播学的"四大先驱"之中,心理学家有两位,分别是德裔美国心理学家勒温和美国社会心理学家霍夫兰。尤其是霍夫兰的态度研究被认为是传播学中的经典研究。美国传播学者赛弗林(W. Severin)和坦卡德(J.W. Tankard)评价其研究是"集中了心理学界最出色人选的班子所从事的大型研究项目被认为是现代态度改变研究的开端,而且是大众传播理论若干重大贡献的渊源"。

1963年,德国学者格哈德·马莱茨克(Gerhard Maletzke)提出的"大众传播过程模式"是传播学与心理学彼此渗透、相互结合的例证,该模式被誉为考量周密且有条理。"使用与满足"理论的创始人丹尼斯·麦奎尔(Denis

---

1　钟年.论传播心理学的几个基本问题———一种开放社会学的视角[J].现代传播,2008(2):39–40.

2　Derek Hook, Bradley Franks &Martin W. Bauer. The Social Psychology of Communication[M]. London: Palgrave Macmillan. 2011: 1.

McQuail）认为该模式是"数十年来从社会心理学角度研究大众传播之总结"，并认为该模式显示出"大众传播是一个心理上非常复杂的社会过程"。1991年，里维斯与安德森（Reeves & Anderson）在《传播学研究》期刊中探讨心理学理论与传媒研究的关系，提出心理学和传播学两个学科相互依存且密切相关。在传媒研究者看来，不能忽视影像传播时观众涉及的认知加工；在心理学家看来，认知心理学和发展心理学的理论可以通过对传媒应用的思考得以丰富，并援引了著名认知心理学家乌利齐·奈塞尔（Ulrich Neisser）的话"心理学若不能解释日常生活中的经验，就几乎忽视了该自然科学的所有领域"[1]。

二、构建传播心理学的现实性

1982年，美国成立了传媒心理学协会，旨在促进心理学家和心理健康工作者参与传媒活动，制定心理学家参与传媒活动的伦理规范和职业标准，对公众进行传媒教育。1985年，该协会成为美国心理学会传媒心理学分会，1997年更名为传媒与传播技术心理学分会。在北美，很多大学设有传媒与传播系，广泛从事传媒心理学研究，许多教师和研究人员都受过定量研究的心理学训练。在2016年7月召开的第31届国际心理学大会上，"沟通传播"和"媒体与心理学"被单列为心理学领域的两个独立学科领域。

尽管传播学和心理学之间有着多方面的学科内在联系，为构建传播心理学提供了可能性，而在信息时代，传播业的发展亟需在心理学层面给予深层次指导，这也为传播心理学的建立提供了必要性。

随着高校和科研机构的负责人开始重视新闻与传播心理学的教学和科研工作，从组织、人员、物质、精神等各方面都给予了具体的指导和大力的扶植，使新闻与传播心理学的教学、科研逐步正规化。2004年，中国传媒大学新闻传播学院传播心理研究所对全国128所高等院校进行了调查。其中已有38所院校开设了48门有关传播心理学的课程，包括广告心理学、新闻心理学、影视心理学等，授课教师有46人。与2000年前相比，开设传播心理学的院系及授课教师都增加了3倍。目前，国内的传播心理学学科建设持续完善，近一半

---

1 方建移.传播心理学.杭州：浙江教育出版社，2016：序6.

（44.7%）高校新闻传播院系开设心理学相关课程，但师资匮乏。中国传媒大学自1995年开始设置新闻心理学"硕士点"（于1998年改为传播心理学硕士点）;2003年开始设置传播心理学博士点。2016年，原中国社会心理学会会长杨宜音被聘为兼职博导，共计培养硕士生、博士生150余人，毕业生遍布各大新闻院系，成为传播心理学方面的重要师资力量。

中国社会心理学会于2001年10月在中国社会心理学会第五届会员代表大会上宣布成立新闻与传播心理（后更改为传播心理）专业委员会。从1994年在中国传媒大学（原北京广播学院）召开第一届全国新闻心理学研讨会开始，到2002年中国社会心理学会新闻与传播心理专业委员会成立，再到2006年中国社会心理学会传播心理专业委员会成立，传播心理学的发展至今已走过30个年头。回顾历届的新闻与传播心理研讨会暨中国社会心理学会传播心理专业委员会年会的年会综述，我国传播心理学研究内容更加丰富，研究队伍不断壮大，团队力量不断增强，国际化与本土化研究同步发展，研究方法更加规范，研究工具更加多样。

传播心理学的学科抱负和理想，与社会心理学同出一辙。社会心理学在一定意义上就是研究人际关系的学问。2015年中国社会心理学会年会期间，传播心理专业委员会组织和主持了"媒介融合背景下的传播心理研究新常态"分论坛，并专设"社会传媒与网络心理"分会场。

传播心理学研究应该有介入并思考传播学和心理学主流问题的意识，应该能为主流研究提供源源不断的新概念、方法和理论的雄心。社会科学的交叉和分支不是变得更琐碎和狭窄，而是使研究领域变得更宽阔，使原有的学科壁垒受到冲击后又勾连起两个学科。

2016年5月，习近平在哲学社会科学工作座谈会上提出，要加快发展新兴学科和交叉学科，使其成为哲学社会科学的突破点，而心理学和新闻学名列对哲学社会科学具有支撑作用的学科名目中。作为交叉学科的传播心理学，其发展离不开母体学科心理学、传播学的给养。

目前心理学和传播学两大母学科都在快速发展，作为其交叉学科的传播心理学更是任重而道远。在我国，心理学与传播学两门学科起步较晚，20世纪70年代后期即改革开放后，我国才恢复心理学教学与研究；传播学在20世纪80年代才传入我国，90年代才步入正轨。所以国内早期对大众传播领域的心理学研究是传统媒体改革背景下的新闻心理研究，之后随着传媒领域的发展，新闻心理研究扩展为新闻与传播心理研究。作为交叉学科的传播心理学目前还未能建立起比较公认的学科体系，但是研究者的探索和努力一直在进行。

搜索我国曾出版过的传播心理学相关论著，1989年韩向前编著的《传播心理学》是国内第一部以此命名的著作，据不完全统计，自2000年以来，全国共出版与传播心理研究相关的著作（教材）160余种。2004年，林之达教授出版《传播心理学新探》；2007年，台湾学者钱玉芬出版《传播心理学》；2008年，李永健著《大众传播心理通论》；2012年，林之达教授又出版《传播心理学教程》；2013年，余霞编著《传播心理学笔记》；2014年，汪淼著《传播研究的心理学传统》；2014年，刘朝霞主编《新闻心理学》；2016年，方建移教授出版《传播心理学》；2016年，柯泽教授出版《传播学研究的社会心理学传统——兼论中国本土传播心理学理论建设》；2020年，学者陈锐、倪桓、余小梅编著出版《传播心理学》；2022年，刘京林教授出版《传播中的心理效应》。

近年来，国外学者的研究成果也引入中国，国内先后翻译出版了罗伯特·波特（Robert F. Potter）和保罗·博尔斯（Paul D. Bolls）《传播与认知科学：媒介心理生理学测量的理论与方法》、哈瑞斯（R. J. Harris）《媒介心理学》、艾莉森·艾特瑞尔（Alison Attrill）《互联网的心理学：寻找另一个自己》、卡尔·霍夫兰《传播与劝服》、俄罗斯莫斯科大学普罗宁娜教授《媒介心理学：记者思维模式与新闻文本生成》等[1]。

三、传播心理学的学科合法性

传播心理学是否真正可以成立，这牵涉到一个学科合法性的问题，这是无法回避的。刚开始在国内已出版的有影响力的一些传播心理学著作中，对此问题的看法也有分歧。我国传播心理学研究领域的开创者之一、中国传媒大学心理研究所原所长刘京林教授认为，"20世纪80年代初有了新闻心理学，

1　陈锐，倪桓，余小梅.传播心理学[M].北京：中国人民大学出版社，2020.304.

直到90年代中后期才有了传播心理学"，"如果把传播心理学视为同类研究的统称，并从传播心理学研究的内容考量，传播心理学涵盖新闻心理学的结论是可以成立的"。[1]

刘京林教授认为，研究大众传播活动中传受者的心理及其行为规律，即研究因大众传播诸因素引起的传受者显在或潜在的心理和行为的形成、发展、互动等特点与规律及传受者的生理和心理机制十分重要。中国社科院的刘晓红、卜卫教授认为，"如果提出传播心理学这个概念，它是具有某些共同特征的诸多研究的统称"[2]，包括对用户、媒介从业人员、传播过程、传播研究方法以及传播后果的研究。

以上是学者针对传统媒体时代的大众传播提出的研究重点。随着新媒体传播时代的到来，"传播心理学"的研究不能仅停留在大众传播阶段。因为传播是人类最普遍性的活动，而每个时代的传播现象应该随着媒介技术革新和时代变迁去延伸和比较才可以有更深入、切实的把握和体认。

学科成立的标准包括三个基本方面：独特的研究对象、合理有效的研究方法、完整的理论体系。这是相对较为严格的学科标准。其实，学科以及学科的标准是人类文化的塑造。美国学者华勒斯坦（Wallerstein）在其著作《开放社会科学》中回顾历史文献，阐释社会科学各学科发展过程，首先需要在主要大学里设立首席讲座席位；接着建立院系，开设相关课程，并能授予学位；然后使研究制度化，如创办专业期刊、建立学会，由全国性向国际性发展；最后建立按学科分类的图书收藏制度。

在我国，传播学和心理学的发展均是如此，传播心理学的发展历程也大致如此。随着交叉学科、边缘学科的不断涌现，新兴学科迭出，学科标准也变得不那么严格。武汉大学心理学系钟年教授曾从"一个平台""一个场所""一个组织""一种共识""一种视角""一种方法"来理解传播心理学："一个平台"指传播心理学为学者提供了一个从事研究的可能；"一个场所"指传播心理学为学者提供了一种指示语，标示一个研究领域、一种共同兴趣。"一个组织"指传播心理学作为一个学科所具有的合法性和独立性，表明现有

1　刘京林.传播心理学理论与实践[M].北京：中国言实出版社，2015：序5.

2　刘晓红，卜卫.大众传播心理研究[M].北京：中国广播电视出版社，2001:342.

学科架构下的某种归属，从而获得学科体制的承认和相应的资源；"一种共识"指对传播是人的一种基本行为的共同理解，即传播是人学；"一种视角"指开放的社会科学视角；"一种方法"指作为一门学科所拥有的研究方法[1]。传播心理学注重问题导向和实践应用，研究方法是开放式的，通常综合运用传播学与心理学的研究方法，包括观察法、调查法（访谈法、问卷法）、投射法（词句联想法、文章完成法、购物表法、绘画测验法、主题统觉法）、量表法、实验法、内容分析法等，在具体研究中可采用文本分析、个案研究、文献法、民族志等多种方法。

传播心理学是心理学和传播学的交叉学科，是把心理学的普遍规律应用于传播活动中的一门新兴学科，是探索参与传播活动的人在传播活动中的心理现象及其存在的心理规律的一门学科[2]。传播心理学，从字面意思上理解，可以理解为对传播心理的研究，也可以理解为对传播的心理学研究，还可以理解为对传播与心理的关系的研究。人与人之间建立关系的基础是人的心理互动，传播心理学研究的问题可以是传播领域涉及的各种问题，可以用心理学的方法处理这些问题。从关系的角度看，所有关于人的研究可以分成三大课题，人与自然的关系，人与他人的关系，人与自我内心的关系，这三大关系可以归纳为交换关系和契约关系两大类。交换与契约是互为因果、相辅相成的，没有契约无法交换，而不为交换又何必契约。无论交换还是契约，都是在传播的基础上达成的。

第三节　新媒体时代传播心理学的研究对象

新媒体技术革命正在深刻改变我们获得、使用和消费信息的方式，在互联网语境下，媒介技术以及由其建构的社会复杂性激增，并且信息的质量无法检验，也无法控制。新媒体时代传播心理学的研究对象有两种视阈：其一，

1　余霞.传播心理学笔记[M].北京：商务印书馆，2013:11.
2　刘京林.大众传播心理学（修订本）[M].北京：中国传媒大学出版社，2005:87.

是传播渠道；其二，是认知主体。

一、从受众到用户

施拉姆对传播学的表述，以及他对传播学和心理学关系的基本把握，告诉我们一个基本的认知框架，即传播学是"人学"，因为传播是人的一种基本行为。从这个角度来看，传播学和心理学的抱负和理想有相同之处。施拉姆为调整知识结构特意去做心理学的博士后，且一直坚持传播学需要引入心理学等学科的理论和方法。

传播环境随着媒介技术的不断发展更迭产生了巨大的变迁。20世纪40年代，计算机进入人类社会。20世纪70年代，出现个人电脑。20世纪90年代，出现计算机网络，信息高速公路的理念传到中国。1994年9月，标志着我国"国民经济信息化"的跨世纪的巨型系统工程金桥工程启动，这条准高速国道的开通使我国国民经济各部门和国民生活在信息交换、信息共享等方面发生了革命性的变化。1994年，中国内地首次接入互联网，1994—1996年为我国互联网的起步阶段，当时网内网民数超过20万。中国自1997年起进入互联网快速发展阶段，如今是网民人数最多的国家。21世纪初，无线移动网络出现。信息传播技术迅速大规模普及，占社会主体基数的信息中层不但能够使用互联网、智能手机，而且已经成为新型传播工具的制造者、管理者、拥有者，并在社交媒体领域成为信息的生产者、传播者和消费者。

在早期大众传播过程中，传播者常表现为主动的一方，接收者相对比较被动，随着传播技术的发展，传播主体的多元化，接收者的主动性得到重视，传播者和接收者的互动性成为新媒体时代的一大特征。多年前就有研究者关注到传播学的核心概念"传者"和"受者"内涵的变化，大众传播时代在技术上进入了电子传播时代，在内涵上则进入了"主体传播时代"，因此"受众的概念已经过时"，并建议用"传播主体"和"接收主体"来取代"传者"和"受众"，把传播活动视为两种主体之间的关系。[1]在新媒体时代，传播者变得更为主动，大数据支持下的接收者行为和爱好的分析使传播变得更为复杂。

1　李盛之.受众：一个过时的概念[J].现代传播.1995（2）：12.

传播参与者的称谓从受众，到传受者、接收者，再到网络用户，传播活动随着传播技术和传播样态的发展不断进行，信息对传播参与者心理产生的影响也日益复杂和微妙。

在传播学、社会学、社会心理学里，传者和受者属于社会角色，特别是职业角色的概念。传统媒体时代，传者是指传播信息的人，而受者则指接收信息的人，两者内涵截然不同。但随着媒介技术的发展，传者和受者的界限变得模糊，双方在很多场景下是重合、互换、融合的。在如今的互联网时代，在新媒体传播环境下传者和受者角色融合，受众的概念更具能动性，传者和受者的界限不断消弭，传播主体多元化的互联网群体传播时代已经来临。

而传播心理学主要是从心理层面探讨在传播活动中传者和受者的心理和行为活动的特点及规律。作为"人"，传者和受者在心理和行为上有着许多共同点，心理实质都遵循着"S→O→R"，即"刺激→中枢→反应"模式。

我国台湾学者钱玉芬认为心理学中"S-O-R"模式和拉斯韦尔的"5W"模式可以结合起来（见图1-1），传播者、传播信息、传播媒体是刺激部分，阅听人是有机体，传播效果是反应，传播心理学可分为：传播心理学的刺激部分、传播心理学的个体部分、传播心理学的反应部分。[1]

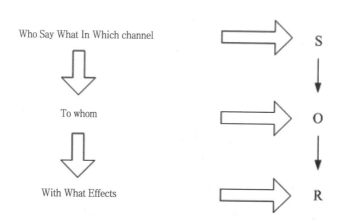

图1-1 传播心理学模式图

再比如有学者在分析受众心理时认为，实际上受众在大众传播活动中

---

1 钱玉芬.传播心理学[M].台北：威仕曼文化事业股份有限公司，2007:1-9.

的参与程度和感知程度是大不一样的。大部分受众属于能够接收传媒"供应"的内容的层次;一部分受众是正在接收"供应"的内容者;还有一部分是将接收的内容记录下来的受众;另一部分受众是将接收的内容内在化(interiorization)者。上述四个层次分别对应潜在的、有效的、特殊的和受影响的受众类型。[1]

从认知心理学的视角看,这种对受者接收媒介信息的四种类型完全可以迁移到不同的传者对同一客观刺激的接收差异上。传者对某一现象或问题的态度和行为同样存在着潜在的、有效的、特殊的、受影响的四种情况,也会相应地出现不够重视、开始注意、作为素材记录和内化为自我认知并有内容生产这四种行为。

美国社会哲学家乔治·赫伯特·米德(George Herbert Mead)认为,所谓的"交流"的重要性在于,它提供了一种行为方式,在这种方式中,有机体或个体可以成为自己的对象。当个体不仅听到自己的声音,而且对自己作出反应,像其他人对自己作出反应一样真实地对自己说话和回答时,就有了个体成为自身对象的行为,而人们成为自己的对象,当然就是自我和身份。正是这种在生理机体之外增加的个人身份是人类的特征,它创造了人类心理学家必须在其中工作的参照系,也是人类交流的语言能力的产物[2]。

人类传播的渠道包括自我传播(内向传播)、人际传播、组织传播、大众传播、网络传播等。虽然为了研究的需要,人们把人类传播形式作了细致的划分,但在实践活动中,它们却是无法分割的。五种传播渠道构成了相互交织在一起的庞大的传播网络,可以在这个传播网络中进行信息的传递和心灵的沟通。

虽然传播学和传播心理学在研究"人"这个问题上有着相通之处,但是它们对人的研究的着力点不同。前者更侧重于从宏观角度研究人们通过大众传播媒介进行的信息传播活动,在传者与受者之间传递的是信息流,属于社会层面的活动;而后者则更多地从微观视角研究在传播活动中人们的心理和行为的规律,在传者和受者之间沟通的是心理流,属于心理层面的活动。

---

1 刘昶.西方大众传播学[M].香港:三联书店(香港)有限公司,1990:131.

2 Seven Essays, George A. Miller. The Psychology of Communication[M].New York: The Penguin Press, 1968: 2.

学者麦奎尔（Denis McQuail）和温德尔（Sven Windahl）曾在《大众传播模式论》中讲道："我们自己是将大众传播视为一种同其他各种传播网络及传播过程共长并相互作用的过程。尽管传播研究领域中出现了各种看来在理论、方法与目标上互不相同的学派，我们还是不在各种'传播系统'的实体之间划分截然明确的界线。"[1]

传播心理学被视为传播学的一个分支，应在新的符号资源的开发和原有的符号系统的更新上适应传播业的发展，而更新传统媒体时代的专业概念也应与时俱进。

二、新媒体时代用户心理特征及变化

新媒体时代传播心理学主要是研究传播活动中用户的心理及其行为规律的科学，主要研究因传播诸因素引起的用户显在或潜在的心理和行为的形成、发展、互动等的特点和规律及用户的生理和心理机制的科学。本书主要关注网络传播领域，重点会放在移动互联网传播领域。

人的心理现象是客观现实在人脑中的主观反映。在大众传播活动中传者和受者因社会角色不同，他们所接受的客观刺激有质的区别。传者接受的刺激主要是来自物质世界——信息源，而受者所接受的主要是媒体刺激。由于传者和受者有个体差异，所以当他们接受同一刺激时有不同的主观反应[2]。信息传播在生活中必不可少，传播活动是信息在传播者与接收者之间流动的过程，传播者和接收者可以是不同的人，也可以是同一个人在不同时间承担的不同角色。

而在网络传播活动中，用户既可以是受者同时又可以是传者。由于网络的普及和内容生产的低门槛，在接受刺激时，单纯受众和具有创作能力的用户的心理又会有微妙的区别。新媒体时代用户的心理、行为规律很丰富，包括两者的独有性和共通性。传播活动的实践中传播主体往往是重要因素。因为传播活动是传播和接收信息的过程，而用户的心理互动正是信息沟通的内在依据，研究分析并掌握运用用户心理互动的特点和规律，可以提高传播的社会效益。

1　丹尼斯·麦奎尔，斯文·温德尔.大众传播模式论[M].上海：上海译文出版社，1987:2.
2　刘京林.大众传播心理学[M].北京：中国传媒大学出版社，2017:7.

运用心理学理论于传播活动中,是传播心理学的重要课题。研究用户心理和行为的规律可借鉴现代心理学理论进行分析。生物论、行为论、精神分析论、现象论、认知论这西方现代心理学五大学派的理论为研究用户的认知结构、认知过程、社会化的形成;潜意识、显意识、集体无意识;价值观、尊严、创造力、利他性等方面提供理论依据。

传播活动参与者的心理现象及其规律是传播心理学研究的大范畴,心理现象的构成包括心理活动的共性部分、个性部分及心理活动的背景状态。心理活动的共性部分包括认知过程、情绪与情感过程、意志过程;心理活动的个性部分包括个性倾向性(需求、信念、兴趣、动机等)、个性心理特征(气质、能力、性格等)。在新媒体传播时代,用户的心理都发生了相应的变化。

(一)新媒体时代媒体人的心理转变

媒体融合改变了原有的传媒生态,使媒体人遭遇了前所未有的危机。传统的信源垄断被人人都有麦克风的话语权自由打破,媒体的权威性被解构;封闭的、独立的信息生产和把关流程被透明的赛博空间所颠覆,媒体的距离感被打破;传播主体的内容生产、分发渠道更加多元,在此背景下传统媒体的地位被挑战。融媒体环境下不仅仅是信息采集手段的优化,同时也是对媒体人专业素养、技能素养的高要求,要求媒体人能运用各种采编技术手段进行新闻报道,不仅需要有沉着冷静的心理,更要有与时俱进的技术敏感性;要求媒体人重新认识掌握信息首发权的紧迫性。新媒体时代媒体人要调整心态把握媒体融合带来的创新动力,转变传统媒体时代的工作心理,树立融合思维、提高创新意识,增强新闻敏感性和信息整合能力,以健康的身心投入信息生产和传播中。

(二)新媒体时代用户广告心理的转变

互联网广告在掌握和运用消费者心理的前提下,能够在网络视听平台获得流量,赢得关注,并将这些关注转换成实际的经济效益。随着算法推荐等媒介技术的发展,互联网广告开始了细分化之路,广告的推送不再盲目,而是更加具有目的性,有选择地进行传播,并且不易引发用户反感,迎来了各取所需的局面。但是这种推送是建立在对用户心理的剖析上,只有充分掌握用户的心理,才能真正获得良好的传播效果。在购买和使用商品时消费者更多追求的是情感上的满足，当某种商品能够充分展现消费者自我形象并满足用户的某种心理需求时，其符号价值已远超商品的使用价值。在互联网广告的内容上，传统的硬性广告不再对用户产生吸引力，互联网广告充分利用用户的便捷性、自主性、个性化的心理，所以软性植入广告成为当今广告传播的主流，并且不断创新广告内容与植入形式，抓住用户的喜好，为广告的转化率提供新媒体时代的解决策略。同时，利用新媒体的传播特点，结合算法精准推荐，将用户放在重要的位置上，利用用户的猎奇心态和分享心理，增加广告的知名度和转化率，将广告内容与媒介进行融合，重塑互联网广告业态。

（三）新媒体时代参与传播的用户自我呈现

参与式文化以融合文化为基础，在当今的新媒体时代背景下，用户既是文化的参与者，又是文化的创造者。用户在交互中实现文化的融合，塑造新的文化奇观，实现了社会的广泛参与，草根阶层也可以通过内容生产发声，众多传播主体受益于新媒体环境，成为互联网的贡献者。目前，新浪微博、抖音、豆瓣和Bilibili（B站）等社交平台上用户交流互动频繁，参与式文化将用户视为积极的、富有创造力的参与者，他们具有强烈的交流欲望，希望将自己展现在众人面前，引发围观来满足自身的分享需求。在"人—人"沟通的基础上，Web3.0时代"人—机"沟通成为可能，随着媒介技术发展以及参与能力提升，用户积极参与、广泛互动以实现自我赋权，新的文化形态在塑造着新的文明。

（四）新媒体时代用户的视听心理和能动选择

随着互联网技术的不断发展，原先受众的被动形象发生转变，成为能动的主体参与信息传播的过程中，信息接收者成为传播渠道的重要角色。视听时代用户的媒介接触和使用习惯都发生着改变，媒介技术的发展满足用户个性化选择的体验，也提升了弱势群体的幸福感和话语权，以及用户内容创作的愉悦感和价值感。而网络游戏具有匿名性、互动性、多媒体性、叙事性等特征，极大地提高了玩家的体验。玩家可以通过在游戏中创建喜欢的角色互动聊天、参加比赛挑战他人、获得奖励等来满足玩家精神和生理层面的需求。

互联网的发展使信息传播的渠道更多元和丰富，跨文化传播中个体在新媒体时代下的文化休克心理和文化认同心理也带来新的影响。个体通过对自我认知的不断调整不仅可以在跨文化传播中持有更积极的态度，对其原有的认知框架也产生影响，新的认知结构与其心理系统不断磨合，有效缓冲跨文化传播中的文化折扣效应和跨文化敏感性。

　　本书重点分析的是互联网时代新媒体传播环境下的传播心理，包括融媒传播对媒体人的心理影响，智媒传播下的广告心理分析，参与式传播对用户社交心理的影响，新媒体传播对用户视听心理的影响，用户网络游戏心理分析，以及互联网时代跨文化传播心理分析等。

　　传播心理学本身还处于不太成熟的学科范畴，其科学性也还需要不断地经受实践的考验。任何一门学科的构建和发展都需要历代学人做长期的、艰苦的、持之以恒的努力。国内几乎同步于西方的网络和新媒体的实践发展，为中国研究学者提供了相比西方而言可能更前沿的研究课题，在社交媒体、融媒体、智媒体传播方面，中国研究者表现出极大热情。近年来，网络及新媒体领域的心理研究占据绝对优势。据不完全统计，文献中约有一半以上与网络及新媒体有关，其中微信等社交媒体以及手机视频客户端等成为研究热点。

　　中国独有的传播实践也为本土化研究提供了素材和资源，比如中国独特的用户群体和网民心态，阶层分化和冲突带来的舆论对抗。媒体融合背景下从业者的心理素质和职业危机，老龄群体、未成年人在传播技术发展中的媒介适应和心理障碍等，不仅成为中国学者的课题，也吸引着海外研究者的关注，成为传播心理学视阈下中国独有的研究内容。

　　基于此，本书认为传播心理学要研究基于互联网传播时代独特的心理现象，发展出新媒体环境下传播与心理的基本假说，还可以检验传播学和心理学的普遍性理论，要让传播心理学的概念、方法、理论等成为传播学、心理学乃至更广泛的人文社会科学共同关心的话题，并为之努力。

第二章

新媒体传播下媒体人心理分析————————●

　　媒体融合背景下，媒体人面临着众多的心理挑战，分析其心理状态对媒介转型和发展具有社会价值和实际意义。新闻学与心理学的研究有着密切关联，早在20世纪80年代国内就开始了新闻心理学的研究，在媒介融合发展背景下，将心理学与新闻传播学融合考察是必然趋势。同时，在媒体行业竞争日趋激烈的媒介生态中，加强传播心理学研究有助于媒体人保持良好工作状态，是促进媒介融合的稳定器。

第一节　新媒体传播对媒体人的心理影响

一、新媒体传播下的行业革新和挑战

　　媒体往往有着极强的时代烙印，它跟一个时期的政治、经济、社会发展有着密切关联。正如麦克卢汉所说：一个时代真正有价值的是媒介，而不是其承载的信息。历史上以政治和媒介关系为特点，曾给四位美国总统分别冠以"报纸总统""广播总统""电视总统""网络总统"的称号。"报纸总统"——斯蒂芬·克利夫兰。1885年当选为美国第22任总统，但在大选前夕报纸上爆出他与一位寡妇有染生下了私生子，还施加压力让母子受到不公正待遇的丑闻。事件一经报道立刻引起热议，由于当时的主要传播媒介是报纸，

克利夫兰与竞选班子商议后决定在报纸上承认事实，后借助普利策在报纸上的支持文章反败为胜，凭借报纸为总统竞选起到了正面宣传的效果。"广播总统"——富兰克林·罗斯福。历史上著名的"炉边谈话"就是罗斯福总统为了稳定当时美国的经济，阐述推行的经济政策，增强民众对银行的信心，接受美国广播公司以及哥伦比亚广播公司的采访。在任期间，罗斯福进行了30次广播讲话，为缓解当时美国金融压力做出了巨大贡献。"电视总统"——约翰·肯尼迪。20世纪60年代电视成为主流媒体，肯尼迪在竞选时通过电视画面展现出与竞争对手尼克松完全不同的健康形象，为他的竞选收割了大量选票，而肯尼迪意外遭遇恐怖袭击身亡的场景也被电视实时转播，可以说肯尼迪在电视屏幕上经历了他的总统生涯。"网络总统"——贝拉克·奥巴马。在有着种族歧视历史渊源的美国，奥巴马成功竞选总统有一个关键因素即互联网，网民捐款所创造的全新募款形式，不仅让其赢得了资金支持，更是以独特的方式获得大量选民的青睐，他还利用Youtube、Myspace社区等社交平台发布宣传视频，增加曝光率和影响力。不仅如此，他还通过开发网站、发送电子邮件的方式吸引选民的注意力，可以说奥巴马竞选成功离不开网络的助力。

当下随着媒介技术的发展，媒体迎来新一轮的改革，媒介生态的颠覆使身处其中的媒体人不得不直面媒介革新。2013年11月12日，党的十八届三中全会通过《中共中央关于全面深化改革若干重大问题的决定》，明确提出"整合新闻媒体资源，推动传统媒体和新兴媒体融合发展"；2014年8月18日，中央全面深化改革领导小组第四次会议审议通过《关于推动传统媒体和新兴媒体融合发展的指导意见》，习近平总书记指出推动媒体融合要树立互联网思维，在遵循新闻传播规律的基础上，推进新兴和传统媒体的互补效用，集中力量打造一批形态多样、手段先进、具有竞争力的新型主流媒体，其中在建设新型媒体集团时特别强调了实力、传播力、公信力、影响力，后演变为建设新型主流媒体当中所倡导的"四力"，即传播力、引导力、影响力、公信力[1]；2018年，中共中央印发《深化党和国家机构改革方案》，方案中涉及调整中央电视台（中国国际电视台）、中央人民广播电台、中国国际广播电台，组

1 新华社.为改革发展提供强大精神动力——2014年宣传思想文化工作综述[EB/OL]中央政府门户网站.（2015-01-04）[2025-02-08] www.gov.cn.

建中央广播电视总台，作为国务院直属事业单位，归口中央宣传部领导，对内保留原呼号，对外统一呼号为"中国之声"；2019年1月25日，习近平总书记在以"推动媒体融合向纵深发展"为主题的中共中央政治局第十二次集体学习时，再次强调推动媒体融合发展是当前媒体人面临的紧迫课题。[1]

融媒体是指针对报纸、广播、电视等拥有共同点和互补性的不同媒体，全面整合其人力、内容、宣传等方面信息，实现资源通融、内容兼融、宣传互融、利益共融的新型媒体。[2]媒介融合是一项长期媒体战略，其主要领域是"三网"即电信网、广播电视网和互联网，其关键在于媒体人思想观念的重视和转变。迅速发展的融媒体重构新闻业，既是机遇也是挑战，可谓顺应新媒体时代发展的趋势。习近平总书记提出全程媒体、全息媒体、全员媒体、全效媒体的"四全媒体"概念，指明了未来媒介融合的发展方向、路径以及形态。新媒体与传统媒体从最开始的相互补充、共同发展，到如今相互交融、融合传播达到"1+1+1>3"的高效整合，以期共同构建媒体行业未来发展新蓝图。[3]

"中央厨房"（media hub）是媒介融合战略在当前国情下实际运用的模式典范，这一词语原本用于指代餐饮行业中集中采购、集约化生产成品或半成品的生产场地，后被传媒业引进用以形容同一个内容素材进入全媒体数据库后，依据不同传播介质的特点，对素材进行二次加工，生产出多元形态的新闻产品，即一次采集，多种生成，多元发布，全天滚动，全球覆盖，达到传播效果最优化。2016年两会期间，人民日报从不同部门抽调了47名分别负责技术、采编的媒体人组成了"中央厨房"运营团队，并且分设统筹推广、内容定制、可视化等三个小组，对会议内容进行全天候报道，制作了200多个包括文字、图片、图表、视频、动漫、H5[4]等在内的多媒体产品，覆盖国内外2000多家媒体。

浙报集团自2014年开始建设、2016年投入使用的"媒立方"拥有一体化

1　中华人民共和国中央人民政府网.习近平主持中共中央政治局第十二次集体学习并发表重要讲话[EB/OL].（2019-01-25）[2025-02-28].https://www.gov.cn/xinwen/2019/01/25/content_5361197.htm.

2　沈璐萍.在媒体融合大潮中传统媒体如何突围脱困——以《江西日报》为例[J].新闻研究导刊，2019（18）：247-249.

3　共产党员网.涨知识/什么是"四全"媒体？ [EB/OL].（2019-02-28）[2025-02-28].https://www.12371.cn/2019/02/28/ARTI1551308249887568.shtml.

4　H5指HTML5，是构建Web内容的一种语言描述方式。

智能采编系统、大数据资源库、策划分析系统、新闻传播效果分析系统、指挥调度系统、大屏可视化应用系统以及用户资产运营系统。

此外，2017年7月6日，当代贵州期刊传媒集团与浙报集团签署战略合作协议，浙报集团首次实现了"媒立方"项目的技术输出，建设"中国党刊数据中心及党建出版云平台"，打造当代贵州融媒体"中央厨房"，使其成为国内党刊界第一个融刊、报、网、端、云为一体的"中央厨房"，并于2017年12月28日正式投用。无论是人民日报"中央厨房"还是浙报集团的"媒立方"，都在实践中贯彻落实媒介融合的理念，取得良好的成效。

媒介融合改变了原有的传媒生态，使媒体人面临前所未有的职业挑战。传统的精英信源垄断被人人都有麦克风的自由话语权打破，媒体的权威性被解构；封闭的、独立的信息生产和把关流程被透明的赛博空间所颠覆，媒体的距离感被打破；报纸、广播、电视等传统媒体的生产、分发渠道被用户生产内容（User Generated Content，UGC）和社交媒体所取代，媒体的地位被挑战；以传者为中心、各部门平行运转的思维被以用户为中心、融媒体的合作转型所改变，媒体的运营方式被重构。新媒体传播背景下，不论是新闻记者、新闻编辑还是新闻主播都承担着比以往更大的从业压力。

📍 案 例

2019年8月24日，央视主持人康辉发布一条长48秒的短视频：

大家好，今天《新闻联播》的抖音号正式开通，《新闻联播》开播到今年41年了，常听一些年轻人说：《新闻联播》那是爷爷奶奶、爸爸妈妈才看的节目，可现在有些人是不是有点"打脸"了，因为最

康辉（1）

近真的很多年轻的朋友粉了《新闻联播》，说《新闻联播》越来越硬核，早知道联播这么好看，谁还追剧啊。真的谢谢大家这么夸张的关注，不过真心话，《新闻联播》值得您期待，这里不是只有怼人，这里有足够的理智与情感、有分明的事实和言论、这里有真正的中国。在这你能看到真正追求进步与美好的中国人，所以关注《新闻联播》、关注联播的抖音号，我们一起抖起来、一起上热搜。

来源：《新闻联播》抖音官方账号

案　例

"央视新闻"官方微博于2019年11月9日发布了新闻主持人康辉的一支Vlog（Vlog是"Video Blog"缩写，中文意为视频博客，视频日志）：

康辉（2）

【#康辉的第一支Vlog#：明天要出趟远门】主播康辉，马上就要出远门了。走进总台大院，他直奔哪里？跟了康辉二十年的行李箱，长啥样？行李箱里，都装了哪些必备物品？盖满章的公务护照长啥样？据说，行李中还有一件"秘密武器"！

在Vlog中，康辉集记者、编辑、主播等角色于一身，借助文字、音频、图像等多元表达形式在互联网平台上进行传播。康辉一改传统媒体人严肃的社会形象，在vlog中展示了以往在电视屏幕上看不到的报道现场，记录了更多的现场细节和幕后故事。通过他的Vlog，网友们第一次了解到新闻主播的准备工作内容，在外交访问中新闻主播的报道流程。康辉在传统媒体话语体系下鲜少展露的幽默打趣和字正腔圆的播音腔的自由切换中进行表达，还会用Vlog回复网友的评论进行互动，听取网友的建议多用自拍杆，这打破了社会对传统媒体主播的刻板印象，在新媒体的话语转换下不断缩小与用户的距离感。

案　例

2019年7月29日，中央广播电视总台新闻新媒体中心正式推出"主播说联播"短视频栏目，这一栏目对新闻语态进行全方位优化，取得了良好的传播效果。短视频内容集中于热点事件，结合当天重大事件和热点新闻，用通俗语言传递主流声音。栏目成立之初在"央视新闻"的官方微博账号上进行发布，并创建#主播说联播#的话题讨论。仅四个月的时间，话题的阅读次数达23.9亿次，讨论次数达到84.2万次。

#主播说联播#经常参与热门微博话题，在关注新闻焦点的同时，以更加亲

民的话语、通过竖屏短视频形式，将新媒体思维真正融入内容创作当中，增强主流声音的影响力。如2019年12月23日发布的一条主题为"一个表情形容你的2019"的短视频，以微信朋友圈评论区可以评论表情包这一新功能引出，并发问"如果让您来评论自己的2019年会用一个什么样的表情包呢"，主播通过"我太难了""这一点我不接受反驳"等2019网络流行用语调侃生活中的不如意，并激励年轻人努力坚持就能有所收获。通过年轻化、口语化、日常化的表述方式使传播更具感染力和个性化，"主播说联播"更易引起用户共鸣，吸引用户注意力，从而更好地发挥主流媒体的舆论引导作用。

⚲ 案 例

2019年两会期间，《中国经济周刊》记者姚冬琴采访广东代表团茂名市委书记许志晖时，运用双机位进行视频拍摄，并利用手持云台的方式展开手机直播，以此打造了一个融媒采访空间。姚冬琴在2019年两会报道结束后发出这样的感慨："以前我只写文字稿，按纸质杂志出版时间为发稿周期；现在，文字、图片、视频出镜、网络直播无所不能，新闻作品在网站、微博、微信视频号、头条号等新媒体上全天候传播。以前，文字记者、摄影记者各尽其责；现在，不同部门的编辑记者一同协作，组成融媒体团队，从策划、采访到传播，实现一条龙作业。"[1]

人民日报记者王靖远在2019年两会期间运用5G客户端设备（Customer Premise Equipment，CPE）和VR[2]全景相机，实现传输速度更快、画面内容互动性更强的报道体验，通过"5G+VR"为受众提供沉浸式体验。[3]

环球网记者何卓谦在2019年两会期间，通过单反相机、手机、全景相机等设备的综合运用进行现场新闻报道，并且还运用了两会的"新科技"——大疆Osmo Pocket手持云台拍摄[4]。2019年3月5日，何卓谦用手机剪辑的短视频作品

---

1 人民日报. 跟上深度融合步伐（我当融记者）[EB/OL]. （2019-03-21）[2023-06-18]. https://finance.sina.com.cn/roll/2019-03-12/doc-ihsxncvh1761542.shtml.

2 VR指virtual reality，虚拟现实。

3 全媒派公众号. 2019两会报道：拼神器晒创意，严肃新闻也能亲和有趣[EB/OL]. （2019-03-15）[2023-06-18]. https://news.qq.com/a/20190315/004300.htm.

4 手持云台，指一款大小与唇膏相近，具备人脸追踪和手机直传并保障4k稳定拍摄的新产品。

《两会Vlog：凌晨五点，我在人民大会堂外参加了一场"短跑竞赛"》在微博平台发布，获得54.5万次观看。[1]

📍 案　例

　　媒体人贺弘联、周珞、谭忠欣、李蕙蕙、王娉娉、黎娜、罗紫嫣、李美燕共同创作H5融媒产品《改革开放40年·长沙有多"长"》，他们通过运用"手绘长卷＋拼图＋动画＋视频"的融媒体表现形式，精彩呈现长沙改革开放40年的璀璨成就，形式多样、别具一格的融媒体作品新颖独特，作品刷爆了"朋友圈"，点击量高达459.24万次，社会各界反响热烈。网友盛赞"帅呆了，一同致敬改革开放！""作品太惊艳，让人忍不住想来长沙看看"。[2]

　　这几位新闻媒体人立足于自身对于新闻的敏感性，满足新媒体用户对国家发展的信息需求，用新闻文本传达时代精神、凝聚民族力量。在此基础上，通过技术手段创新传播方式，以新的表现形式阐释新闻价值，使其更加符合当下媒介融合的趋势，贴近用户信息接收模式，发挥主流媒体的影响力。

　　融媒体环境下不光是信息传播手段的优化，同时也对媒体人的专业素养、职业技能提出了更高要求，不仅要学会运用各种全媒体采编技术进行报道，还要有沉着冷静的心态、与时俱进的技术敏感性、掌握信息首发权的紧迫感。这对媒体人而言既是机遇也是挑战，要时刻调整好自身工作状态，保持积极的心态。

　　面对媒介融合，媒体人要迅速调整心态把握新媒体带来的创新动力，转变传统媒体时代的工作心态，树立融合思维，提高创新意识，增强新闻敏感性和信息整合能力。融媒体传播环境对新型媒介技术人才提出了高要求。随着人工智能、算法推荐技术的不断发展，人机协同已成为当下媒体实践的必然趋势，如何利用新技术而不被其取代，如何利用新技术手段制作新媒体产

1　人民网. 我当融记者：媒体人要跟上深度融合步伐[EB/OL].（2019-03-13）[2023-06-18]. http://www.xinhuanet.com/zgjx/2019-03/13/c_137888809.htm.

2　H5|改革开放40年·长沙有多"长"[EB/OL].（2019-05-24）[2023-06-18]. 中国记协网. http://www.zgjx.cn/2019-05/24/c_138082449.htm.

品，以应对话语权的分散、用户的流失，如何跟上媒介技术变革的节奏等问题给原本承受着高强度职业压力的媒体人带来更大的心理压力，造成情绪衰竭、情绪疏离和自我效能弱化。

二、新媒体传播下的媒体人生存状态

媒体人的生存状态不仅仅与其职业收入挂钩，我们更关注的是近年来被社会忽视却又急需解决的媒体人心理健康及生存压力。由于传媒工作性质的原因，如对时效性、真实性的高要求，导致大部分媒体人一味追求工作效率，且承担着较强的使命感和责任感，对自己有着较高要求。这导致整个传媒行业快节奏工作成为常态，这就意味着媒体人关注的焦点更多集中在传媒业务上，并不怎么重视自身的心理状况，容易导致心理压力过大。这个问题成为媒体人的安全隐患，对其生存状态产生极大影响。

📍 案 例

2010年，《法治周末》以关注媒体人身心健康为主题发起了"媒体人身心健康调查"，接受调查的编辑记者中60.8%的人有1～5年的工作经验，5年以上工作经验的人则占39.2%。其中，从事报纸类工作(日报占40%，周报占20.8%)的受访者占60.8%；而就职于广电媒体的受访者占16.7%，就职于期刊的受访者为18.3%，仅有4.2%就职于网络。

调查结果显示，仅有22.5%的受访者认为他人能够完全理解其工作，超过九成的受访者表示对职业态度呈消极倾向，感到有压力，近八成的受访者坦言自己长期受到焦虑的困扰。这些问题的原因大多集中在工作中遇到的挫折，如：稿子未审核通过、采访难度大等。

2014年3月16日，中国医师协会经调查发布了《2014中国睡眠指数报告》，报告中显示睡眠质量最好的人群多为教育公务员，而媒体人的睡眠质量则最差。媒体人睡眠障碍高发主要表现在：第一，睡得最少，每天平均睡眠时间6.5小时；第二，工作强度最大、经常加班，每天平均工作时间9.5小时，周加班次数2.2次，年通宵次数17.5次；第三，最爱犯困，起床后犯困的比例为28.6%，白天精

力不足的比例为11.5%；第四，最爱依赖闹钟，每天被闹钟叫醒的比例为80.2%；第五，失眠最频繁，得分指数仅有2.8。[1]

2017年11月6日，以中国媒体人身心健康为主题的《中国媒体人"双心"健康报告（2017）》发布会在京举行。该报告以269例媒体人的心脏检查报告、心理量表测评结果以及网络收集的138份媒体"双心"调查问卷结果为分析依据，得出以下结论：在807份心理量表（含广泛焦虑量表、抑郁量表以及躯体化症状量表）中，超过30%的问卷结果显示异常，且大多集中在41～50岁的媒体人中，多伴随焦虑心理，抑郁可能较严重，睡眠质量较差。[2]

媒体人的睡眠质量差，抑郁情绪和焦虑感普遍，都是职业压力居高不下的表现。在面临突如其来的挑战时，对于那些已经在传统媒体工作多年且完全被同化的媒体人而言，新的媒介技术带来的往往是对自身价值观的解构，由于年龄、经历所造成的思维框架定式，他们难以在技术冲击带来的正负效应中抓住机遇。技术更迭速度之快使他们无法兼顾在新闻生产的同时，还要花费大量时间学习新技术。对融媒体思维的运用容易产生形式主义，即能够理清概念、背熟方法却难以在日常工作中真正落实，这让他们在认清媒体转型势不可当的同时越发焦虑，时间积累的媒体权威性和固有的工作模式不断被挑战、被颠覆，心理调整的速度赶不上技术冲击的余波，由此内心的焦虑感不断扩大。

而对于在媒体中相对年轻的后备力量而言，新媒体时代带来的动态转型和升级增加了很多需要自身不断思考和判断的问题，不断有学者和业界人士探讨媒介技术更新给新闻业带来的新闻真实性的消亡、后真相时代的众声喧哗、公民记者对新闻权威的挑战等问题，这些新兴事物发展过程中产生的质疑和反思，使处于改革浪潮中心的媒体人对自己的职业价值和职业前途更加迷茫，甚至产生动摇，从而容易引发心理的疲惫感，不利于身心健康发展。

由此可能造成媒体人的情绪衰竭、情绪疏离和自我效能感弱化等心理问

1　中国医师协会发布2014睡眠指数 记者"睡眠最差".中国新闻网.（2014-03-17）[2023-06-18].https://www.chinanews.com/sh/2014/03-17/5960411.shtml?url_type=39&object_type=crawler&pos=1&sid_for_share=99125_3.

2　中国媒体人"双心"健康报告.中国食品报.（2017-11-08）[2023-06-18].http://www.zgxxb.com.

题，而媒体人的心理健康不仅关系到个体的精神状态，更是与传媒产业的发展息息相关，因此，关注媒体人的心理健康问题俨然成为必需。

第二节　新媒体传播下新闻从业者的心理变迁

一、新媒体技术冲击下的心理焦虑和情绪衰竭

我国新闻事业的性质决定了新闻媒体始终是党和人民利益的守卫者，是国家利益和社会利益的捍卫者，记者始终怀有"为天地立心，为生民立命，为往圣继绝学，为万世开太平"的广阔胸怀。这意味着记者是党和政府的耳目喉舌，需要关注家国大事，宣传党的政策方针，发挥积极宣传引导作用；在新闻事业党性原则的规定下始终为人民服务，对人民负责。反映民间呼声、倾听百姓疾苦，记者背负着历史重担和使命责任，媒体人普遍具有强烈的责任感。

然而随着媒介技术的不断发展，媒体人原有工作内容和工作流程被颠覆，新媒体传播剥夺了记者在新闻业中发挥关键作用的独特地位，进而导致其心理焦虑和情绪衰竭，主要表现为记者在日常工作中的情绪负荷大和心理能量消耗过载，导致其容易疲乏、精力不济。技术冲击对媒体人心理造成的影响主要体现在信息采集、内容生产、传播渠道三个方面。

第一，信息采集。在传统媒体时代，记者获取新闻素材的方式主要有三种：一是记者采访他人；二是记者在现场目睹；三是查阅有关资料或他人来信。而随着物联网技术的不断发展，"万物皆媒"的时代已经来临。搭载智能设备和传感器的智能化物体将成为信息的采集者、传递者甚至加工者，成为内容生产全新的信息源。[1]智能传感器、VR/AR[2]等技术的出现成为麦克卢汉"媒介是人的延伸"的深化。通过对新闻现场的图片和音频进行智能识别，可以成为记者采访的补充。不仅如此，技术还能够扩展记者采访的时空，打破生

1　彭兰.增强与克制：智媒时代的新生产力[J].湖南师范大学社会科学学报，2019（4）：132–142.
2　AR，Augmented Reality，指增强现实。

理限制，快速获得大量精准复杂的信息。因此，在新媒体时代如何运用大数据、智能设备等一系列技术手段扩展报道的范围、深度和可能性，成为媒体人的必备素养。

2015年8月12日，天津港瑞海国际物流公司发生重大爆炸事故，事故发生后造成了极其严重的后果和恶劣的影响，人员伤亡惨重，经济损失巨大。天津港事故具体地点为天津市滨海新区吉运二道95号的瑞海公司危险品仓库，仓库内有几百吨的氰化物和其他化学产品，在大火扑灭后仍然具有较高危险。为了以最快的速度确保受众的知情权，确保信息畅通，以防止谣言传播引起社会不安情绪的扩散，2015年8月20日上午，记者采用固定翼无人机和四旋翼无人机对受灾区域进行了航拍。此次航拍的主要成果包括航拍数据和视频，总覆盖范围约为14平方公里，并对天津港大众停车场内的车辆数量进行仔细核查，利用无人机采集到的信息包括大量图文、视频资料，进而清晰呈现事故发生地的真实状况。

📍 **案　例**

天津港"8·12"爆炸事故无人机评估报告

本次评估的区域为天津港大众停车场，利用无人机对停车场内的车辆数量进行核查，并从影像上判断汽车是否被火烧过。评估结果为：大众停车场附近共2728辆车，其中：争议区域49辆，从图像上判断均为过火车辆；非争议区域2679辆，其中2629辆从图像上判断有被火烧过，50辆从图像上判断未被火烧过。[1]

表2-1　无人机航拍数据

序号	飞行区域	机型	架次数	覆盖范围	成果	数据量	备注
1	爆炸影响范围区域	固定翼	1	14平方公里	照片（含POS位置）信息788张	4.18G	有效
2	爆炸核心区域	四旋翼	2	0.51平方公里	照片57张、视频	照片：747M 视频：2.1G	有效

1　安全就是功德.天津港"8·12"爆炸事故无人机评估报告[EB/OL].（2015-08-12）[2023-07-01]. http://blog.sina.com.cn/s/blog_15a50e9f90102xabv.html.

由于此次报道的特殊性和突发性，技术手段所起到的辅助作用明显得到凸显，这也是国际主流报纸头版首次大规模采用无人机拍摄的灾情新闻照片，国际主流电视台罕见采用"手机＋自拍杆"形式对重大灾难新闻报道进行现场连线直播。新媒体环境下要求记者综合运用各种采、编、播手段进行报道，要有与时俱进的技术敏感性，深刻认识掌握信息首发权的紧迫性。这对媒体人而言无疑是全新的挑战，新闻的时效性要求记者时刻调整好自身状态，保持良好的应对心理，这既是工作性质的要求，也是自身积极发展的内在动力。

第二，内容生产。智能机器人的出现使新闻内容生产采用"人工模板＋智能生成"的方式，所谓机器人新闻，就是通过计算机程序将数据进行语言的结构化，从而生成新闻报道或文章。这样可以利用机器避免人为因素产生的心理倾向，从而提高新闻的客观性，还能对新闻事件进行大数据挖掘，运用强有力的技术支撑对新闻事件进行横向、纵向的交叉比较，在对事件规律的提炼和未来趋势的预测上有着极大优势。

📍 案 例

2001年，个性化新闻推荐率先被谷歌实现，机器选编新闻从理论走向现实。

2006年，机器人记者被美国汤姆森金融公司引进并被应用在经济和金融领域写稿。

2008年，名为Open Calais的机器人在路透社首次露面便得到业界广泛关注。

2011年，Narrative Science公司在利用机器人与算法结合方面取得进展，财经和房地产报道中的数据转化变得轻而易举。

2012年，名为Truth Teller的新闻核查机器人在《华盛顿邮报》诞生。

2013年，通过制作土温传感器，纽约公共广播的数据新闻团队对美国东岸有关蝉的回迁的新闻进行了准确报道。

2014年，以读者为核心进行内容特定生产的机器人Wordsmith由AI公司研发。

2014年3月，《洛杉矶时报》的机器人Quakebot在一次有关地震的灾难新闻当中仅三分钟便自动生成、发布了新闻报道。此外，能够快速报道犯罪新闻的机器人也被《洛杉矶时报》开发出来。

2014年4月，《卫报》生产出以算法编辑为特点的机器人#open001，并运用于纸质报纸中。

2014年7月，通过机器人Wordsmith的写作，美联社仅在0.3秒钟内就可完成上市公司盈利报道的撰写、发布，并与之匹配相应的语言风格。

2015年，法国《世界报》通过和Syllabs公司的合作，将选举活动用机器人记者报道的形式进行展示。

2015年8月，《纽约时报》开发出名为Bloosom的机器人编辑，通过每天从300多篇的文章中挑选"潜力股"的方式辅助编辑的工作，其创造的平均点击量是普通编辑挑选的普遍文章的38倍。

2015年9月10日，腾讯财经推出的Dreamwriter撰写了国内第一篇"机器人新闻"。

2015年11月，名为"快笔小新"的写作机器人由新华社推出，其主要从事体育及经济领域的新闻报道。

2016年，以写稿具有"多、快、好"为特点的"DT稿王"，由第一财经与阿里巴巴合作打造。

2016年8月，名为Xiaomingbot的智能写作机器人由《今日头条》推出，并在里约奥运会中实时撰写新闻稿；

2016年8月，几秒钟即可生成并发布Twitter新闻的写稿软件Heliograf被《华盛顿邮报》采用并进行里约奥运会的新闻报道。[1]

2018年6月，人民日报社新媒体中心联合百度、科大讯飞、快手、荣之联、凡闻科技等多家企业推出"创作大脑"平台。通过对人工智能技术的运用，构建一个开放式媒体技术新平台，平台具备语音转写、智媒引擎、视频搜索、数据魔方等功能，实现智能推荐、写作和分发，为媒体机构和内容创作者提供便捷，其中智能写作主要通过机器学习等方面的技术积累为用户提供内容纠错、发文助手、自动封面等三项服务。

2018年11月5日，新华社在首届进博会上运用"现场云"与媒体大脑

1　腾讯Dreamwriter：自动化新闻发展之路[EB/OL].（2017-02-26）[2023-07-01]. https://www.jzwcom.com/jzw/0c/16550.html.

MAGIC进行新闻内容智能化生产。新华智云科技有限公司研发的MAGIC智能生产平台通过大数据、人工智能技术对媒体进行武装，对语音、视频、文字等内容进行智能化处理，从而达到"机器脑＋人脑，技术＋内容"的整合效果。到11月8日超过390条相关短视频通过"现场云"＋MAGIC智能平台自动生产，这大大提升了内容生产的效率，新华社客户端浏览量近2000万。人工智能技术促进了新闻生产时效性的提升，丰富了新闻呈现形式，突破了人体的生理局限。

机器人写作技术正在不断完善，其写作领域也在不断扩展，未来人机一体的协同发展模式是必然的趋势，媒体人当下面临的是技术对于职业本身的挑战。媒体人一直以来处于新闻生产的核心地位，其生产信息的专业程度、新闻影响力等因素都会与媒体人的价值感和成就感挂钩。而机器人目前可以实现文本复述、看图写话、语音交互、视频写稿、智能模板生成等多种功能，这给新闻记者带来压迫感。技术发展多元化促使记者专业能力的多层次发展，但大部分媒体人面对媒体融合实践都显得较为被动，导致精力不足，时常感到力不从心，从而产生情绪衰竭心理。

第三，传播渠道。技术赋权不仅扩展了信息采集的渠道，还赋予用户集制作、生产、分发于一身的多重身份，由此带来媒体人的可替代性。新媒体时代，人人拥有麦克风，通过用户生产内容UGC使媒体人的光环不再。媒体人以往的优势心理被用户中心论所取代，"UGC ＋ PGC（professionally generated content，专业生产内容）"的观念也大行其道。互联网的普及和新媒体的出现，降低了个人的传播成本，使得用户可以在任何时间、任何地点通过电子化的手段向群体或个人发布任何信息，极大提升了个体话语的影响力。社会网络中的每一个节点的用户都可以成为新的传播中心，颠覆了传统媒体对话语权的独占。当媒体人面临的是无所不在、无时不在的公民记者时，被替代的可能性正在不断提高。网络用户抢夺信息首发权的案例屡见不鲜。通过爆料在网络上引发关注，引起热议，最后形成强有力的舆论以表达自身诉求，以往由媒体公信力为基础的新闻热线等服务性功能被分流，用户通过各大社交平台进行信息传播，实现了传统媒体在新媒体时代未曾预料的强大影响力。

代替新闻记者发布信息的可能是新闻当事人，他们通过技术赋予的传播权利，在互联网社交平台上发布信息。正如尼葛洛庞帝所说，"在网络上，每个人都可以是一个没有执照的电台"，从而达到自身利益的诉求甚至引起整个社会的反思，推动相关法律的修订；发布信息的也可能是新闻事件的相关知情人，他们拥有与事实接触最便捷的途径和最详细的资料，具备记者不可比拟的先天优势，从而成为信息的首发者；亦可能是拥有第一手资料的爆料者，事件本身与爆料者之间并非存在利益关联，爆料者通过敏锐的观察和熟练的撰稿能力，迅速描述事件并发布在个人社交媒体账号上，通过引起官方媒体关注进一步扩大其影响力。

媒体工作的天然属性不仅要求保证新闻的真实性、重要性、显著性、趣味性和接近性，更要注重新闻报道的时效性，即要求记者在新闻事件发生后迅速报道，事件发生和公开报道之间的时距越短，新闻就越具有价值。这一属性要求媒体人拥有敏锐的新闻观察能力和信息制作、分发能力。传播主体在新媒体环境下媒介素养被要求不断提升，信息分辨能力也需要不断提升，要能熟练使用新媒介，进行自我表达，使传播渠道更加多元。

新闻工作长期以来赋予媒体人的光环效应，会导致新闻记者对自我期待过高。一直以来媒体人由于其客观公正的形象，以及公共传播中的个人影响力，在公众心目中享有崇高地位。然而随着新媒体和传统媒体融合趋势不断加深，媒体人逐渐走下神坛，不再是享有信息垄断特权的精英，而是以用户为中心的信息服务者，发挥着传播信息、引导舆论、提供娱乐以及社会整合等职能。

当新闻记者不仅要面对新媒体技术冲击下信息采集带来的压力、机器人写稿的可替代性危机，还要受到新媒体公民新闻的压力，他们有时难以发挥职业优势为社会、人民解决问题，来自各方的压力对于心理承受能力较弱的媒体人而言，会使其丧失心理调节功能，长期处于疲乏状态当中，从而导致情绪衰竭，内心产生极大的焦虑感。

二、算法把关下的心理失衡和情绪疏离

新闻编辑是新闻事业发展的核心力量，是新闻从业者队伍和媒体行业建设的基石，是新闻内容分发审核的安检线。新闻编辑的价值在于对内容的选择、优化，将新闻框架所遵守的准则落实到新闻实践当中，在社会效益、经济利益等多方权衡之下，坚守编辑的职业理念、专业精神，把握政治方向。这需要敢于担当的大局意识、忠于职守的责任意识、敢为人先的创新意识。编辑对各类文本进行校对是信息发布的终审环节，所以新闻编辑关乎传媒业的根本和长远发展，是新闻产品能否实现新闻价值的关键。

媒体融合背景下新闻编辑随着媒体改革一起面临着诸多挑战。技术提供的便利在一定程度缓解了新闻编辑的生理压力，却也在技术的高效对比下产生心理压力。人工智能、算法推荐等技术的不断完善，给编辑工作带来可替代性，加重了编辑的心理压力，传统媒体时代编辑在新闻生产流程中扮演的"把关人"角色岌岌可危，人工智能技术加持下的"算法把关""算法分发"使新闻编辑所付出的努力跟不上技术的突破速度，与工作的距离感越发加重，逐渐在工作中表现被动，丧失积极性，与同事间的相处也变得陌生、冷淡，产生心理失衡和情绪疏离。

📍 案 例

2018年3月20日晚，今日头条创始人张一鸣在与清华大学经管学院院长钱颖一教授的对话中提出，"AI（人工智能）技术识别低俗内容已经有非常大的进展"，并表示基于今日头条反低俗模型开发，发布"灵犬反低俗助手"微信小程序，用户直接输入文章链接或文字，即可检测内容质量指数，这是灵犬于2018年3月27日首次上线的基本功能。[1]

2018年5月16日，今日头条通过官方微头条宣布，"灵犬反低俗助手"中新增了反谩骂、反色情短文本两种模型，再一次进行了服务升级，实现准确率从73%提高至82%的跨度，提高了9个百分点。从发布至今，"灵犬"小程序已经达到了60万人次的使用量，以此不断向净化网络空间、打击恶俗信息的目的靠拢。[2]

2019年2月20日，今日头条宣布，国内首款反低俗小程序"灵犬"再次全面

1 张一鸣：AI技术识别低俗已经有非常大的进展[EB/OL].（2018-03-26）[2023-06-08]. 中国日报网站http://it.people.com.cn/n1/2018/0326/c196085-29889045.html.
2 中国网. 今日头条升级"灵犬"服务[EB/OL].（2018-05-17）[2023-06-08]. http://it.people.com.cn/n1/2018/0517/c196085-29996180.html.

升级，即除了反色情、反低俗的能力外，新版"灵犬"还新加了反暴力谩骂和反标题党的能力。这成为"灵犬"上线后首个更新版本。至此，主要针对低俗低质的内容类型已经被"灵犬"检测服务所覆盖[1]。

2017年7月12日，北京黑马飞腾科技有限公司成立并开发黑马校对软件，运用计算语言语法分析和语料库统计相结合的方法，具有汉语依存关系分析技术、汉语切分技术、汉语语法分析技术等智能技术，内嵌79个专业词库、8000万条专业词汇、800万条错误核心库，查错准确率和校对效率已经达到新高度。该软件还支持主流文字处理和排版系统的文件格式，支持专业文稿校对。 黑马校对系统是目前国内市场上占有率高、实用性强的专业校对软件，为文稿的校对提供解决方案。

"灵犬""黑马"两款软件通过运用算法进行内容把关，通过设计好的程序和输入文本字符，对含有敏感信息或与主题不相符内容进行抓取，并进行自动提取、分词和语义识别，然后根据算法规则，输出对应的分数、评级和结论，包括是否可以获得算法推荐，是否需要引入人工编辑进行判断等。内容生产者可以在反低俗模型提供的鉴定结果帮助下修改文章或标题，以获得更多算法推荐，协助编辑进行内容把关。这一过程虽然大大提高了工作效率，减轻新闻编辑的工作量，改变了传统媒体时代编辑因工作量大而过度劳累的状况，但是算法的高效工作使新闻编辑在工作中的价值感降低、被需要感弱化，职业前景担忧不断增加，最后因个人心理负担过重产生疏离感。

此外，还可以运用大数据、算法推荐、人工智能等技术进行程序设计和算法分发，使机器在自主学习下不断完善分发标准，建立兴趣模型，从传统媒体时代"内容为王"的价值标准，到实现以用户为中心的点对点信息传输的"用户至上"算法标准。目前，"算法分发"已经被广泛运用于各大新闻APP和网站，这一行业现状及趋势使编辑丧失工作热情和期待，对职业规划充满迷茫。

1　人民网. 今日头条"灵犬"升级：加入反暴力谩骂[EB/OL].（2019-02-22）[2023-06-08]. http://it.people.com.cn/n1/2019/0222/c1009-30896163.html.

📍 案 例

2012年3月，张一鸣创建"今日头条"，同年8月份发布第一个版本，2019年6月今日头条月活跃量达到2.6亿次、日活跃量达到1.2亿次、人均单日使用次数12次[1]，网络口碑指数达到44.1，与"央视新闻"不相上下[2]。"今日头条"一直宣称其"没有采编人员，不生产内容。没有立场和价值观，运转核心是一套由代码搭建而成的算法"，以算法为基础评估发布的内容、发布的地理位置及时间与用户的适配程度，即通过对用户的年龄、性别、职业、兴趣标签进行数据收集，通过对阅读量、收藏量、转发量等平台功能的使用进行量化，并以此建立算法模型。"今日头条"的算法推荐能在0.1秒内计算推荐结果，3秒内完成文章的抓取和分类，5秒内能匹配到兴趣用户，在10秒内进行用户模型的建立或更新。

2018年6月11日，"人民日报"客户端上线，以人工智能为基础的移动新媒体聚合平台——"人民号"，面向媒体、党政机关、机构和优质自媒体，同年8月1日与搜狗公司签约[3]，双方宣布将共同构建首家面向全国党媒的AI技术赋能平台，合作设置"党媒推荐"的版块，在"搜狗搜索"和搜狗的"今日十大热点"两个客户端同时上线，利用搜狗的内容分发技术，以及近年来在对话、翻译、语音、图像、问答等人工智能领域的开拓，以个性化推荐为核心，为主流媒体提供优质的内容分发技术，扩大主流价值观的传播。用主流价值引领算法，发展实现真正的统一采集、多种生成、多元发布、个性推荐、融合传播。

基于"人民号"和"今日头条"中的算法改良，传统媒体新闻编辑工作中内容的个性化分类出现了可被替代的危机。安德森的"长尾理论"在新媒体时代得到最大化实现，将新闻业所遵守的新闻价值标准镶嵌进计算机编程中，使"算法分发"取代"编辑分发"。传统媒体时代的新闻编辑不仅要具备

1　知乎网.张一鸣与今日头条，抖音，西瓜视频，字节跳动[EB/OL].(2024-03-26)[2024-04-06] https://zhuanlan.zhihu.com/p/689084645.
2　艾媒大文娱产业研究中心.艾媒报告：2019Q1中国手机新闻客户端市场监测报告[EB/OL]. (2019-05-10)[2023-05-08].https://www.iimedia.cn/c400/64308.html.
3　环球网.人民日报社"握手"技术流搜狗打造中国AI媒体第一平台[EB/OL].(2018-09-14) [2023-06-08] https://baijiahao.baidu.com/s?id=1611549601169224241.

纠错、排版等基础的专业技能，编辑个人对于稿件是否有价值、发布时间是否合适、发布内容是否能够得到广泛关注的判断，是编辑在工作中专业能力和个人价值的集中体现。其发布内容所引起的一系列社会反响成为编辑工作能力的证明。而算法推荐和大数据等技术手段的出现，不但能用量化的数据监测新闻影响力，通过对关键词的抓取、社会热点的识别、场景的定位进行精准的信息分发，突破以往传播对象窄、传播效果泛的限制，利用机器达到高效率的个性化推荐，实现用户私人专属信息定制的目标。媒介技术的发展，能在一定程度上把新闻编辑从重复枯燥的信息核对、编辑、挖掘中解放出来，但是工作压力却又转向了技术运用下的可替代性，致使编辑在工作中所获得的成就感、荣誉感以及自我认同被消解，从而产生疏离心理。

编辑是新闻行业的中坚力量，是优质内容的加工者，是社会道德底线的把关者。新闻编辑所具备的价值追求、工作作风、职业理念对推动媒体转型，重构主流媒体权威，引领舆论导向，深化媒体融合具有重要意义。在算法技术的加持下，编辑依然要秉持着战略意识和大局意识，在技术的助力下整合人类智慧，使其职业生涯在技术的赋能下，从把关人角色转变为算法技术的优化者，不断提升自身能力，规避技术带来的心理负面影响，从而发挥最大的工作价值和社会影响力。

三、AI挑战下的自我效能弱化

作为一名新闻主播，其个人文化修养、人生阅历、知识深度都是一档节目能否正常开播的关键。一名优秀的新闻主播不仅能够在节目中明确特色、找准定位、履行职责，更重要的是可以通过自身魅力形成品牌效应，从而吸引观众。在此过程中，新闻主播的个人特色在工作中处于关键地位，而个人特色与心理状态直接相关。新闻主播在融媒体时代如果未能及时转变思维，改进或转变工作方式，就会导致与新媒体工作环境脱节，对工作的认可度降低，从而产生失望感，最终导致自我效能感不足。

📍 案 例

2018年2月11日，中国互联网络信息中心（CNNIC）2017年互联网基础资源系列技术发布会在北京举行，《全球域名运行态势和技术发展趋势报告（2017）》《2017年中国域名服务安全状况与态势分析报告》《2017IPV6地址资源分配及应用情况报告》《互联网滥用信息检测技术研究报告》《基于区块链的互联网信息基础资源管理技术研究报告》《互联网基础资源大数据技术发展研究报告》《E级计算发展态势（2017）》等7份技术报告被发布。

《中国人工智能创新发展蓝皮书》也在会上发布，由中国互联网络信息中心和中国科学院科技战略咨询研究院共同编写。其主要内容是基于学科发展、技术创新、理论建模、软硬件升级等突破，对中国新一代人工智能的发展状况和未来发展趋势进行分析、判断，体现对人工智能创新发展的科学前瞻性、国家战略性及全球纵深性的思考。

我国人工智能发展存在行业应用需求场景巨大、研发能力雄厚与数据资源积累量大、开放市场与宏观环境有机结合等独特优势。

前景广阔的应用市场将会倒逼技术革新，形成技术和市场双轮驱动。然而信息分化、就业冲击、风险规制、社会结构与思维方式转变、法律政策纠纷等挑战仍然是探索人工智能面临的问题。

人工智能的发展需要跨越理论、应用、技术、产业和经济社会的协同创新，不仅是技术上的创新，更从本质上将效率提高到流程优化。通过强化战略顶层设计、完善创新服务体系、完善数据生态系统、加强专业人才储备、加强风投引导和应用场景部署、建立伦理和法律共识等举措来谋篇布局，围绕数据驱动，推动人机协同和跨界融合，塑造共创共享的智能经济新形态。[1]

《中国人工智能创新发展蓝皮书》显示，人工智能已经成为信息社会的发展趋势。人工智能带来的不仅是技术上的进步，更是社会结构和思维方式的转变，是对新型人才储备的高要求。对于新闻主播而言，对社会发展要有敏

1　中国人工智能创新发展蓝皮书. [EB/OL]. （2018-02-12）[2023-06-07]. http://www.sohu.com/a/222387315_99945412.

锐的洞察力，工作思维不只局限于内容生产的具体实践，还要有创新的互联网思维。关注领域需要进一步拓展，要有欲知天下事的好奇心。尤其在融媒体传播环境下新技术、新名词、新成果层出不穷，更要紧跟时代潮流，成为社会风尚的引领者。思维守旧的新闻主播在工作中势必是没有归属感、成就感和满足感的，对于自身工作表现的评价也会降低，形成自我否定和不自信心理。

📍 案　例

央视前著名主持人、紫牛基金合伙人张泉灵的一个演讲火遍全网，她分享了自己离开央视时内心的真实想法："我们这一代人活得特别不容易。因为这个时代的变化太快了，但我们内心的价值观有可能停留在上一个时代，甚至在上上一个时代。对我而言，更大的恐惧来自你明明知道世界在变，变得如此之快，变得如此无孔不入，进入你的方方面面。但是你却并不知道它是怎么变的。所以即便痛苦，即便要离开自己的舒适区，即便会造成更大的焦虑和不安全感，我还是决定迈出这一步。"[1]

张泉灵离开央视时清楚地意识到新媒体时代带来的变化之快，作为一个媒体人需要拥有与时俱进的能力，追求新事物的能力。但是面对新技术的不断迭代，媒体人的内心容易产生无力感，思想意识落后于社会的发展，而思想意识是工作状态的支撑。媒体融合带来的影响速度快，冲击力度大，对于一些跟不上媒体行业改革步伐的新媒体人而言，媒体融合只闻其声不见其踪迹。在原有的专业领域丧失了主动权和能动性，媒体融合下新旧岗位的交融和替代使得新闻主播承受着巨大心理压力。

对于新闻主播而言，新媒体时代不仅带来思维转型，也与新闻记者、新闻编辑一样面临着因技术进步而产生的可替代性危机。传统新闻主播要具有超强的新闻素养、逻辑表达能力、随机应变和即兴评述的能力，对个人的综合素质要求较高，即面对突发新闻时能够以清晰的逻辑、简明的话语、客观

1　前央视主持人的内心独白：别用十年前的认知，规划十年后的人生 [EB/OL].（2019-02-23）[2023-08-06]. http://www.sohu.com/a/294550211_100020275.

公正的态度传达信息。此外，由于新闻业的严谨性，新闻主播在播读稿件的语速和正确率方面同样有着近乎苛刻的标准。人工智能的发展带动 AI 主播生成，不仅能够 24 小时全天候待岗，程序自动升级学习，还拥有超高的正确读稿率，这让新闻主播产生被取代的危机心理，更剥夺了他们通过发挥自身信息传播功能获得观众喜爱的职业成就感和满足感，导致自我评价和自我认同感降低，从而极易形成自我效能感弱化心理。

📍 案 例

　　2018 年 11 月 7 日，新华社联合搜狗公司在第五届世界互联网大会上发布全球首个合成新闻主播——"AI 合成主播"，"AI 合成主播"基于人工智能技术，塑造的"分身"与真人主播一样逼真，甚至可以达到 24 小时不间断的工作时长，与真人主播相比拥有更高的工作效率、更快的新闻生产和播报能力，大大降低了新闻生产成本。这表明全球 AI 合成领域方面实现了技术创新和突破，同时开创了新闻领域实时音视频与 AI 真人形象合成的先河。[1]

AI 合成主播
（1）

　　2019 年 3 月 3 日，新华社再次联合搜狗公司在北京发布全新升级的站立式 AI 合成主播，并上线全球首个 AI 合成女主播。这是继去年双方联合发布全球首个合成新闻主播以来，人工智能与新闻采编再次深度融合下取得的突破性成果。此次 AI 合成女主播技术的发布，再次引发全球媒体圈的聚焦，"今日俄罗斯"电视台网站、英国 Daily Mail 等海外媒体进行了大篇幅报道。

AI 合成主播
（2）

　　"今日俄罗斯"电视台网站称，新华社推出了全球首个 AI 合成女主播，与新华社现有的 AI 合成男主播在两会期间一起工作。"新华社对其 AI 男主播进行升级，该主播已从坐姿播新闻升级成站立式播报，使用更有表现力的肢体语言。"英国 Daily Mail 报道称，网民非常欢迎新的主持人。印度媒体 DaytodayGK 称，"除了嘴唇动作稍显僵硬外，她几乎可以以假乱真"。美国 Futurism 报道称，"新小萌"从

1 陈倩，等. 全球首个"AI 合成主播"在新华社上岗 [EB/OL].（2018-11-27）[2023-07-08]. http://www.xinhuanet.com/politics/2018-11/07/c_1123678126.htm.

来没有上过新闻专业课，因为她并不是真人。但新华社称，每一位AI合成主播都可以"每天24小时在其官方网站和各种社交媒体平台上工作，从而减少新闻生产成本、提高生产效率"。约旦媒体AI Bawaba称，近年来中国已成为全球领先的人工智能发展中心之一。[1]

人脸识别、人脸建模、语音合成以及深度学习等多项人工智能技术打造AI主播，使AI主播能够达到24小时无间歇的高工作效率，大大降低了新闻机构的运营成本。不仅如此，AI主播通过程序更新进行自主学习，其广度和深度是个人在短时间内难以企及的。2019年两会期间，AI女主播参与报道，央视网络春晚主持人撒贝宁与虚拟主播"小小撒"的同台合作，彰显了AI主播从理论性的探索实践开始走向日常应用。

近年来，新闻业围绕AI智能主播是否会取代传统新闻主播也展开激烈讨论。就目前人工智能的快速发展趋势，新闻主播的可替代性导致这一群体普遍存在因职业前途可能终结而产生自我效能感不断弱化的现象。在技术不断更迭的新媒体环境下，新闻主播个人所具备的创造能力和应变能力其实是AI主播远不能匹敌的，新闻主播的个人价值依然不可估量。新媒体时代，新闻主播需要不断提升自身的能动性，发挥主体价值，以更加自信的心态拥抱新技术，从而实现人机协同的共赢共创的媒介生态格局。

第三节　新媒体传播下媒体人健康心理建构

新媒体环境下，人工智能、云计算、大数据等技术不断发展，给媒体人带来了极大的职业冲击，"无冕之王"的荣誉感正在不断被削弱，从而导致情绪衰竭、疏离、自我效能感弱化等消极心理倾向的出现。而当下业界的关注点主要集中于如何应对转型从而走出一条融合之路，少有人关注媒体人的心理状态。但随着工作量与业务范围的与日俱增，媒体人所承受的压力也越来

1　何强，等. 新华社推出全球首个AI女主播 [EB/OL].（2019–03–04）[2023–07–08]. http://www.xinhuanet.com/mrdx/2019–03/04/c_137867641.htm.

越大，媒体工作氛围日益紧张，媒介生态日益恶劣。媒体工作者作为社会文化产品的生产者、精神文明的建设者，他们是否拥有健康的心理状态关乎整个社会能否稳定运行。所以，对陷入压力困境中的媒体人进行心理调节和系统支持刻不容缓，本节通过积极心理学在新闻业中的运用，探讨从国家、社会以及个人层面对新媒体传播下媒体人心理健康问题提供切实的解决途径。

一、国家层面：出台有效版权保护法规条例

1958年，美国学者弗里茨·海德（Fritz Heider）在其著作《人际关系心理学》中，以通俗心理学为切入点提出著名的"归因理论"，研究集中于讨论个体如何对日常生活中的事情做出相应的解释。个体为了满足控制周围环境、理解周围环境的需要，试图从他人或外部环境的观察中归纳总结出规律，通过归因预测他人行动，以此满足理解和控制环境的需要。后经多位学者的研究完善，归因理论体系范畴进一步扩大。如学者韦纳（B.Weiner）在成就动机理论的基础上提出动机归因理论，学者哈罗德·凯利（Harold H. Kelley）在海德研究的基础上提出三维归因理论，琼斯（Jones）和戴维斯（Davis）在1965年提出对应推论理论，有关归因理论的动机、范围、影响因素等内容不断完善其理论体系。该理论旨在挖掘个体如何找出事件的原因。

媒体人进行日常工作受到心理压力时，归因往往倾向于内因和外因两个方面，内因指的是媒体人对自身的性格、态度、专业能力、职业素养等方面的评价，这需要从业者自身进行心理的动态调试。而外因的涵盖范围较广，包括天气、个体所处的情景或关系。通过归因所得的信息对事件进行分析，并以此为依据做出与周围环境一致的行为决策，以此控制环境。因此，将完善的法律法规环境纳入外因之下，媒体人不但能够在新闻法规的范围内履行职责，还可以知悉保护新闻人权益的法律法规，对工作中发生的问题做出合理解释，从而使工作表现符合社会期望，与环境保持一致性，减少外因带来的心理压力。通过完善新闻法，营造一个有法可依、底线清晰的媒体从业环境会大大降低媒体人的工作顾虑，减轻心理负担。新闻法律法规的不断完善使得媒体人能够在安全友好、法律健全的环境下开展工作，减少不必要的法律纠纷，减轻触及红线的心理负担。

　　随着人工智能、大数据、云储存等技术蓬勃发展，当今世界正在经历一场深层次的科技变革，中国凭借互联网和信息工程的优势已渐成网络大国。社交媒体、自媒体的崛起，信息传播方式的改变，大量原创新闻作品被肆意无标注转载，严重损害了新闻作品的知识产权。而侵权行为在新媒体领域发生频率最高，这些侵权行为也会对内容生产者造成心理伤害，影响其职业发展。当传统媒体的新闻作品被新媒体洗稿后完成用户的原始积累，并已发展成为威胁扼杀传统媒体的原创力时，传统媒体的版权意识才开始觉醒。

　　目前面对移动互联网的飞速发展，内容传播迅速便捷，著作权的保护范围也在不断扩大和深化。互联网版权保护，受到行业、平台、机构、内容生产者的共同关注。在此背景下，版权保护受到越来越多的关注，保护原创作品的呼声也越来越强烈。媒介融合趋势势不可挡，传统媒体捍卫新闻版权刻不容缓，互联网版权保护任重道远。虽然中国目前对延伸集体管理制度没有立法，但司法机关对著作权集体管理制度充分呵护，并对延伸集体管理制度进行了先行探索，以增强媒体人保护版权的信心。

　　同时，新闻媒体需要与全体采编人员签署职务作品归属协议，与所有外来版权内容提供方签署版权作品转让协议，统一版权资源管理，明确相关部门作为新闻信息版权唯一对外出口。新闻业界要加强合作，共同抵制侵权，构建起融合、协同、创新的版权新生态，共同推进媒体深度融合发展。

　　同时，在媒介产品上线前向主要平台发送预警函，发现侵权信息时及时发送侵权告知函，采取一些技术手段屏蔽或断开链接，也可在下线之前进行多次举证，针对不同类型作品或者作品的不同传播阶段，采取不同的版权保护策略。国家层面在互联网发展过程中不断完善法律法规，能有效避免媒体人在适应新媒体语境时触及法律红线，从而减轻心理负担，降低心理资源的消耗。

　　2017年，"中国新闻媒体版权保护联盟"由人民日报、新华社、中央电视台等10家主流媒体宣布成立，并发布了《中国新闻媒体版权保护联盟宣言》，提出"先授权后使用、先授权后传播"。原创作品是新闻媒体的立身之本，要经原创作品的内容生产方书面许可，才能转载、剪辑、修改、摘编、转贴或以其他方式复制并传播新闻作品。同时，在获得授权转载后也要注明著作人姓名，不得歪曲、篡改原文以及标题，要注明转载作品来源。之后，全国132

家传统媒体跟进发布了《关于加强新闻作品版权保护的声明》，共同保护媒体原创价值。随着人工智能技术的不断发展，媒体融合趋势不断深入，媒体行业的转型升级遇到了前所未有的挑战和困难。面对未知领域的争议，应加快网络版权法建设、完善融媒行业的版权保护共识，以此保障媒体人的合法权利。

二、社会层面：提供多元化体系保障

（一）新闻机构：积极心理学视角下的建设性新闻探索

行业有秩序，发展有目标，工作者才能拥有较为清晰的职业规划和应对改革措施。要保障媒体人身心健康，离不开新闻机构内部的正确引导。近年来，新媒体环境下媒体行业内部竞争激烈，为了抢占新闻的首发权，从而放松了对新闻报道的审查、对新闻事实的核对，甚至出现事实尚未发生或尚未证实便进行"合理推测"的新闻判断，新闻专业主义受到冲击。"后真相"时代，整个新闻行业生态被狂欢情绪所捆绑，"流量至上"成为行业评价标准，经济利益与社会利益处在失衡状态，用户的注意力成为媒体竞争的核心。部分媒体人为了追求点击量和转发量，一味追求猎奇、哗众取宠的新闻素材，在新媒体上用夸张的手法撰写耸人听闻却与实际内容大相径庭的标题，形成"标题党"。利用网民的好奇心，在标题中频繁出现"独家""曝光"等凸显信息私密性的词语，满足用户的窥私欲；还以情感性较强的关键词，如"痛心""罕见""震惊"等唤起用户的同理心，刺激其情绪；或是通过"不转不是中国人""中国小伙在国外被歧视"等带有鲜明民族、地域特色的标题激发用户心理接近性，并转化到爱国层面制造阅读量。"标题党"的出现不仅违反媒体人的职业道德和职业规范，也会使新闻报道质量降低，还会放大社会情绪，造成阶层分裂。

此外，互联网上自由的发言权使传统的把关制度失灵，虚假信息、谣言被裹挟在信息浪潮之中，造成了大量的消极影响。真实是新闻的生命，建立在噱头上的新闻不仅存活时间短、价值低，更容易消耗行业积累的信誉，损害媒体公信力。新闻报道的目的是要满足用户对信息的需求，为其提供决策、参考意见，虚假新闻等失实报道严重损害了用户的知情权。未经核实的杜撰和揣测经过媒介放大会对新闻当事人带来形象、声誉、心理、经济等各方面的损害。一些涉及社会公共事件的虚假新闻不仅违反了新闻报道原则，严重的还会误导舆论，引发社会恐慌，扰乱公共秩序。在新媒体传播环境下，虚假新闻的传播速度快、影响范围广，通过社交媒体病毒式传播使其更容易被相信，后续澄清更难，这些成为新闻行业迫切需要解决的问题。

我们可以从心理学层面解读虚假新闻的成因。每个人的心理都存在着多元化的认知因素，这些因素既是个人对外部世界的认知，也是对自我的感知，体现为观念、信仰、态度、期待等，这些认知因素以组合的方式存在于人们的意识当中。当原有的观念、态度等认知因素与行为不一致时会产生不安感，从而导致心理上的矛盾冲突。所以，个体总是不断平衡认知因素与行为，从而达到认知协调，避免产生心理压力。

对于制造虚假新闻的主体而言，新闻真实性原则是其早期认知中潜移默化的存在，当对虚假新闻的批评不断，指责声越发强烈造成心理冲击时，他们会通过减少不协调的认知成分，为报道虚假新闻这一行为找理由从而获得认知一致。当支持虚假新闻的信念不断增强，个体往往会产生"虚假同感偏差"，又称"虚假一致性偏差"。拥有这一心理的人往往对自身拥有的信念、判断和行为的普遍性进行夸大，当遇到对立信息时，在这种偏差心理的影响下，个体会更加坚持自身的信念。对报道虚假新闻这一行为做出合理解释后，个体将所谓的合理性推己及人，会认为其他人也热衷报道虚假新闻谋求流量。

新闻机构为了打破僵局、解决新闻业发展过程中出现的问题，开始对行业发展积极探索，以改善新闻行业的生态，营造良好的行业氛围。新闻业将积极心理学引入新闻界，试图通过对积极心理学的借鉴推动整个新闻行业健康发展。积极心理学最核心的观点是积极情绪的构建，美国密歇根大学教授芭芭拉·弗雷德里克森（Barbara Fredrickson）在其积极情绪扩展和建构理论当中提及，积极的情绪是个人幸福感的反应，是促进个人成长和发展的动力，能够形成一个良性情感循环的永动机。积极心理学就是从心理出发探讨科学方式以增强积极属性，拥有积极心理的人往往能够做到有效的情绪管理，在压力面前有自控和调节的能力，保持乐观的心态，对事物发展抱有希望，受负面情绪影响弱；能够增进幸福感，积极心理的进阶作用是在自我疏导的基础上发挥主观能动性，将面对挫折和困难时产生的悔恨、沮丧等情绪转换为积极进取的精神；能够增强个人韧性和社会适应力，积极心理学注重建设人的希望、乐观、创造力等方面的能力，使个体拥有勇气、智慧等良好的品质。

学者将积极心理学的这一观点融入新闻生产过程当中，开始实践"建设性新闻"。通过"建设性新闻"的报道，发挥新闻引导舆论、稳定民心、推动社会健康发展的功能，重新强化新闻机构、媒体人在用户心中的地位。"建设性新闻"的概念首次出现在《报人守则》（*Journalist's Creed*）上，密苏里大学新闻学院的创院院长沃尔特·威廉姆斯（Walter Williams）提出了这一概念，之后正式出现在2008年海格拉普（Ulrich Haagerup）发表的一篇新闻评论中。海格拉普曾在丹麦广播公司（Danish Broadcast Corporation，DBC）新闻部担任主任数十年，随后转向学界，在奥尔胡斯大学（Aarhus University）创办"建设性新闻研究所"。从19世纪末的"黄色新闻潮"到20世纪初的"扒粪新闻"运动，西方新闻从业者开始思考：人们是否已经对足够多的负面新闻感到麻木至厌烦？是否需要关注更多"社会积极变革"，来为社会问题提供解决方案？

建设性新闻在其发展演变的过程中不断被赋予新的意义。美国弗吉尼亚联邦大学助理教授凯伦·麦金太尔（Karen Mclntyre）用"伞式结构""总括性的术语"来描述建设性新闻概念的丰富性，她在定义建设性新闻时将和平新闻、方案新闻、修复新闻等概念纳入其中[1]。美国学者凯瑟琳·戈登斯（Cathrine Gyldensted）认为建设性新闻应当具有"公众导向、方案导向、未来导向、行动导向"[2]。学者史安斌等认为建设性新闻的核心理念主要包括六个方面：提供问题解决导向、具有面向未来的视野、报道内容包容多元、报道为民赋权、提供语境解读事件、协同创新[3]；学者漆亚林等认为建设性新闻在中国语境下具有独特的叙事和定位，丰富了建设性新闻的内涵[4]。建设性新闻意含了媒体

1　Karen Mclntyre, Cathrine Gyldensted. Constuctive Journalism: Applying Positive Psychology Techniques to News Production[J]. The Journal of Media Innovations, 2017, 4(2): 24.

2　Liesbeth Hermans, Cathrine Gyldensted. Elements of Constructive Journalism: Characteristics, Practical Application and Audience Valuation[J]. Journalism, 2018, 20(2): 535−551.

3　史安斌，王沛楠. 建设性新闻：历史溯源、理念演进与全球实践[J]. 新闻记者，2019（9）：32−39.

4　漆亚林，刘静静.建设性新闻的生成逻辑与现实困境[J].新闻与传播研究，2019（12）：106−113.

人迫切需要改变行业发展方向，促使新闻业健康发展的意愿。建设性新闻要求媒体人以生产更具创作力和卓越性的报道为目标，同时忠于新闻的核心功能。建设性新闻植根于积极心理学的学术土壤，为新闻报道开创了一个全新视角，强调新闻报道在构建用户积极情绪层面的导向作用。通过建构解决问题的框架导向，消除用户焦虑不安的心理，以用户心理角度进行报道以改变新闻负面报道的消极作用，以此增强新闻用户的忠诚度，逆转新闻业的不利地位。

2019年11月27日，由中国社会科学院新闻与传播研究所与苏州广播电视总台、苏州大学传媒学院共同组建的"建设性新闻研究中心"在苏州举行揭牌仪式。学界普遍认为建设性新闻既是一种报道样式，也是一种媒体力量，是新媒体时代背景下的必然选择。媒体人要有更强的进取创新心理，不光要通过受众赋权、协同创新的方式减少冲突，转变报道形式唤起用户的积极情绪，同时还要提供解决问题的框架。媒体人不仅是新闻的报道者，更是问题的引导者、方案的建设者，要打破思维束缚，扩展对新闻业社会角色的想象和期待，成为社会问题的解困者、倡导者、释疑者，从而发挥媒介社会治理功能，推动社会治理、促进社会团结与和谐。

新闻业中积极心理学的运用不仅有利于传达正向影响给媒介用户，对于媒体人而言，打造建设性新闻意味着增强自身的责任意识、大局意识、创新意识和人文主义关怀意识，而新闻从业人员的心理健康与个体的人格构成有一定的关系。[1] 媒体人承受着因工作因素产生的巨大压力，经历持续心理应激的个体易退缩、不合群、领悟社会支持能力低，情感淡漠等心理健康恶化的速度是非常惊人的。媒体人的心理健康状况与个体自身的特质有极大关系。自身人格不健全或其性格特征不适合高强度媒体工作的个体，更容易产生各种心理问题。积极心理学通过对媒体人内在的人格和品性的塑造，保持个体认同、工作热情和职业期待，从而大大减少新闻工作者的负面心理。

此外，媒体单位内部可定期开展心理健康讲座和心理咨询。心理问题一般都具有隐蔽性特征，新闻从业者出于种种原因可能会对心理治疗表现出抵

1　徐福山.大连新闻从业人员心理状况及影响因素研究[D]. 大连：大连医科大学，2007：15.

抗，可安排定期心理调查或一对一的访谈，通过网上心理测试、在线心理咨询等方式让媒体人对自身的心理健康状况有所重视。媒体单位也能及时掌握其心理动态，如是否感到焦虑、是否有抑郁倾向，为解决媒体人的心理问题提供切实可行的便利途径，改变以往对新闻工作者心理健康问题忽视的情况。

（二）新闻教育：培养学科交融的复合型专业人才

在当下"万物互连"的新媒体时代，新闻教育应当重新定位，与时俱进地融合新闻传播学科前沿知识以及其他学科领域的相关知识，构建丰富、合理的知识体系；培养富有责任感、使命感、价值感、道德感的未来媒体人，使其成为有深度、有广度、有温度的业界精英，树立正确的大局意识和政治观念。在新媒体传播时代，媒体人的专业性和权威性比过去任何时期都更重要。在专业教育中，媒体人对职业前景和职业规划要有清晰的认知，正确认识新闻行业在整个社会发展进程中的作用，增添职业自信心和自豪感。

我国新闻行业的后备军大多来自新闻专业院系，对未来媒体人进行适应融媒传播环境的复合型新闻传播专业教育，能够最大限度减少职业焦虑带来的冲击，利用VR、AR等技术手段在虚拟仿真实验室将教学内容进行情景模拟，培养新媒体环境下一专多能的专业素养。邀请具有丰富媒体从业经验的资深传媒业界导师结合案例教学，讲授未来职业生涯可能遇到的困境和难题，从而使传媒学子在专业层面及心理层面更了解与传统媒体迥异的职业生存环境。总之，将实践教学引入课堂能发挥更好的专业教育效果，同时增加信息技术、社会学、心理学等第二专业辅修，以实现各学科的交融。

在新闻传播专业教育中引入传播心理学、社会心理学等相关教材是提高新闻职业教育课堂教学效果的重要辅助手段。但我国有关媒体从业者心理方面的专著、配套教材较少，对于当下媒体实践中从业者会遇到的职业瓶颈、工作挑战、环境压力的相关论著较少。若此类教材能与专业教学环节相契合，将会更好地服务于新闻传播学教育。

可惜目前我国的职业教育体系未能纳入心理健康教育环节，学校课程多集中于新闻专业的理论学习和实践指导，对未来媒体人所要面临的职业压力和心理疏导关注较少且缺乏系统的理论支撑。

具体来说，新闻传播院校可以通过在校增设心理健康课程、设置心理学相关课程为选修课、设置学校心理咨询室、定期开展"心理健康教育系列讲座""心理健康知识沙龙"等方式，来为新闻传播专业的学生普及心理学相关知识。课程具体内容与普通的心理辅导课应有所区别，要着重结合新媒体传播下媒体行业的转型变革等因素，以传媒行业的发展为依据，分析媒体人所面临的机遇和挑战，关注可能造成的心理健康问题。培养传媒人才应具备坚定的理想信念，将家国情怀、社会责任和新闻教育中的人文理念与心理教育相结合。

所以，新闻传播学教育不能仅仅停留在专业技能的培养层面，应该从大局出发，增加有关心理学、社会学、政治学、信息科学等方面的课程和教材；同时要在新媒体传播环境下再定位，进行合理规划，培养融媒行业所需要的有共情力、洞察力和参与力的传媒人才，塑造复合型的创新人才，以适应新的行业生态和社会需求。

三、个人层面：调整心态拥抱新媒体

作为媒体人，在面临新媒体时代带来的挑战时，首先要摆正心态，始终坚持新闻行业的专业性，保持踏实、严谨、勇于实践的职业精神。其次，认清传媒行业会随着时代发展具备不同内涵，明白媒体人转型发展的必要性，及时转变职业理念，以符合时代发展的需求，只有这样才能实现在新媒体时代的完美转型。在"万物皆媒""万众皆媒"的新媒体时代，媒体人依然是新闻专业精神的践行者，是信息爆炸时代下真相的守卫者，是监督公权力的守望者，是提出建设性意见的解困者。

媒体人要抓住时代机遇，不断提升自我技能和实力，努力成为融媒体环境下的"多面手"，如学习HTML网页制作、短视频的拍摄和剪辑、图片和视频的处理等技能。面对媒介融合的挑战，媒体人要敢于迎难而上，发挥自身优势，利用新闻敏感性捕捉事实，在众多素材当中筛选出最有价值的信息。媒体人一般具有扎实的文字功底，写稿要保质保量，点评热点事件要提供新颖的角度和看法。媒体人内心始终要有坚定的理想信念，以认真负责的职业态度为社会和国家做出贡献，切实发挥新闻媒体社会监督、舆论引导等功能。

媒体人除了要增强自身综合素质，以应对新媒体时代的心理冲击，也要

深刻认识到自身在传媒行业中的核心地位。媒体人具备强烈的人文精神，新闻现场的感受需要的是鲜活的人，而不是机器组合的数据，算法也许能够以其精准性纠正人的经验判断的误差，但是媒介产品是有温度、有情感的产物，媒体人所具有的人文关怀和人性的光环是不可取代的，拥有人文主义精神的媒体人能够满足用户心理，成为用户分享观点、表达感情、获取认知的沟通对象，从而体现传媒业的地位和作用。

运用积极心理学调整媒体人的心理状态，使媒体人拥有面对突发事件和职业难题的坚韧品质，通过内在的心理建设舒缓压力，将负面情绪正确转换为发展的动力。不仅如此，媒体人还要拥有更强的情绪引导力，如面对严肃新闻、冲突报道时既要保证新闻公正客观的属性，又要从人文关怀的角度出发，以用户心理为导向，选择合适的报道角度和方式，与用户协同创作，充分了解民意，平衡各个阶层的关系以缓和冲突，以此消除用户接收到负面信息时可能产生的焦虑感和不安感。媒体人要有建构积极情绪的主动心理，即通过积极的新闻报道唤起用户的主动参与和进取心理。用户对媒介产品的内容感兴趣、有所启发才会进行传播。媒体人在坚守新闻专业主义的前提下对报道方式可以有选择地创新，不同组合的文本符号传播、不同新闻框架的建构将会带给用户怎样的心理体验，这都需要媒体人主动探索。要在保证新闻核心功能的同时，转移冲突和负面影响，使用户以更加积极的角度主动思考。

除此之外，媒体人所具备的共情能力同样也是智能机器无法比拟的。共情能力是彰显传媒行业温度、搭建沟通桥梁的心理优势。人本主义心理学创始人罗杰斯认为拥有共情能力的人可以最大限度地感知他人的内心世界，即广义上的同理心。共情不仅是一种积极的感知能力，更是一种社会交往能力的体现。这种进入他人内心，设身处地为他人着想，并将事物朝积极方向导入的能力，有利于促进个人的持续发展和社会的和谐发展。共情这一能力被人本主义学者广泛运用于心理治疗，并通过实验证明这种能力具备的实质性意义。学者葛莱斯坦（Gladstein）将认知和共情看作是一个过程的前后步骤，是对立统一的关系，个体在认知的基础上进行观点的采纳，进入他人的心理角色，从而用同一种情感即情感共情来做出反应。

因此，共情能力是人类复杂认知和情感的交织运用，是一种动态的心理过程，具有复杂性和多变性，媒体人在实践中反复强化的共情能力是机器难以拥有的心理动态，是机器算法目前难以竞争的优势所在。媒体人的工作性质使其在一定程度上与用户建立亲密的人际关系，从而达到获取新闻素材、贴近用户喜好、吸引注意力的目的，共情能力正是在新媒体传播时代凸显媒体人价值的一大亮点。

第二章

新媒体传播下用户视听心理分析───────────●

随着移动互联网的发展，用户触网行为逐渐从电脑端转移到移动端，移动终端设备成为生活的必需品。中国互联网信息中心发布第54次用户数据报告显示，截至2024年6月，我国网民规模近11亿人，互联网普及率达78.0%。[1]手机上网逐渐成为公众最便捷的上网渠道之一。用户在视听领域的媒介使用和体验也逐渐从电脑端转移到移动终端。在社交媒体发达、智能传播兴盛的媒介格局下，技术变革从传播媒介、传播内容、传播形态上改变用户的视听习惯。

首先，从传播媒介上来看，过去主要是通过电视收看节目和通过电脑端在视频网站上收看视频内容。其中电视频道按照时间表提供常规化的栏目和高质量的节目内容，视频网站根据视频类型划分为相应的频道和版块，用户可以自主选择版块里的视频内容进行观看。视频网站相较于传统电视而言，给予用户更多的内容选择权和更自由的时间选择权。随着媒介技术的发展，用户主要是通过手机或平板电脑等移动终端设备、网络电视、在线网站、视频客户端观看视频。相较于之前，用户将更多时间花在了移动终端上。

其次，从传播内容来看，传统媒体提供的视听内容主要是通过电视频道、广播频率进行线性传播的，视频网站的内容主要是从电视迁移过去的节目内容以及平台的自制内容。移动互联网环境下，视听内容类型开始变得多样化，形成了PGC（专业生产内容）、UGC（用户生产内容）、OGC（职业生产内容）

1　中国互联网络信息中心. 第54次《中国互联网络发展状况统计报告》[EB/OL].（2024-08-29）[2024-09-11]. http://www.cac.gov.cn/2024-08/29/c_1613923423079314.htm.

等多种内容生产形式。无论是在综合网站还是短视频平台，"内容为王"成为视听平台社区的共识。越来越多的用户参与内容创作，热衷成为信息编码者。新媒体为了获得更多的用户关注，开始不断寻求内容生产的新模式，在视频内容的创作方式上愈加创新。

第三，从传播形态来看，"轻传播"是其较之以往最大的变化。"轻传播"体现在发布时长短、着眼视角小、娱乐化趋势明显、内容较单薄、使用碎片化这五个方面，这些特点契合移动互联网用户的视听习惯。发布时长短指的是短视频的时间从几秒到几分钟不等，这与传统媒体的宏大巨制的长视频不同，这种浓缩就是精华的创作能够让用户的感官受到更直接强烈的刺激。着眼视角小指的是视频拍摄镜头对准了普通人的生活，这种接地气的题材更易获得普通用户关注，相比之下宏大叙事离生活太远，反而不易受到用户关注。短视频由于时长短、更生活化，所以承载的信息更具娱乐性，这满足了快节奏时代用户的快餐式文化需求。轻量化、浅叙事的短视频内容是比较单薄的，削减了大量内容元素的短视频目的就是让用户"一看就懂"，而碎片式阅览也减少了用户的时间投入。

在移动互联网时代，新媒体传播在传播媒介、传播内容、传播形态上有了新的变化，为用户带来了全新的视听体验和生活实践，潜移默化地塑造了用户的媒介接触新习惯。

第一节　新媒体传播改变用户媒介接触习惯

一、视听媒体促使用户互动常态化

在新媒体传播时代，传播媒介、传播内容、传播形态等都与传统媒体时代有很大的不同。传统视听媒体使观众处于单向、被动的内容传播中，受限于电视频道和广播频率，观众无法即时、主动地获取视听内容。网络信息技术推动着媒介技术的发展，互联网即时性、互动性、个性化的特点，使多向度、开放式传播模式，开始替代传统视听媒体单向度、闭合式传播模式，社交媒体的个性化传播和交互式传播渐成主流。新媒体时代用户的媒介接触习惯也因此改变，从过去的被动式接受到传受互动的常态化。

新媒体传播下，用户主体地位日渐受到重视和提升。过去传统视听媒介不能实现交互式传播，用户无法对节目喜好给出评价。如今用户不仅可以观看视频、收听音频，还可以对视频进行实时留言、发送弹幕，进行点赞和分享。在Bilibili网站（简称B站）上观看视频时发送实时弹幕已成为一种网络文化，弹幕二次创作、弹幕跟帖等互动行为不仅提高了用户的参与感，在一定程度上也增强了视频的传播效果，使视听体验充满愉悦和喜感。在抖音、快手等短视频平台，用户互动参与指标是平台推荐视频的重要维度，评论数、点赞数、转发数、分享数等互动指标是推荐的重要因素。在这些短视频社交平台，简单的点赞留言，已经不能满足用户的交互体验需求。创新型的短视频社交平台更看重交互效果，比如摇一摇、刷脸认证、送虚拟礼物等等都是创新的交互体验效果。新媒体传播时代之所以关注用户体验，是因为用户参与可以进一步促使视听内容的病毒式传播。目前，各大视频网站都十分重视用户的参与感受和视听体验，甚至有些网络热播剧的剧情发展也是根据用户的喜好来决定的。

📍 案　例

　　浙江卫视独播电视剧《步步惊情》中殷正、康司瀚、张晓的三角恋成为网友热议的话题，最终结局让不少人颇为期待。不少网友还在微博上原创该剧大结局，自己决定剧中人物最终的命运。对于《步步惊情》的大结局，该剧制作公司唐人影视近日表示，为了照顾观众口味一共拍了三个版本，有温情的，有悲情的，也有很虐心的，差异很大，至于最后使用哪个版本会根据网友的呼声来决定。

案例来源：《齐鲁晚报》2014年05月08日

　　影视剧的结局定制有利于影视制作公司和媒体找准用户口味，一部剧在前期播出时如果遭到用户的诟病，后期可以通过加强与用户的互动来提升口碑。同时，影视剧的结局标志着剧集的完结，观众在剧情即将结束之际如果还能参与到剧情内容的制作，并且决定剧情走向，在某种程度上能极大地提升用户与影视剧的共存感。

个性化传播站在用户的角度，满足用户私人化的观看需求。从传统媒体时代的全国几十个电视频道到如今视频网站、视频客户端上的海量电影、电视剧、网络综艺、自制剧等多元内容矩阵，视听内容日益丰富，用户可以通过视频网站、短视频平台、社交媒体、智能电视等多元渠道获得自己感兴趣的内容。智能电视这些年开始走进万千家庭，传统的电视只有各大卫视频道可以选择，智能电视不仅有海量的视听内容可以观看，还有人性化的交互操作界面可供选择。用户观看的内容不再受限于频道，观看时间也变得自由，传统媒体时代晚间8点的黄金档时间段已经成为历史。智能电视使用户观看的内容不再统一化，可以选择决定个性化的观看内容。个性化传播除了激发用户观看内容的主动性，各大视频平台还会根据用户的观看历史和喜好采用智能推荐方式推荐其感兴趣的视听内容，出现了"内容找人"的视听新格局。用户观看的内容不再是"多人一面"，而是个性十足的"千人千面"。

社交媒体激发了用户的自主性以及口碑传播的力量。随着媒介技术的更新迭代，视听内容的传播方式发生了巨变，用户的口碑和反馈越来越重要。口碑是众多消费者持续积累并发表对某一品牌、服务的观点或态度。微信朋友圈的推荐、抖音上的爆款视频、微博大V主页推荐等开始影响用户的视听内容选择。影视剧市场的发展催生了大量评分网站，影片的评分值量化了用户的态度、剧集的质量，同时影评网站上的评分也会在一定程度上影响电影后续的票房走势。

📍 案　例

电影《纯洁心灵·逐梦演艺圈》上映后，受到无数豆瓣用户差评，评分仅为2.2分，这是豆瓣的历史最低分，电影在上映四天后被迫下线。其出品方北京实传创文化传媒有限公司认为，北京豆网科技有限公司作为豆瓣网运营方，没有尽到审查管理义务，导致不真实的评价泛滥，对导演、演员产生了极大的不良影响。实传创公司起诉豆瓣网并要求其公开道歉、消除影响。开庭审理的时候，被告豆瓣网表示，所有的影评均是真实用户和影迷所为，豆瓣平台没有权力控制影迷所为，原告不能以影评评分低或没有达到自身预期效果为由作为被侵犯名誉权的理由。

原告称《纯洁心灵·逐梦演艺圈》于2017年9月22日在国内上映，上映当天就在豆瓣网上遭到不少2.0分的差评，这样的评分与电影质量不相匹配。不少影迷也因此以为这是一部"极烂电影"，导演被误认为是"极烂导演"，影院不予排片或减少排片，民众也表示不会去观看。互联网上出现大量谣言诽谤，导致影片上映四天后撤档，给实传创公司造成严重经济损失和名誉损害。

原告称影片及导演在撤档后仍在豆瓣网平台遭到网民的恶意攻击；豆瓣网作为平台管理者，并没有尽到谨慎审查和严格管理的义务，严重损害原告公司的合法权益。因此，原告起诉要求豆瓣网公开赔礼道歉，在其官网及官微发布公告，以恢复名誉并消除不良影响；立即删除所有关于该影片的不实评论并承担诉讼费用。

庭审中，豆瓣网回应称不存在违法行为。其代理人表示，豆瓣网不曾锁定涉案影片的评分，动态变化的电影评分并不存在锁定机制。而涉案影片的评分及评论均为用户行为的结果，而不关涉豆瓣网，涉案影片的排片和撤档均与其无关，原告不能因为网络平台评分低就认为被侵犯名誉权，所以请求驳回其诉讼请求。

案例来源：《华商报》2018年08月23日

现在是媒介化时代，用户看电影或电视剧前会先去豆瓣平台上查看其评分，一般来说豆瓣评分低于7分会影响其观看选择。而《纯洁心灵·逐梦演艺圈》由于在豆瓣上的评分仅为2.2分，成为豆瓣历史最低分。低评分导致导演不被影迷认可，影院排片量也锐减，最后仅上映四天便下线。

然而创作公司认为其电影遭到了网络恶意评分，豆瓣网侵犯其合法权益并将豆瓣网告上了法庭。从这个案例的纠纷可见社交媒体传播的强大威力，用户在网络上的互动使口碑传播极具信任基础。

社交媒体的传播还能增强用户参与性，互动渠道的多样化也更能激发用户的好感和忠诚度。如今许多影视节目在宣传时利用互联网的社交平台，如通过开通电影官方微博、官方微信公众号、官方抖音号和粉丝用户进行实时互动。

📍 案　例

短视频营销《一出好戏》

2018年8月，黄渤首部自导自演的电影《一出好戏》在与IP衍生电影《爱情公寓》以及好莱坞巨制《巨齿鲨》的影视排片同期厮杀中，以13.5亿的票房成绩取得佳绩。从题材上看，《一出好戏》并不具备暑期爆款品相，前期预售也不如《爱情公寓》《巨齿鲨》。在种种不利因素下，《一出好戏》能够脱颖而出，除了作品本身质量和主演黄渤的个人号召力外，短视频营销也起到了很大作用。

《一出好戏》在宣传初期，黄渤找来徐峥友情出演了定档宣传片，这支短片在腾讯视频的播放量达到4600万次。除了新浪微博、豆瓣外，快手、抖音等短视频平台也纷纷加入了这场营销战。黄渤更是在《一出好戏》上映前就早早入驻快手、抖音，凭借自身的影响力，为电影宣传做足话题。在抖音上，他所发起的《黄渤同款迪斯科》视频，点赞高达204万，并且引发了近2000位用户对复古迪斯科的模仿，而在电影宣发阶段，黄渤持续在快手上发布短视频，总点击量突破1亿次。与此同时，快手短视频平台充分发挥"用户下沉"的优势，以《一出好戏》为主题自发产出的原创视频也颇受用户青睐。

案例来源：知乎2018年08月13日

《一出好戏》用一种接地气的方式拉近了与用户的距离，契合当下观众对于电影的期待。通过在各大社交媒体平台的入驻，并选择接地气的方式多元化传播电影内容，在各大社交媒体平台上制造话题，勾起了用户互动的欲望，这种全民互动性和参与性提升了《一出好戏》的传播效果，用户也在互动中对影片加深了情感投入，甚至成为观影的常态化倾向，产生"越是话题剧，越值得看"的心理。

二、视听媒体满足用户跨屏需求

移动互联时代，同一用户通过切换不同屏幕（电视屏、台式电脑屏、手机屏、平板电脑屏、楼宇电视屏、公交车载电视）完成浏览、观看、搜索、社交等行为。用户在"大屏幕观看"的同时也沉浸于"小屏幕互动"。溯源视听媒介的演进史,当下视听媒介已经从"单屏"发展到"多屏",正迈向"跨屏"时代,未来将是全息、"无屏"视听生态系统。[1]跨屏传播是指互联网视听传播在数字电视、直播电视、网络视频、移动视频和楼宇电视之间连接与交互,资源共享以搭建屏幕随处可见的协同互动式传播网络,让用户可以随时随地接触传播内容。[2]随着移动设备和多终端的发展,用户可以拥有多个终端设备,如手机、平板电脑、台式电脑、智能电视等,用户可以在不同的设备上观看各种视听内容。如今用户会花费大量时间在各种屏幕上,据艾瑞咨询《中国网络新媒体用户研究报告(2016)》,新媒体跨屏使用行为较为普遍,68.5%的用户在观看视频同时"玩手机",38.5%的用户会同时使用台式电脑和笔记本电脑。在跨屏传播时代,多任务同时在线成为可能,在观看视频的同时网络用户会利用社交网络实时交流。[3]

跨屏传播促使更大范围的用户覆盖,为视听内容价值增长提供了新的途径。比如已经在视频网站上播放近200亿人次的《延禧攻略》,之后也相继在电视上播出。TVB电视台最先引进该片,收视率一度逼近30%,喜提近年来最佳播出成绩;其后浙江卫视播放该片,也获得了极佳的收视率。用户在手机端观看网络视频已成日常,用户利用碎片化时间,在任何场景下都可以享受视听体验。上班族、年轻人青睐手机小屏看剧,老人、家庭妇女更喜欢守在电视机前看剧。新媒体传播下,视听媒体以差异化优势满足不同用户跨屏观看的多元化需求。

◉ 案 例

2019年,抖音作为独家社交媒体合作平台联手央视春晚贺新年。截至2019年2月5日0点,抖音联合央视春晚开展"幸福又一年"新媒体活动,通过抖音上

1 栗卫斌. 胡正荣谈构建5G时代智能跨屏视听新生态[EB/OL].（2019-08-14）[2023-08-02]. http://news.china.com.cn/txt/2019-08/14/ content_75098281.htm.
2 周琼. 互联网社群时代的跨屏传播[J]. 传媒评论, 2019（5）: 85-88.
3 中国网络新媒体用户研究报告（2016）[EB/OL].（2016-06-23）[2023-08-02]. https://wenku. baidu.com/view/886a995f91c69ec3d5bbfd0a79563c1ec4dad760.html.

传的挑战视频播放总量已突破247亿。观众们在观看央视春晚期间，可以参与抖音平台上的趣味性极强的新媒体活动"#2019春晚看我的#"。这一挑战在当年1月20日启动，邀请达人和网友一起再现经典春晚片段，用UGC角色带入的模仿形式唤醒春晚记忆。

抖音有关负责人表示，相比传统的图文，短视频在创作和传播上更加轻量化，而且信息量大、表现力强、直观性好，有利于进一步提升春晚的关注度和美誉度。新的一年，希望网友继续和抖音一起记录美好生活。

案例来源："中华网"2019年02月11日

春晚的大屏幕加抖音的小屏幕传播，激发了用户的新鲜感，增加了年轻用户群体对春晚的关注度，抖音上春晚模仿秀的话题促使用户积极参与短视频的分享。电视屏幕观看，手机屏幕分享，极大地丰富了用户的体验，满足其在不同场景下的需求。

📍 案　例

湖南卫视对跨屏传播的概念理解十分到位，针对大屏幕和小屏幕都有其战略安排。如电视频道"湖南卫视"，电脑PC端、手机、平板电脑移动端里的"芒果TV"，各大社交媒体平台开通的官方账号，入驻短视频小屏幕平台。湖南卫视在"芒果TV"客户端发布了许多用户喜爱的电视剧、网络综艺，同时还针对付费用户开通了会员内容，有些网络综艺节目还会有加长版视频，满足忠实粉丝的收看需求。在新浪微博、抖音等社交媒体平台发布一些节目彩蛋、节目预告等，通过这些来满足不同屏幕下用户的视听需求。

在湖南卫视《向往的生活》节目中，有些"萌宠们"还开通了自己的抖音号，栏目组工作人员会不定期在抖音号上分享它们的动态，这些15秒的小动态让粉丝们了解到了这些"萌宠"的日常生活，拉近了彼此的距离。

案例来源：《今传媒》2017年03月01日

跨屏传播优化用户的媒介需求，用户根据不同场景下的需求，契合不同媒介特点选择不同屏幕观看相应内容。互联网技术改变了媒介生态格局，传统媒体和新媒体都在不断生产优质内容以获取用户关注。如今不同"屏幕"有着特定的用户群体，用户可以根据内容特点和时间段，使用不同的屏幕观看视频内容。如用户可以在B站上观看二次元动漫和追番，可以在爱奇艺、腾讯等视频网站上观看网络综艺和自制网剧，可以在抖音、快手平台上观看搞笑有趣的短视频，也可以守在电视机前看卫视的独播剧场。这些不同的"屏幕"入口，构建了用户不同的体验场景。用户的时间和精力是有限的，视听媒体不得不用内容、技术、运营等手段争夺用户注意力，将有限的注意力合理分配，在各个屏幕间跨屏享受视听体验，成为一种最优化的选择，而这也促使视听内容优质化，反过来更好地满足用户的观看需求和体验。

三、视听媒体实现用户虚拟体验

随着第五代移动通信网络（5G）技术的发展，5G技术与视听媒介的深度融合将会给用户带来全新的视听体验。未来会出现更多颠覆性的媒介产品，它们将越发灵巧和制作精美，充满"艺术"的想象力。[1]媒介技术一直在改变生活，从3G、4G到5G，从大屏电视到移动手机屏幕，再到全息无屏。5G技术下的数字审美经验已不同于传统的电视审美经验。新型数字信息技术"重塑了创作经验、观赏体验以及艺术品的文本形态"，为用户带来"更便捷、更立体、更多维的生命体验"。[2]

5G技术有三个主要特征，分别是增强型移动宽带、低延迟的通信、大规模机器类通信。增强型移动宽带这一特征指的是网速和移动性。目前5G技术已经在全国各地都有试点，用户最直观的感受就是网速提升了。5G平均下载速率在700Mbps，差不多是4G的10倍。如用户下载一部1GB的电影，连接5G网络后，不到10秒便可快速下载成功。同样地，用户观看网络视频卡顿、不清晰等问题也会在5G网络普及后得到解决。增强型移动宽带另一个特点是移动性。5G是依靠基站来传输信号的，这些微基站便于携带和放置。这些可移动的基站意味着未来影院、电视、网络直播等可以看到更加快捷的画面。

低延迟的通信特征指的是基站与基站之间的延迟非常低，甚至低于1毫

---

1 凯文·凯利. 科技想要什么[M]. 熊祥，译. 北京：中信出版社，2011：234.
2 周才庶. 数字媒介与审美经验变迁[N]. 中国社会科学报，2018-10-15（4）.

秒。4G网络下的基站延迟可能会达到50毫秒。这可以有效解决视频延迟、VR延时等问题。

2019年全国两会吸引了海内外众多媒体和记者。人民大会堂部署了5G网络，各家媒体纷纷结合新技术第一时间传递两会声音。5G低延迟通信特征可以解决VR延时的问题，所以多家媒体机构选择了VR技术来传播两会，成为2019年全国两会的一大亮点，VR沉浸式的观感让许多用户直呼体验感极佳。

📍 案　例

人民日报社新媒体中心通过"5G+VR 全景"技术进行直播，用户进入VR界面，可以通过滑动页面改变视角，看到全方位的两会会场。由于两会会场视角是全方位的，提升了用户的在场感和沉浸感。同时在5G网络覆盖下，VR画面卡顿、观看产生的眩晕感问题得到了解决，更快的传播速度、更强的互动效果带给用户身临其境的体验。许多在场的用户和记者也体验了人民日报的"5G+VR全景"传播效果，虽然在不同的会场，依然可以直观地看到其他会场的状况，这给报道带来了更多的便利性。

两会会场
VR直播

案例来源：新浪网2019年03月05日

大规模机器类通信这一特点给视听传播带来颠覆性改变。大规模机器类通信意味着万物互联，万物互联带来的是无处不屏，手机、移动设备、电视、车载设备、VR/AR等设备可以随时切换。万物互联给用户带来了更便捷、更立体、更全面的视听体验。

迅速发展的5G技术将拓宽新媒体信息传播的应用场景，并以用户场景为核心不断创新信息的组织形式、传播模式和内容形态。[1]5G技术让视听内容有了更多的想象空间，在一个万物互联的新媒体时代，5G的增强型移动宽带、低延迟的通信、大规模机器类通信给用户带来不同于传统媒体的视听体验。

（一）高清流畅满足视觉愉悦感

5G的增强型移动宽带给视频直播、远程直播等奠定了技术基础。5G平均

1　卢迪，邱子欣.5G新媒体三大应用场景的入口构建与特征[J].现代传播，2019（7）：7-12.

传输速率在700Mbps，更快的网速让用户体验到更流畅的画面。在4G时代，用户观看新闻直播和体育比赛直播时，常常会体验到观看画面与真实情景的延迟，不同步的体验让用户不能第一时间获取信息，直接影响直播效果，妨碍用户的视听体验。用户在观看新闻时，如果新闻主播需要连线现场记者，声画就会延迟数秒，等待时间过长是因为信号传输出现了延迟。随着5G技术与新媒体的结合，延迟问题将会成为过去式。随着视频行业的发展，用户对视频清晰度要求也越来越高，从最开始的480P标清到720P高清再到1080P超清，现在还出现了4K/8K的超高清。但由于网速达不到4K/8K超高清要求，无法很好地支持视频传输。据统计，4K视频在播出时需要60至75Mbps的传输带宽，8K视频需要100Mbps的传输带宽，只有借助5G网络才能确保超高清视频的回传质量。[1]在5G网速加持下，视听媒体可以为用户提供色彩保真、画质细腻的收视体验。

（二）从"看"到"玩"以满足互动感

5G也将在一定程度上改变视听内容的类型，低延迟特征让内容互动成为现实。在传统媒体时代，用户接收视听内容的形式主要是"看"，比如看电影、看电视、看纪录片等。视频交互基于4G技术的限制，也只停留在发弹幕、留言、转发等基本交互操作上。具有更多想象空间的交互操作由于低网速和延迟限制其发展。

随着5G技术的发展，用户的媒介体验将会从"看"到"玩"。视听媒体不断向智能化发展，现在的手机终端和电脑端在功能上已不可同日而语。"玩具—镜子—艺术"是学者莱文森提出的媒介进化论，他认为媒介技术"不但要能够复制现实，而且要能够以富有想象力的方式重组现实"[2]。具体来说，新的媒介会经历三种阶段，分别是玩具、镜子和艺术，有些媒介会停留在玩具阶段，少数媒介会进入艺术阶段。随着媒介的发展，媒介内容的表现形式和深度会进一步占据主导地位，而不再是技术。视频不再只是提供观看的功能，更可以有重组现实的功能，通过更丰富的交互操作来满足人的感官体验。而

1　IMT-2020(5G)推进组. 5G新媒体行业白皮书[EB/OL].（2019-08-01）[2023-08-02]. http://www.imt2020.org.cn/zh/documents/download/173.

2　保罗·莱文森. 莱文森精粹[M]. 何道宽，编译. 北京：中国人民大学出版社，2007：33.

5G技术有利于互动视频做出更快的反应和传输更高清的画质，用户可以通过视频内容进行更多的内容互动。爱奇艺首席执行官龚宇表示，未来将会推出互动综艺，比如说互动真人秀，用户可以根据自己的观看需求来观看人物，观看会变得更加个性化和定制化，同时观众也可以通过视频上的交互进行观看互动，满足全新的视听体验。

⚲ 案　例

国内首部互动剧《忘忧镇》由赵丽颖和林更新主演，每个观众都可以成为参与者，多线剧情和互动让用户体会到了玩视频的感受。以第一视角来观看这部剧，可以让用户迅速融入"主角"身份，提升用户的沉浸感。观众除了观看还可以进行互动。在剧情发展的过程中，用户可以通过不同的情况选择不同的情节，每个选择都会有不同的结局。

案例来源：搜狐网 2017 年 11 月 03 日

目前视频平台已上线一些互动剧和互动综艺，但由于4G技术的限制，还是仅限于一些较为简单的交互。相信在不久的将来，5G技术将会推动大量的互动视频产生，让用户成为视频内容的一部分，从"看"视频过渡到"玩"视频。

（三）多机位直播满足个性化体验

目前，用户观看电视直播时，只能接收导演切换的直播镜头。但是现实中不同用户是有不同的观看需求的，多机位直播能够满足用户的需求和提高观看的体验。多机位直播指的是用户可以在观看视频时切换不同视角，从而观看到不同的内容。目前在成本和带宽限制下，多机位直播大多运用于各类体育赛事直播中，传统的新闻直播依然是通过编导来切换直播机位。

5G技术不断发展带来高带宽和高传输速率，能够满足多机位画面传输的需求，当用户选择切换机位视角时，高传输速率可以同步机位的切换，终端设备也可以更加精准、高效、实时响应用户的选择，为用户实时切换到新的视角。5G技术让视听媒介和设备实现了多机位直播，极大提升了观众的观看体验，让用户成为视频的直播编导。未来，用户可以定制自己想看的内容和直播视角，满足用户的个性化观看体验。

（四）VR式沉浸满足自我在场感

VR视频指的是虚拟实境，通过VR摄影功能将现场环境真实记录下来，让用户获得在场感和沉浸感。VR视频曾在2016年成为互联网风口，但由于技术的限制发展比较缓慢。

目前，VR视频的体验还不够好，除了画面会出现延迟外，用户戴上设备还会感到眩晕。5G网络的低时延特征将会更好满足VR视频传播，减少延迟时间，提升用户观看体验。同时，5G的增强型移动宽带能提高VR视频的传输速率，让用户获得更加高清的画质，画面的沉浸感能带来极大满足，使用户感受到极大愉悦。

⚲ 案 例

2018 年平昌冬奥会采用由5G 驱动的视觉技术，使观众可以体验到同步视角、全景视角、时间切片等。虽然体验上还有待加强，但让用户看到了"5G+VR"未来的可能性。这是奥运会史上首次引入5G通信，在观看比赛时，用户可以以第一视角观看赛事的进行，同时用户还可以随时跟踪任一运动员的位置，对运动员的比赛过程进行动作分解和回放。

案例来源：新华网 2018 年 01 月 29 日

用户通过搭载5G连接的VR头盔，观看全方位现场高清视频直播，获得超高清沉浸式互动体验。[1] 这种沉浸式传播，是以人为中心、以连接了所有媒体形态的人类大环境为媒介，从而实现的无时不在、无处不在、无所不能的传播。[2] 用户即使不在现场，也可以沉浸在比赛中看到高清的直播画面，5G技术给VR和直播带来了质的飞跃。

VR视频有了5G技术的加持，解决了低延迟等技术问题，未来用户佩戴好VR设备便可"触摸"，直接体会到身临其境的感受。用户不再是"旁观

1　黄智锐.5G 技术助力广电业务创新[J]. 有线电视技术，2018（7）：47-48.
2　李沁. 沉浸传播：第三媒介时代的传播范式[M]. 北京：清华大学出版社，2013：43.

者"，而是成为视频内容的"当事人"。VR的交互也将打破传统的视觉感受，用户将会获得更真实的视听体验，从"看"内容过渡到"体验"内容。同时，全方位的场景也让信息更加全面，用户将会获得更加可靠的信息。VR视频再现了生活的真实场景，这种熟悉感带来的沉浸感更令人放松和安心。

第二节　新媒体传播对用户视听心理的影响

一、新媒体传播对用户视听心理的积极影响

作为传播学经典理论，"使用与满足"理论由伊莱休·卡茨于1962年提出，他认为个体和群体的社会及心理属性决定了他们以何种方式使用大众媒体。他强调，核心问题并非大众媒体对人们产生了什么影响，而是人们如何使用大众媒体。[1]使用与满足是指个体和群体（基于社会和心理根源而生发）的需求，催生了他们对大众媒体或其他来源的期待，进而引发不同模式的媒介接触，最终带来需求的满足和其他意想不到的后果。[2]1977年，日本学者竹内郁郎对这个模式进行了补充，如图3-1。

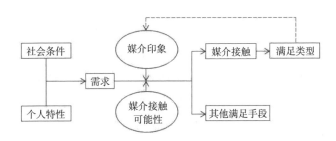

图3-1　竹内郁郎的媒介使用与满足模型

1　Katz E, Foulkes D. On the Use of the Mass Media as "Escape"：Clarification of A Concept[J]. Public Opinion Quarterly, 1962, 26(3): 377−388.

2　Katz E, Blumler J G, Gurevitch M. Uses and Gratifications Research[J]. Public Opinion Quarterly, 1973, 37(4): 510.

图3-1中的模型展示了"使用与满足"的作用过程。首先公众接触传媒的目的是满足其需求，包括社会需求和个人需求。而媒介接触的可能性和媒介印象，则是人们实际接触媒介所需的两个前提条件。根据媒介印象人们选择特定的媒介展开接触，接触后的结果有需求被满足和未被满足这两种。无论满足与否，这些结果都将影响之后的媒介行为，公众会根据结果来修正既有的媒介印象。

麦奎尔等学者曾指出"不是研究传媒对人们做了些什么，而是让我们研究人们通过传媒做了什么"[1]。这开创了从用户角度考察问题的视角，认为媒介用户在选择媒介时会根据自身需求去主动选择，并从中得到满足，这种选择主要强调用户的"能动性"。在"使用与满足"理论出现之前，传统的传播学理论一般都是站在传播者的角度进行分析，这些理论持"受众绝对被动"的观点。在"使用与满足"理论出现后，传播研究才转向以用户为核心，强调用户的主观能动性，认为用户会积极地根据自身的需求，主动选择需要的媒介。对于媒介本身而言，其功能通过实现用户自身需求的满足而得以发挥。

（一）满足用户个性化定制的主动性

在传统的媒介环境中，传播者位于传播过程的第一环节，传播者决定着传播内容，一切以传播者为中心，遵循着"传者本位"的原则。在新媒体传播环境中，用户的地位变得越来越重要，开始变成"以用户为中心"，遵循着"用户本位"。用户时间是有限的，为了争夺用户注意力，视听媒介开启了个性化定制。个性化定制主要有两种方式，分别是个性化订阅和个性化推荐。

个性化订阅指的是用户通过主动订阅感兴趣的视频话题、视频博主，订阅后系统若有新的视频内容，将会及时更新推送给用户。在信息泛滥的时代，这样的个性化订阅视频方式可以实现用户高效率的内容获取，用户可以只关注自己感兴趣的订阅视频，不至于淹没在海量视频中。个性化视频订阅的方式满足用户即时性、高效性、垂直性的主动式体验需求。

个性化推荐指的是视听网站以用户的角度，通过用户浏览记录、用户画像、互动喜好来预测用户真正喜欢的视频内容，分析出用户的"兴趣图谱"。

---

1 D.McQuail, S. Windahl. Communication Models[M]. London: Longman Publishing Group, 1995: 75.

不需要用户做出额外操作，利用大数据就能实现视频的个性化定制，提高用户观看体验。个性化视频推荐的方式满足了用户便捷化、精准化、私人化的体验需求。

许多视听平台都有个性化订阅方式。媒介技术赋权让受众拥有自主选择内容的权利。个性化订阅采用订阅和时间两个维度来进行排序，内容数量会受到时间的限制，内容不是无限的。

为了增强用户的沉浸感，现在的主流个性化定制方式是个性化推荐，无论用户是否订阅，只要算法判断用户对这个内容感兴趣，就会对用户进行推荐。当下，个性化推荐做得最好的视听媒体平台是抖音和快手。两家短视频平台都是通过复杂的算法模型来为用户推荐视频内容，虽然两家具体的算法逻辑不同，但终极目标是一样的——为用户创造最大价值，提供最优体验，提供个性化定制的内容。算法推荐整体逻辑是通过用户对视频内容的理解、用户的属性以及用户互动来为用户进行个性化推荐。目前算法推荐有三种策略：一是用户协同过滤推荐，通过定制标签，根据用户的观看习惯给每位用户贴标签。标签相似的用户推送类似的内容；二是单因子推荐，将视频效果进行量化，比如可以根据观看量、点赞量、转发量、平均观看时间等指标来衡量视频效果，然后将指标高的视频推荐给用户；三是内容推荐，也是现在很主流的算法推荐方式，具有算法、数据、计算能力三大要素，通过用户历史浏览关注记录、视频互动等数据沉淀，算法从这些沉淀的数据中快速学习形成复杂推荐模型，最后通过计算机的计算能力给用户快速推荐视频。三种策略各有优势，视听媒体平台会根据各自的战略来选择最合适的推荐策略，同时越来越多的平台开始采用多种策略混合推荐。

快手注重对"长尾内容"的整合，将边缘化的内容重新挖掘给需要的用户，打造一个去中心化的推荐机制。抖音的推荐更看重优质视频，会产生马太效应，热门的视频更热门，冷门的视频可能更冷门。不过出发点都是为了给用户定制个性化内容，只要是用户关心和在意的内容，就有可能获得专属推荐，这使用户对平台的黏性更强，也激发了用户主动体验的兴趣，在视听媒介上越使用越"被懂"。

在传统媒体时代，视频内容的播出是由传播者决定的，传统媒体按议程设置决定内容的播出顺序，用户没有选择的权利，只能接受"多人一面"。顶多能做的只是换个电视频道，仅此而已。如今用户个性多元化、兴趣细分化，每个用户都有自己独特的视听需求，视频网站通过复杂算法实现了按需定制的"千人千面"，让每个视频精准推送给用户。

个性化定制能满足用户个性化的观看需求，提供用户沉浸式的体验感。但个性化定制也存在着一些问题，比如用户的隐私泄露。大数据的个性化定制需要用户大量的数据，用户数据是视频平台的养分，没有用户数据无法谈个性化定制，所以用户数据至关重要。但在大数据逻辑下，用户的隐私保护又成为一种悖论。用户在视听媒体平台上的一举一动都会加深机器对个体的了解，以推荐更精准的视频。同时，用户也变成了一个毫无秘密的"赤裸人"，所有秘密、喜好、习惯都会被平台掌握。学界已经开始重视这个问题，提出了"被遗忘权"的概念，指出用户有权要求平台删除使用期间留下的数据，这些数据最终应归属于用户个人，平台不可以随意泄露用户数据给第三方。数据既能促进用户的个人体验，也有被挪作他用的风险，可谓一把"双刃剑"。

美国学者凯斯·桑斯坦（Cass R.Sunstein）提出信息茧房和网络巴尔干效应。"信息茧房"（information cocoons）这一概念描述了互联网个性化推荐对用户产生的不良影响，在海量信息中以个人喜好选择接触感兴趣的信息，进而排斥、无视其他内容，长此以往形成"信息茧房"。[1] 在信息传播过程中，用户会在海量的信息中找到有用的信息，只会关注使自己愉悦的信息，长此以往就会将自身桎梏在蚕茧一样的"茧房"中。目前个性化视频推荐也是基于用户思维，给用户推荐感兴趣的内容，进一步强化了用户的视频喜好，一定程度上加剧了信息茧房的形成。用户长期观看类似的视频，陷入信息茧房的循环中，会让用户忽视主流价值观，忽略生活的多样性。算法一旦越来越懂用户，用户越容易沉迷于视听媒体平台中，严重时会影响用户正常的社会关系和个人认知。

网络巴尔干效应指信息资源丰富与人们注意力有限之间的矛盾，用户只

---

1 凯斯·桑斯坦. 信息乌托邦：众人如何生产知识[M]. 毕竞悦，译. 北京：法律出版社，2008：6-15.

会关注自己感兴趣的信息和研究，致使一个子群的成员只会关注本群内的信息，导致信息资源系统互相封闭，无法与别的子群的成员进行交流。算法的个性化定制只会给用户定制感兴趣的视频信息，用户不感兴趣的不会被推荐。有相同兴趣的用户会形成一个话题圈或兴趣圈，久而久之会与别的圈子产生壁垒，长此以往，网络社会就会被分割成小圈子，群体之间的交流功能不断弱化，个人的社会化也会受到影响。

视听媒体平台的个性化定制在新媒体环境下各有利弊，对用户心理也会产生双面影响。个性化推荐依赖算法，但算法仅是一个工具，算法争议背后的实质是技术更迭下工具理性与价值理性的悖论。新媒介在满足用户视听的个性化定制需求时，应在个体意志的活力下发挥社会整合的功能，在机器时代守望人的价值。同时，用户也不能仅依赖平台，要更多发挥人的主观能动性，主动"破茧而出"，让个性化定制发挥其应有的作用，以提升用户体验为目的。

（二）提升弱势群体的幸福感和话语权

📍 **案　例**

2019年4月11日，有关"奔驰女车主哭诉维权"的视频在网络疯传，女车主在西安利之星4S店花20万首付购买了一辆奔驰车，随即发现发动机存在漏油问题，车主多次找4S店协商解决问题，4S店拒绝退款、换车，只同意更换发动机，女车主被逼无奈爬上引擎盖哭诉。

有路人拍摄了视频并将其上传微博和抖音，视频在网络引发网民强烈关注，2019年4月12日，舆情开始发酵。在各大媒体中，"奔驰女车主维权"都受到广泛关注，点击量和阅读量都非常高。随即西安市有关部门介入调查。2019年4月16日晚，女车主和西安利之星汽车有限公司达成换车补偿等和解协议。"奔驰女车主维权"这一事件成为当年一大社会热点。

案例来源：《凤凰网评论》2019年04月19日

"奔驰女车主事件"能够引起这么大的舆论关注，在传统媒体时代是无法想象的。传统媒体时代，民众没有麦克风，只能靠媒体的报道来维护自身权利和表达诉求。如今视听媒体平台和社交网络的出现，不仅拓宽了传播渠道，更是能在第一时间分享到微博、微信等社交媒体，使短视频通过社交网络迅速发酵，获得舆论的关注，为弱势群体发声。

随着短视频平台的崛起，普通人尤其是弱势群体被视听媒介赋权。借助快手、抖音等短视频平台制作门槛低、传播力度广等特点，每个用户都可以参与创作，人人皆可生产内容使得话语权向去中心化转移。正如快手短视频slogan（口号）写的"记录世界记录你"，在算法推荐机制下，用户创作的每个视频都有机会推荐到热门。每个用户都能创造"被关注的价值"，在一定程度上消解了现实生活中的不平等状态。现实生活中的老年人、农民、病友等缺少主流媒体的关注，这些"沉默的大多数"群体可以通过新媒体视听平台展示自己的生活，让外界更多地了解弱势群体的状况。

老年人这一弱势群体可以借助视频平台满足日常的娱乐消遣、归属陪伴的需求。不同于网络原住民，受成长环境、文化技能等影响，老年人在数字化时代处于相对弱势的地位。老年人常因技术、观念、思想等原因被隔离在数字化生活之外，导致社会容易忽视他们的声音，遗忘了老年人也有网络娱乐的需求。

《中国互联网络发展状况统计报告》数据显示，老年人上网人数日益增加，银发一族开始拥抱互联网。很多60岁以上的老年人学会上网看新闻、看视频、聊天、炒股、购物，观看视频成为老年人消遣娱乐的常见方式之一。

案　例

糖豆网是主打中老年人短视频社交的软件。糖豆网侧重于广场舞学习和视频分享，通过老年人最喜欢的户外活动作为切入口，让老年人可以自主学习广场舞和分享日常生活视频。视频内容大部分也都是老年用户拍摄的，让老年用户感受到群体认同，把平台当成老人们的温暖社区。

案例来源：《中国企业家》2018年08月20日

这款视频软件的目标，即关注老年人的精神需求，提升其晚年幸福感。不过老年人的创作能力毕竟有限，无法持续输出优质的内容。即便只是短短15秒的小视频，对于老年人来说也是相对困难的，学习能力的退化使其普遍选择观看视频来获得愉悦心情。但也不得不承认短视频的发展促使老年人积极学习互联网应用，提高了日常生活水平和心情指数。通过观看娱乐化、碎片化的短视频，丰富了老年人日常的娱乐消遣，使老年人跟上年轻一代的步伐，减少身处数字化时代的不安全感和挫败感。

在传统媒体时代，城市精英阶层往往是备受关注的，农民、小镇青年缺少主流媒体的关注，他们是缺少话语权的弱势群体。由于经济地位和社会地位悬殊，农村的媒介资源相对较少，农民失语的状态让大众产生了刻板的印象。不过随着新媒体传播的"去中心化"，原先社会资源配置给少数精英的模式受到挑战，从中心到边缘的传播结构被改变。

短视频平台赋予了农民发声的机会，使话语权进一步扁平化。大量"三农"短视频出现在各大视听媒体平台上，农民通过简单的拍摄，配上系统自带的音乐，创作独具个人特色的视频内容，随之网友们的点赞、转发、留言给了他们继续创作的动力和信心。他们正在经历从被动到主动、从边缘到被看见的转变。

快手短视频中，有许多农民"大V"，他们通过质朴的表达展示乡村文化、个人才艺，获得了大量关注。快手短视频给了这一原本"集体失语"的群体展现自我和诉求表达的平台，也满足了网民对农民、草根群体的想象。这样的视频展示能加强弱势群体的身份认同，让这些群体能够有效自我表达，向世界"喊话"。

📍 案　例

"乡村振兴带头人——牛哥"希望通过快手这个平台让大家看到自己乡村现在的发展。他在快手上经常发的内容有关农民务农、农村生活、讲解农作物。如其中一条视频拍摄的内容是牛哥和他的员工在大棚里集体吃饭，农民工们在饭桌上有说有笑，牛哥还说吃完饭就发工资。这么一条朴素的短视频获得了许多网友的点赞和留言，网友们留言"牛哥就是牛"。在牛哥的快手主页里，能看到许多农作物生长状况、农民务农状态、农作物介绍的视频。牛哥说："特别感谢快手这样的正能量平台，希望和网友们互相学习，共同进步。"

案例来源：快手 2020 年 01 月 02 日

使用视听媒体平台的农民通过朴素的短视频记录向网友们展现了最真实的农村生活，这种碎片化记录生活的短视频增加了传播广度。这些"三农"视频勾勒了农民生活的面貌，展示了"新农人"的勤奋和自信。虽然有些短视频内容制作不够精良，很多都是随手一拍，但贵在真实。除了通过短视频来展示农村新面貌外，还有一些农民通过短视频创作脱贫致富，改变了生活状况，极大地提升了生活的幸福感。

📍 案 例

对于大多数建筑工人来说，工地是工作的地方，但对于 90 后农民工石神伟来说，工地还是个健身的地方。一次偶然的机会，石神伟开始接触健身，但由于时间问题，他选择在午饭休息的时候开始健身。注册快手账号之后，他连续在快手发布了四年的健身视频。在工地里，砖块就是他的哑铃，水泥袋就是他的力量训练器。他在视频里能够轻松地实现俯卧撑结合翻滚，在平地上进行跳跃和翻转。这些训练不仅让他锻炼了身体，也在短视频平台上收获了很多赞和关注，他也因此被粉丝称呼为"健身小哥"，被人民日报点赞为"寒门之贵"。这些点赞和关注对他产生了很大的鼓励，看到了别人对他的认可，他也更加有毅力继续拍摄视频。

案例来源：搜狐网 2016 年 10 月 13 日

对于这些弱势群体来说，快手是一个正能量平台，他们用快手记录生活，通过拍摄视频拥有了自己的粉丝，这也能极大提升他们的幸福感。传统新闻报道中更多关注农民工讨薪等社会问题，过去传统媒介的中心化传播模式让农民工处于边缘，并安于现状。如今通过短视频的赋权赋能，他们有了话语自主性，数字时代弱势群体正在崛起。通过这些视听媒体平台，更多农民工的日常生活被公众了解，他们在平凡的日子里依然热爱生活，不安于现状、积极拼搏的奋斗人生被全社会看见。这种被看见、被重视，甚至被崇拜的感觉是其幸福感的来源。

在视听平台上，病友群体也通过短视频展示他们的日常生活。以往主流媒体更多关注其悲情内核，但他们自发创作的短视频展现出他们对生活的乐观态度。

📍 案　例

快手ID"爷爷的大宝贝儿"在快手平台记录了自己得肿瘤的爷爷的生活。在其拍摄的短视频中，爷爷曾经跟这位孙女说，"爷爷自己会勤锻炼，和体内的肿瘤做斗争"。爷爷即便得了肿瘤，仍然每天积极面对生活。在这个视频下面，许多网友纷纷留言和点赞，ID"执手走余生"留言"祝爷爷早日康复，长命百岁"，ID"没头脑与橡皮筋"留言"坚强的爷爷！加油"。

快手ID"癌症晚期小胖"在2014年准备结婚的时候做身体检查，查出了乳腺癌晚期。她明白自己剩下的时间有限，所以希望通过快手平台记录下自己最后的日子。"癌症晚期小胖"的粉丝有2万多，视频大都获得了上千的点赞，许多粉丝、路人都被她的乐观心态感染。

案例来源：快手2020年01月02日

弱势群体平时被人们了解其真实现实生活的机会不多。通过视听媒体的分享，展现了这群人更加真实的生存状况，实现了他们对生命的渴望，从而使人产生共鸣和理解。视听媒体让每一位用户都可以尽情地去创造自己的生活情趣，成为自己生活的导演，发挥自身才能进行创作。

无论是老人、妇女、农民还是病友等弱势群体，他们都可以通过视听传播媒介去表达自己，去平等沟通对话，从而产生自我价值感，让每个弱势群体成员得到主体性的基本保障，提升生活幸福感。弱势群体在短视频平台上通过身体叙事的情感动员方式呈现了真善美，使人们看到美好和真实的同时，也实现了个体的话语权表达。

（三）提升用户内容创作的愉悦感和价值感

📍 案　例

　　"（悬崖飞人）拉博"通过快手平台分享视频改变了自己的生活。彝族小伙子拉博在还没玩快手之前一直务农，每个月只能挣1000元左右。但如今拉博的快手粉丝有12.5万，曾因一条拍摄自己家乡风貌的短视频在《新闻联播》上播出，他被邀请去CCTV-1做分享。此后拉博开始通过快手分享家乡风貌和自己的生活，也在当地开始小有名气，平时跟网友们直播聊天获得不少的收入。

案例来源：中国新闻网2018年06月19日

　　通过视听媒体拍视频卖牛肉干的内蒙古小伙年收入过百万，靠拍摄视频来做水果电商卖货的小姑娘阿花也通过短视频改变了自己的命运，短视频创作让农村产生了巨大的经济效益，短视频的文化影响力不容低估。

　　短视频的出现，让每个普通人都有机会将自己的故事淋漓尽致地展现出来。这些创作的视频让网民看到了共同生活时代中其他群体的生活，体会到人间烟火和世态百象。短视频创作可以使更多真实的故事和人被看到，而去掉滤镜之后的真实人生，也通过创作的视频带给社会更多元的视角和更包容的接纳。

　　内容生产者随着媒介技术的发展而变得多元，内容接收者也有了更多选择权，传受一体的"用户"概念被提出。不同于传统媒体时代受众模式的线性化、技术化特征，新媒体时代用户模式是非线性、社会化的。传统媒体时代的受众是被动的，如20世纪早期的"魔弹论"认为受众无法抵抗传播媒介巨大的力量。之后，有学者提出受众的主动性，认为受众的反馈也十分重要，受众在被动接受过程中有"解码"的权利，但"编码"的权利依然掌握在传统媒体手中。新媒体传播环境中，用户是主动的。这种主动不仅体现在对信息的"解码"，还包括对信息的"编码"，可以自主参与，创作内容。传统媒体时代的信息接收者是单向的、沉默的，新媒体传播时代的信息接收者是多向的、主动的，是编码者和解码者的结合体。不同于以往，用户的选择面更广泛，可自由选择感兴趣、有帮助的媒介产品，如用户可以选择传统媒体制作的主流电视剧，也可以选择由 Vlogger（视频博客博主）创作的时长只有10分钟的视频。

从沉默远观到用户创造，这个转变意味着用户成为视听传播媒介中的内容生产者、传播者和消费者。技术赋权个体，个体的话语权逐步提升。曾经是传统媒体才拥有的特权，如今每个个体都可以通过创作内容进而发声，这种自我创造、自我表达、实现自我价值的快感是空前的。视听媒介的内容生产现在主要以 UGC、PGC、OGC[1] 为主要类型。视频平台会根据自身的平台特性和商业目标来决定其内容生产类型。

抖音短视频平台是 UGC 生产内容的典型代表。用户只要懂得使用智能手机相机功能就能够拍摄短视频，所以用户生产内容的门槛较低，创作内容也比较容易。抖音短视频平台提供相应的模板，包括各种音乐库和视频模板素材，一键式加工后就能上传。这使用户乐在其中，享受创作的乐趣。视频创作者通过发布自己拍摄的内容，既满足了自己对生活的记录，也符合用户的情感需求，能够充分释放其在公共平台的表达欲望。而对于一些抖音用户来说，内容创作是积累社会资本的机会，通过内容创作来获得粉丝关注，深刻感受到被需要、被支持的情感反馈，激发更多的创作灵感和创新欲望。

这种低成本的内容生产方式让每个用户都可以成为内容创作者，拉近与粉丝之间的距离，给用户带来真切的成就体验。用户生产内容从真正意义上改变了信息生产的方式，用户从信息消费者成为信息生产的主力军。如今的视听媒介在满足用户更多元化自我表达欲望的同时，也给予用户改变生活的机会和信心，能为他人带来快乐的自我满足和自我价值实现的预期，是用户不断投入视频创作的动力源泉。

受年轻用户喜爱的视频网站 Bilibili（简称 B 站）则是 PGC 和 UGC 并行模式生产内容。B 站作为一个二次元文化聚集的视频社区，为用户提供了大量优质的原创内容。B 站上内容生产者被称为 UP 主，UP 主通过分享自己的视频来获得用户的关注。用户在观看 B 站视频时，可以将自己的感受、吐槽以字幕

1　UGC（User Generated Content）指用户生产内容，PGC（Professional Generated Content）指专业生产内容，OGC（Occupational Generated Content）指职业生产内容。

的形式浮现在视频中，形成一种吐槽类UGC。这种戏谑的反馈对于UP主而言其实也是一种创作的动力，内容生产者都渴望自己的作品得到肯定，引起他人共鸣，以体现自身的价值。

视频网站爱奇艺主要是以OGC为内容生产类型。自2010年上线后，自媒体人、网剧制作人以及文化产业人士都可以制作内容上传爱奇艺，并通过播放量来获得分成。优秀的OGC创作者，还会跟爱奇艺签约合作，承诺其创作的视频不会在其他网站上播放，以保证视频内容的独家性，形成自己的内容优势。这些优秀的OGC内容为爱奇艺平台带来了大量的忠实粉丝，在内容为王的自媒体时代，高质量内容对后续的稳定流量影响很大。在抖音平台上的UGC视频，常常出现几乎一模一样的内容，这会导致用户审美疲劳，职业生产内容不仅可以提高视频平台的内容质量，还可以避免视频内容同质化。

案 例

Bilibili（B站）的弹幕是一种典型的吐槽类UGC，弹幕视频兴起也有着特殊的吐槽背景。过去，人们在观看电影、电视剧的时候无法直接进行点评吐槽，也无从得知他人的评价。即便后来出现的豆瓣等影评类网站，也只是解决了用户点评的需求，即时性和互动性仍然没有满足。B站弹幕出现后，用户的社交互动需求才得到很好的满足。

"弹幕"这个词最初源自军事用语，指在军事战斗中用密集的炮火攻击目标，在视觉上就像一块幕布一样。在B站视频上，用户可以将自己观看视频的评论文字以字幕的形式发到视频上进行互动，这些字幕在视觉上也跟幕布一样，所以B站上的这些内容也称为弹幕内容。

B站主打弹幕文化，在这样的定位下，B站不仅是一个弹幕视频的传播网站，同时也是一个社交平台。喜欢"二次元"、对"ACG（动画、漫画、游戏的总称）文化"感兴趣的群体，会在观看视频时发送弹幕。在B站中，UP主和观众也是处于一种圈层关系中，通过视频、弹幕、评论来完成双方的互动，这种传播已经不是传统媒体时代简单的单向传播，而是互动性极强的双向传播。

B站弹幕体现了用户的天马行空，对视频内容的吐槽、刷屏文字构成了视频内容的一部分，用户在创造视频弹幕的同时获得"在场感"。弹幕的"多次加工"也增加了视频的趣味性，引起更多用户的互动与共鸣。

从文化角度看，弹幕已成为一种不可忽视的青年亚文化现象。弹幕的出现改变了用户和UP主的关系，这种关系契合视听媒体的用户和传播者的互动方式。弹幕让用户成为视频在场者和加工者。其实用户也是创作者的合作者，因为用户发布在视频网站上的弹幕可以影响其他正在观看视频的用户，甚至与视频内容形成二次创作内容。正是因为有了这些令人脑洞大开的弹幕，用户观看视频的时候多了许多乐趣，这也成为很多B站用户观看视频的动因之一。

弹幕文化彰显了用户创造内容时对个性化和存在感的文化需求。在这个视听媒体盛行的网络时代，用户希望自己能参与到视频中去，用户和制作者都是内容生产者。视频制作者生产的内容之所以引起用户的吐槽，可能不是因为内容做得不够好，而是如今的网民更喜欢在网上表达自我，这源于新媒体时代年轻人敢于表达的文化动力。B站的弹幕文化抓住了吐槽的内核，用户的这种吐槽并不尖酸刻薄，而是通过吐槽来满足创作内容的兴奋心理，同时加强了观影仪式的趣味性和互动性。

二、新媒体传播对用户视听心理的消极影响

（一）随时在线容易使用户产生"媒介依赖症"

1976年，美国学者梅尔文·德弗勒（Melvin Deferler）和桑德拉·鲍尔·基洛奇（Sandra Bauer Kiroch）在《大众传播媒介效果的依赖模式》中提出"媒介依赖理论"，将媒介作为"受众—媒介—社会"传播系统中的有机组成部分。[1]强调受众依赖媒介提供的内容去满足其需求，三个组成部分由于各自的目标和资源决定了系统中的各种依赖关系。媒介依赖理论认为人会与媒介之间形成一种依赖关系，人会过度沉迷于媒介而不能自拔，满足于媒介里的虚拟世界而容易造成孤独、自闭的社会性格。其中有两种典型的"媒介依赖症"：一种是林雄二郎提出的"电视人"概念，认为伴随电视普及而成长的一代容易长时间沉迷电视，跟着电视内容走，缺乏理性思考；另一种是中野

1　Ball Rokeach S J. A Theory of Media Power and A Theory of Media Use: Different Stories, Questions, and Ways of Thinking[J]. Mass Communication and Society, 1998: 5–40.

收提出的"容器人"概念，在电视为主的媒介环境中成长起来的人，缺乏人际互动，易形成内心封闭、孤独的"容器人"。这两种典型的"媒介依赖症"都是在传统媒介环境中产生的。

随着视听媒介技术的不断发展，尤其是短视频平台的盛行，沉浸式的体验和个性化定制的视频内容，吸引用户在接触媒介时对其产生初步媒介依赖，随后形成非理性媒介依赖，其深层原因源于用户的心理需求。泛娱乐时代的窥视欲望、互动仪式下的社会认同、个人情感的"理想王国"、拟态环境中的完美自我，共同导致了非理性媒介依赖，最终形成了对社交型短视频平台的非理性依赖。[1]

近几年短视频发展迅速，短视频市场逐步成熟。《2019中国电视剧（网络剧）产业调查报告》数据显示，2019年短视频用户的使用时长超越了长视频[2]。用户对短视频的非理性依赖主要体现在两方面：其一，用户对短视频产生行为和心理的双重沉溺；其二，用户的媒介批判意识逐渐减少。2020年开始，微短剧成为新兴的新媒体视听门类，单集时长从几十秒到15分钟左右，有着相对明确的主题和主线，较为连续和完整的故事情节。其时间短、节奏快、剧情紧凑、反转多的特点，成为利用碎片化时间观看的受众群体的理想选择，制作精良且易于引起受众共鸣的微短剧极大满足了视听用户的情绪价值需求。

案 例

小雪今年刚上初一，已经是一个"纯正"抖音迷了，抖音上的各种神曲和爆款视频她都不会错过，如海草舞、"所有女生，买它买它""我们一起学猫叫，喵喵喵""师傅我快坚持不住了""等不到流星雨"……自从接触抖音之后，小雪几乎每天都花大量的时间在刷抖音上，学习时间越来越少。小雪妈妈意识到了问题的严重性，便尝试了许多劝诫的办法，可是都不奏效，无奈小雪妈妈只能带小雪

1　郭晓真.社交型短视频平台受众的媒介依赖研究[J].传媒，2019(1)：54-57.
2　中国电视剧制作产业协会. 2019中国电视剧（网络剧）产业调查报告[R/OL].（2019-12-10）[2023-08-02]. http://finance.ifeng.com/c/7sJqo1hv0CK.

去咨询心理医生。

在跟主治医生的交流中，小雪描述了自己平时刷抖音的状态。最开始看同学们在刷抖音，然后觉得特别有趣，自己也开始刷了起来。平常有事没事都会下意识打开，看到不错的视频就会继续看下去，比如看到一些特搞笑的猎奇视频、萌宠视频能让她大半夜笑得睡不着。自己也不知道怎么了，一刷抖音就是2小时，停不下来。

"医生，如果你能让我妈妈每天给我一定的时间玩抖音，我就接受治疗。"主治医生在与她交流过程中，没想到眼前这个文静内向的小姑娘，居然跟自己谈起了条件。

案例来源：搜狐网 2018 年 10 月 26 日

"抖音成瘾"现象在日常生活中十分常见。截至2024年12月，抖音短视频平台的日活跃用户数量已突破8亿，月活跃用户突破9.78亿。社交媒体平台短视频的碎片化、泛娱乐化、沉浸化给用户带来非常好的体验，使用户可以在短视频构建的虚拟体验中获得愉悦感，以逃避现实中的烦恼和压力。在短视频中，每一次的观看、留言、点赞都是一种互动仪式的表现，增强了用户的自我认同和群体认同。长此以往，用户对短视频的依赖会越来越严重，甚至会通过短视频平台来寻找安全感和归属感，最终导致用户对短视频产生行为和心理层面的双重沉溺。

用户对短视频的非理性依赖还体现在用户的媒介批判意识逐渐减少。用户除了观看短视频，还可以创作短视频内容，成为一个内容发布者。在这种情况下，用户很难以局外人的视角来看待自己的创作参与，很容易缺乏理性思考，而是会在群体力量中形成盲目的媒介顺从心理。同时，短视频碎片化的特点不利于深度思考，用户所看到的视频往往是浅显和浮于表面的，导致用户在新媒体环境下很难进行深入理性的思考，而用户对短视频依赖越严重，其媒介批判意识越弱。

当下许多视听媒介平台都具有海量性和互动性的特点，高清的视觉画面和有感染力的优质内容，给予用户轻松愉悦的视听体验和用户至上的使用感受，加深了用户的参与感和存在感。从用户的角度来看，视听媒介"无处不在"，用户可以不受时间、空间的限制，随时随地使用视听软件，也会更加依赖便捷的视听设备。"在某些特定的条件下魔弹论现象仍可能出现，如外部环境发生剧烈变动时、传播环境极端封闭、传播设备过于单一时、媒介作为绝对权力的代言时，人们对传播媒介的依赖、迷信和盲从的程度往往会急剧上升。"[1]

青少年用户是视听媒介的积极使用者，青少年由于心理发展不成熟，对于信息的获取有强烈期盼。同时对于长期单调的学业产生厌倦，更容易沉溺于视听媒介所带来的互动满足感和社会认同感，若长期沉溺其中会缺少现实人际互动。虽然相较于"电视人""容器人"，新媒体时代媒介环境发生了改变，但媒介对用户的影响原理并没有变，而且还出现了属于新媒体传播环境特有的媒介依赖症。用户在新媒体上花费时间更多，呈现出更明显的年轻化特征，观看内容更浅显。

根据2018年CSM媒介研究十二城市基础研究数据，用户花费在新媒体上的时间越来越多。2018年，电视用户比例为92.5%，这一比例略低于前两年，与2017年的94.9%相比，下降了2.4%；接触网络视频的用户比例为94.2%，已经超越了电视的占比，而这一比例在2016年只是62.5%，可见网络视频的用户规模增长快速。该数据还显示了短视频用户比例为75.3%，可见短视频颇有后来居上之势。根据《中国网络视听发展研究报告》和《直播短视频行业研究报告》，短视频的用户占比一直在不断上升，从2020年87.%增至2023年的96.4%。

表 3-1　各类视听用户比例图

年份	电视受众比例（%）	网络视频受众比例（%）	短视频受众比例（%）
2016	94.7	62.5	—
2017	94.9	70.1	—
2018	92.5	76.0	75.3
2019	99.39	88.8	75.8
2020	99.59	93.7	87.0
2021	99.7	94.5	87.8
2022	99.75	96.5	94.8

1　樊葵. 媒介崇拜论——现代人与大众媒介的异态关系[M]. 北京：中国传媒大学出版社，2008：8.

续表

年份	电视受众比例（%）	网络视频受众比例（%）	短视频受众比例（%）
2023	99.79	97.7	96.4

数据来源：中国广视索福瑞媒介研究报告、中国网络视听发展研究报告及直播短视频行业研究报告

　　该数据也显示，多数短视频用户平均每天上网时长为2～3小时，在工作日的时候，短视频用户上网时长为2小时的比例最高，周末时则3小时的比例最高，有一小部分短视频用户平均每天的上网时长达8小时，十分依赖视听媒介。短视频由于其碎片化和沉浸式的特点，吸引着越来越多的用户。

　　如今，用户使用短视频平台成瘾的现象已经司空见惯，许多用户刷抖音停不下来，一刷就是几个小时。社交媒体平台短视频中搞笑滑稽、碎片化的内容给用户带来愉悦便捷的虚拟体验，使用户可以从不间断的虚拟体验中获得快感，以回避现实的压力和烦恼。同时，平台向用户精准推荐短视频，能够根据其搜索、播放、互动行为，进行同类型内容的不间断推荐，让用户持续处于沉浸状态，从而引发用户的视频依赖，沉迷于内容而忘却时间。一些网络视频网站不断地推出新的电视剧和综艺节目，以当下流量小生为主角，精准定位用户群体。流量小生的粉丝体量大，粉丝通过接力观看视频为偶像买单，购买视频网站会员卡，不断被视听媒介抢夺时间，被强化与视听平台的黏性。

　　同时，用户呈现出明显的年轻化特征。CSM媒介研究十二城市基础研究显示，接触网络视频的用户越来越年轻化和低龄化，视听媒介成为年轻网生代重要的社交方式。Z世代（1995—2009年出生的一代人）伴随着互联网的发展成长起来，是网络空间的原住民，这些原住民离不开智能手机，手机成为其获取信息、娱乐消遣的重要媒介。数据显示，15～54岁短视频用户累计比例达到90%，而年轻人由于社会阅历少，更容易对网络上的花花世界上瘾。

　　用户观看内容越来越浅显。相关研究显示，人们更容易接受和欣赏简单、刺激和不用动脑的内容。在各大短视频平台中，充斥着大量同质化、模式化和内容浅薄的短视频，这些短视频功能性弱，大多只能博君一笑。用户在观看完视频后获得感很少，更别提能满足用户的精神需求，只能在不间断刷屏中体验"欲罢不能"的空虚感。

　　浅显低俗的视频内容会影响用户对生活的认知，会对用户的精神世界产生影响。青少年是短视频的积极使用者，但他们并未建立健全的世界观、人生观和价值观，自控力又比成年人弱，很难自我合理控制观看视频的时间。青少年用户花费大量时间沉醉在视听虚拟体验中，会严重影响正常的生活和学习。2019年8月1日，抖音官方发布《抖音短视频暑期内容安全专项公告》，为切实履行企业主体责任，营造健康有序的网络环境，保障暑假期间未成年人使用安全，决定开展暑期内容安全专项检查。经过近一个月回查，清理涉嫌内容低俗视频3011个、下架话题209个，并处理包括"婉儿想被打针""猫耳酱""哆V1397203419""一条不闲的咸鱼""皮皮龙一手视频"等2029个问题账号。

　　基于此，国家网信办提出了"青少年防沉迷系统"的应用和推广，呼吁所有主流平台启动"青少年防沉迷系统"，通过在抖音、快手短视频平台上的成功试点，又在西瓜视频、微视、梨视频等14家短视频平台和爱奇艺、优酷等4家网络视频平台统一上线"青少年防沉迷系统"。用户切换到视频平台的青少年模式，使用时长、观看时段、服务功能等均有限制，并且只能查看这个模式下的特定内容，如优秀电影、电视剧、纪录片，以及自然科普、传统文化、书法绘画、自然景观等优质短视频内容，这种人为的限制对预防青少年用户沉迷视听媒介作用明显。

📍 案　例

　　2018年夏天，抖音短视频平台启动"向日葵计划"，该计划关注青少年的健康成长，并启动青少年模式。在这个模式下，系统自动过滤掉不适合青少年观看的内容，同时将打赏、充值等功能下线。

　　2019年3月1日，抖音短视频平台对青少年模式进行了优化并上线，全新的青少年模式在原有的基础上，增加了一些新功能，比如推荐首页只能观看教育、摄影、绘画、书法、自然科普等方面的内容，同时搜索视频的入口也下线了。为了助力青少年健康成长，抖音于2018年6月成立青少年网络健康成长研究中心，防止青少年在短视频平台上接触到色情、暴力、猎奇的内容，提高正能量内容在青少年中的传播。

案例来源：快科技网，2018 年 07 月 26 日

抖音短视频平台作为国家网信办的首批试点视频平台，推出的"青少年防沉迷系统"，使未成年网络用户借助视听媒体的防沉迷系统，从传播源上有效减少媒介依赖，使未成年人将更多时间花在更有意义的事情上。切换观看模式是从技术手段上尝试尽量切断传播源，但要从心理上真正做到断瘾和自控，内容池建设也需要不断优化，在原有基础上多生产和创作一些青少年喜闻乐见的优质视频内容，通过加强内容建设，塑造阳光社区氛围，优化精准推荐机制，让青少年用户能从视听媒介中收获知识、开阔眼界，而不是一味沉迷于廉价的"精神鸦片"。

想要真正做到对视听平台、视频网站的防沉迷和防依赖，用户是最关键的一个环节。用户对短视频的非理性依赖，在猎奇化、娱乐化的心理下日积月累，用户应该努力提升自身的媒介素养和批判意识，意识到依赖媒介的严重后果和对自身的负面影响，强化时间观念和掌控时间的意志力，理性看待时间成本和观看收益，养成更理性的视听媒介使用习惯。

（二）降低年轻用户抵御网络色情暴力的能力

媒介暴力和色情早在传统媒体时代就广受诟病。大量研究表明，电视中出现的暴力内容对受众特别是儿童具有比较大的负面影响。美国公共卫生署署长威廉·斯图尔特（William H. Stewart）于 1972 年提出的关于电视与社会行为研究报告显示，观看电视节目中的暴力镜头和画面，会与生活中的攻击性行为产生关联，同时也指出电视暴力的影响程度会因人而异。

媒介色情由于影视作品的出现而进入公众视野。色情信息最大的危害在于成瘾性，这种成瘾堪比酗酒和吸毒。色情刺激会让人分泌多巴胺，使人产生愉悦兴奋的感觉，促使人寻求更多色情视频观看，长此以往形成恶性循环。互联网的出现也加快了媒介色情产业的发展，互联网因其即时性、互动性、隐蔽性的特点，导致媒介色情在视听媒介中迅速传播。

许多国家都颁布了法律法规对媒介中的色情、暴力元素进行规制。我国在《中华人民共和国未成年人保护法》第三十四条中明文规定，禁止任何组织、个人制作或者向未成年人出售、出租或者以其他方式传播淫秽、暴力、

凶杀、恐怖、赌博等毒害未成年人的图书、报刊、音像制品、电子出版物以及网络信息等。如今，互联网视听平台良莠不齐，有些不正规平台充斥着大量打擦边球的色情、暴力内容，有些还被包装成热门视频，年轻用户心智不成熟，抵御媒介色情、暴力的能力比较弱，容易沉迷其中影响身心健康。

⚲ 案 例

2018年6月，青岛市公安机关在工作中发现，青岛某网络科技有限公司法人侯某组织研发人员，开发了70余个主要功能为色情直播和淫秽视频轮播的APP，通过创建"云蜗牛"平台为300余个色情APP提供下载服务，非法获利500余万元，共有21名犯罪嫌疑人被公安机关抓获。

2019年1月，淄博市公安机关发现"91共享福利"网站登载4万余部淫秽视频。该网站提供的淫秽视频包含未成年人不雅内容，共有注册用户92万余人，总点击量2.4亿余次，涉案金额达1000余万元。公安机关已将网站所有者、技术维护、服务器运营商等5名犯罪嫌疑人抓捕归案并刑事拘留。

2018年8月，聊城市"扫黄打非"和公安部门联合破获"萌妹子"论坛传播儿童色情视频牟利案，抓获犯罪嫌疑人刘某。经查，2017年7月，刘某利用江苏连云港某网络科技公司租用一台美国服务器，建立"萌妹子"论坛传播儿童色情视频，发展会员1.3万余人，其中付费会员400余人，牟利7万余元。

案例来源：搜狐网2018年11月22日

随着视频网站、网络直播和短视频的兴起，媒介色情产业链亟待引起国家和社会的重视并予以重点关注。这些不雅视频不仅影响用户的身心健康，更严重影响了出镜受害者的心理状态和未来生活。国家相关的法律法规还未完善，视频行业乱象丛生，行业自律成为关键，需要视听平台的媒体从业者和用户各自承担责任和义务；同时要对制造、传播色情暴力视频的犯罪分子进行严厉打击，为青少年创造一个健康的媒介环境。年轻用户涉世未深，心智上对不雅视频的辨识、抵御能力较弱，全社会要形成合力对媒介色情和暴力说"不"。

近年来随着数据流量不断提速降费和智能手机的普及，网络直播走进千家万户。网络直播已经深刻影响教育、娱乐、民生、电商等领域，给人们的生活带来极大便利的同时，网络直播准入的低门槛和内容低俗问题也频频引发社会关注。

2019年10月12日，一些媒体声称从全国网络节目主持人职业素养能力培训考试培训中心四川基地获悉，自媒体平台的网络节目主持人（网络主播）可以持证上岗了。北京、上海、成都、杭州等十个城市成为全国首批网络主播持证上岗试点城市。对此感兴趣的主播和准主播们都可以参加该项目的培训，考试合格后将取得《网络节目主持人岗位合格证》。3日后人民网官方发布公告辟谣，称此消息不实。

虽然网络主播持证上岗消息被辟谣了，但主播持证上岗舆论让公众把目光聚焦到直播行业。随着直播技术的发展和移动设备的普及，网络直播的门槛越来越低。低门槛会导致内容的良莠不齐，同时主播为了吸引流量和经济效益，无所不用其极。主播们在直播间通过污言秽语、裸露挑逗来吸引眼球，不可思议的是这样的直播间在各大平台还能获得不错的人气和流量。

网络直播的法律法规尚未完善，加之一些视听媒体平台不作为，导致越来越多的青少年关注此类直播间，执着于花钱打赏主播，沉迷于不雅的直播内容。正是这类主播采取非正当的手段来博取关注，试图在法律的边缘试探，对直播行业造成了不良影响，也极大影响了未成年用户的身心健康，容易引发上瘾、扭曲，甚至反社会的极端心理。

除了网络直播，短视频平台也开始涉及软色情，走擦边球路线，充斥着大量低级庸俗、用情色信息博用户一笑的视频，比如在短视频中讲解"荤段子"、在短视频中做出一些隐晦的不雅姿势等。2018年4月，有人拍摄一位未成年女孩生子视频并发布到短视频平台，在网上声讨女生不检点，关于"未婚妈妈"的短视频得到了大量的关注，并引起了相关话题讨论。这样的短视频主要是为了博眼球，迎合某些用户的猎奇心理，以获得用户追捧，甚至在短视频平台推荐页也能看到类似的内容。这样的同伴影响会给未成年用户带来极大误导，同龄人效应危害尤大，有些心智不成熟的年轻用户甚至会对其效仿，极易造成是非不分、美丑不分的混沌心理和扭曲心态。

📍 **案 例**

用户@宝餐一顿是一位受过高等教育并曾经在知名媒体工作过的妈妈，抖音中更新的日常是关于女儿当小厨师做菜的视频。除录制原创美食视频外，她还会拍摄女儿穿着芭蕾裙、睡衣跳舞，穿着婚纱和小男孩过家家的视频。

用户@熊先生录制的一段视频，则是在捏、打、扇孩子的脸，推搡孩子进行逗乐表演，在评论中发布者表示自己录制时是慢动作，并没有伤害到孩子。这类"脑残式晒娃"的视频常引发现实惨剧。

案例来源：搜狐网 2018 年 07 月 24 日

短视频具有极强的传播力和感染力，用很短的时间就可以在社交平台上发酵。抖音小专题里，有一个叫作"空空如也"的集纳页，主题是视频表演贴墙蹲，推荐至首页展示的热门视频，基本都是身着紧身衣的长发女孩做下蹲，视频页面充满了低俗诱导性的评论，令人怀疑如此含有软色情内容的视频如何能被平台推荐展示。

现有的头部短视频平台（快手、抖音）已经基本形成了完整的"算法审核+人工审核"的审核机制，一旦发现问题视频，将会进行预警警告和下架处理。处于第二梯队的短视频平台（微视、土豆视频）处理非法视频也有比较成熟的审核机制。随着短视频的迅速发展，越来越多的视频平台入局，这些小微型短视频平台更令人担心。小微型短视频平台为了在短期内占有更多市场份额和获得更多用户，往往会通过吸引眼球的"越界"视频来实现用户增长。当下不少短视频平台打着交友、兴趣圈子等产品定位来吸引用户，实际上却开展传销、色情等活动。

短视频平台上这些低俗恶搞的软色情、软暴力视频，有些甚至以未成年人为拍摄对象，公然涉及儿童色情，这是社会所不能容忍的。短视频平台应承担起内容审核、监管的责任，设置更严格的内容发布标准，切实保护未成年人身心健康，绝不能有任何含糊。

第三节　新媒体传播下对网络视听环境的思考

2024年3月27日，第十一届中国网络视听大会在成都召开，《中国网络视听发展研究报告（2024）》由中国网络视听节目服务协会发布，截至2023年12月，网络视听用户规模达10.74亿人，网民使用率达98.3%，农村网络视听用户规模3.2亿人，增速远高于同期城镇用户，网络视听市场规模超1.15万亿元，呈现出短视频火、微短剧热、直播拉动消费的传播景观。[1]

视听传播在新媒体传播背景下被赋予了新的意义，短视频、网络直播等新技术的兴起也带来整个媒介环境的更迭，催生出新型的数字经济模式，带来整个业态的勃兴。

一、网络视频行业分级制的尝试

网络视频、网络直播、短视频是当下互联网的风口，视频的生产者将自己创作的作品发布到视听媒体平台，实现宣传效应和社会影响。但是由于未成年人接触媒介的低龄化趋势，众多青少年用户成为网络视频的观看者和模仿者，带来身心的不良影响。针对网络直播和短视频等新兴产业，立法部门应积极征求专家建议和社会意见，尽快出台相关的法律法规，建立完善的法律体系，并对行业保持动态管理。同时，监管部门应当健全视频内容监看、审查制度，以及违法不雅内容处置措施，从法律层面来打击视频色情和视频暴力，整顿整个行业的风气，让打擦边球的视频生产者不能为所欲为。

国家网信办于2019年提出了"青少年防沉迷系统"，大部分主流平台开始对系统进行全面升级，将平台中的低俗内容进行下架处理。但也有学者认为这样的系统并不能有效防止媒介色情和暴力。因为这个系统是由用户决定开不开启，如果青少年选择不开启，那这个系统就形同虚设。目前视频平台

1　中国网络视听节目服务协会.中国网络视听发展研究报告（2024）[R/OL].（2024-03-27）[2024-04-26], http://www.cnsa.cn.

对内容的审核力度还不够大，不能只是做样子应付检查，而是应将这个措施作为平台的长期治理目标。

当下，源头管理是推动青少年用户健康上网的重要因素，针对媒介色情、暴力等网络视频，最关键的是减少青少年用户的接触，以降低相关风险。我国电影实行影片审查制度，政府主管部门对电影内容进行审查、采用"一刀切"的审查标准和许可证制度为核心。[1] 目前游戏分级制已经初步建立，应尽快建立短视频分级制度，按照内容的危险程度、适宜人群，进行相应的级别划分，是网络视频领域的当务之急。视频网站和客户端要有效识别未成年人身份，限制其收看内容，落实短视频分级管理制度，加强对短视频运营商的监管力度。将用户划分为不同群体以及限制其可接触的视频种类，是短视频运营商的应尽责任。在网络视频分级制度的助力下，可以直接将色情、暴力视频内容对青少年屏蔽，以实现源头隔离和预防，有益未成年人身心健康。

二、视听行业对主播行为的监管

网络直播作为新媒体时代的一种全新的传播形式，为用户提供了实时在线的内容，主播与用户能够进行面对面的互动，带来分享日常生活、进行情感互动的视听体验。对于相对孤独的用户来说，直播平台无疑为其提供了线上交友的机会，且能够规避无效社交，使个人的情感得到新的寄托，抒发情绪，满足倾诉欲望。但是随着网络直播的井喷式发展，诸多问题开始产生，直播平台出现内容同质化、低俗化、虚假直播等现象。

为了加强对直播内容的管理，给用户提供一个绿色、健康、文明、积极向上的直播环境，我国开始制定相关直播行为的规范，对主播行为进行正向引导。头部视频平台应主动牵头成立行业自律公约，起到示范作用，担负起视频平台的监督责任，建立发布视频的规范，同时不断提升自身的技术水平，通过技术手段屏蔽不文明字词，维护视频平台的良好环境；建立视频审核团队，落实黑名单制度，全范围下架有问题视频和封杀不良内容制作者。目前，很多平台设置主播的分级管理，将主播的账号分为若干个等级，优秀的主播

1　张千.行政许可视野下的我国电影审查制度研究[J].法制与社会，2021(2)：187-188.

将获得流量等资源的加持，对于不断降级的主播采取限流等举措，这种监管手段无疑会成为规制主播行为的有效手段，为了获得更多的流量，主播们会进行优质内容的生产以实现更多的变现。

除此之外，网络直播平台需要对主播和打赏用户实行实名制，通过层层限制，从源头上限制未成年人的巨额打赏行为，引导青少年用户树立正确的消费观念，正面引导青少年文明上网。通过视频行业自律公约，统一视频发布规则，以此来激发全网视频制作者生产更加优质的视频内容。对于违反视频发布规则的视频博主，应给予警告，使博主注意制作视频内容的分寸。视听行业协会要加强各大视频平台的联合合作，不要成为信息孤岛，加强文化融合、内容交流，这样有助于形成更广泛的行业联合，从而扩大行业自律公约的生效范围。

三、视听传播对在线教育体系的建构

随着媒介技术的发展，在线教育成为新的可能，尤其在特殊时期迎来了发展机遇。2020年初，在疫情的影响下，教育部发出"停课不停教，停课不停学"的指令，为疫情下在线教育的发展提供了新的契机。在这个视听媒体受热捧的新媒体时代，在线教育带来极大红利的同时，也成为新的民生工程。

网络学习平台的发展，打破了优质教育资源普及传播的时空限制，让知识普惠成为可能。各种教育资源通过网络突破了空间距离的限制，各大平台最优秀的教师、最好的教学模式通过视听平台传播到各地。疫情期间，抖音短视频平台上，清华、北大等高校教师进行直播教学，实现优质资源的全民共享，为更多的群体提供了在线学习的机会。网络技术应用于远程教育，使任何人可以在任何时间和地点，从任何章节开始学习任何一门课程。在线教育便捷、灵活的特点能够实现学习者的实时学习，利用碎片化的时间提升自我能力。

与此同时，教师与学生、学生与学生之间，通过视听平台进行全方位、多层次的交流，拉近了师生之间的心理距离，增加了师生之间的交流机会和交往范围。同时，这种在线形式，对于性格内向的学生来说，更有利于实现与教师的深入交流，将自己的真实所需告知教师，从而有针对性地解决问题，实现更好的教学效果。在线教育的主要形式是将讲授的知识点制作成视频或音频，在视听平台上发布授课内容。通过这种教学方式，学生不仅能学习到书本教材上的知识，还可以广泛涉猎课堂外的各种技能，培养学生对求知的兴趣。

但是在线教育作为一种新的教育形式，也存在弊端。在线教育形式需要用户使用电脑、平板等设备进行学习，这些电子设备无疑会影响视力。除了对视力的影响外，这种电子设备的在线学习剥夺了青少年线下的玩乐时间，学习熟悉授课软件和平台的额外负担，会加重学生的课业压力。从某种程度上来说，在线教育确实在改变教育行业，但在现阶段只是起到补充的作用，传统教育对学生的个人能力发展和素质的提升仍发挥着不可替代的作用，而传统课堂上教师寓教于乐、因材施教，现场的即时反馈的肢体沟通和眼神交流，对学生学习仍具有重要价值。

未来的发展中，在线教育与传统教育的互补发展将成为常态。传统教育在新的教育形式下不断被刺激转变传统思想，从而获得新生与发展，实现优质资源的共享；同时，在线教育平台也要不断进行调整，以适应今后更高要求的发展态势。网络优秀师资力量的培养，在线教育平台能力的提升，都需要不断精进，只有在提升硬实力的基础上才能获得持续性的活力，带来更人性化的教学模式和体验。

四、视听技术对家庭关系的重塑

互联网技术的介入对家庭模式造成新型冲击，视听媒介广泛地渗透到人们的人际交往、良好习惯的养成和家庭文化传承等众多传统家庭领域，改变着家庭成员之间的人际交往和互助方式。[1]

"文化反哺"是指随着新媒体技术的发展，在现有社会关系中，中老年群体会受到青年群体的影响，去吸收他们接触到的文化形态。短视频作为一种新的媒介形式，相对于以往的媒介形式来说，其操作性较弱，只要利用手机就能够对身边的事件进行记录，并发布在短视频平台上。

1　郑超月，徐晓婕.数字反哺机制研究——以95后及其父母的短视频使用为例[J].中国青年研究，2019(3)：12-17.

　　这种文化反哺现象的发生需要家庭中子女们的助力。年迈的父母面对新媒体时，往往会处于茫然无措的状态，若要在数字化时代生存则需要子女们的帮助。向子女学习成为父母的必备技能，父母的全能形象开始消解，子女成为他们学习的对象。因此，传统父母说教者的形象随之发生改变，这有利于形成双向沟通的新型家庭模式，双方的社会地位也会更加趋于平等。

　　对于青少年来说，当父母已经开始学会并使用短视频，并且用短视频记录一切与家庭、子女有关的事情时，青少年在情感上也得到较好的满足。对于孩子来说，他们会出现在父母制作的视频中，在某种程度上也是直接参与到父母所处的世界中，在视频的评论点赞中也会更加理解自己的父母，与此同时，他们会成为真正的整体，能够对家庭产生归属感与认同感，从而更加珍惜与父母之间的关系，加强家庭内部的互动。视听平台也成为记录家庭美好瞬间、保存家庭集体记忆的重要形式。因此借助短视频传播，可以在一定程度上弥合父母和子女之间的代沟，改善家庭关系，增强家庭的凝聚力。

　　短视频日益融入公众的日常生活，参与构建新型的家庭关系，为家庭生活增添和谐色彩，改变了之前家庭成员间枯燥的生活方式。短视频在家庭结构中实现了去中心化的、极具凝聚力的新模式，同时也为家庭关系的重塑提供了新的契机，家长和子女之间平等互助的关系不断凸显，更有利于青少年的身心健康。

第四章

新媒体传播下用户社交心理分析━━━━━━━━━━●

在如今的新媒体环境下，用户积极参与信息生产，并参与传播的过程，传播格局已经发生了翻天覆地的变化。尼古拉斯·尼葛洛庞帝（Nicholas Negroponte）在所著《数字化生存》谈到，"后信息时代的根本特征是真正的个人化"，"个人不再被埋没在普遍性中，或作为人口统计学中的一个子集，网络空间的发展所寻求的是给普通人表达自己需要和希望的机会"。[1] 在新闻信息的内容生产方面，互联网群体传播的速度可能已经超越了传统媒体，用户通过手机等移动终端，在事件发生的第一现场生产新闻，同时也会为传统媒体提供新闻线索。用户不仅是新闻的接收者，而且成为产消者，重塑着传媒的格局，改变了社会的生存现状，参与式传播已经成为全民传播，也成为一种全新的网络文化形式。这种自下而上的传播模式使用户可以通过社交媒体发声，使原本不被关注的议题成为公众议题，加速了社会问题的解决，促进官民双方的沟通，将自由表达的话语权重新还给公众，从而推进公众积极参与传播的过程。在新媒体传播语境下，用户积极的参与、广泛的互动，其实就是在实现自我的赋权。[2] 与此同时，由于微博、微信等社交媒体的兴盛，曾一度认为被淡化的人际关系重新在互联网"复活"，用户可以通过朋友圈点赞等方式与好友进行互动，通过微博关注自己感兴趣的社群，加入新的社群进行信息交流。在这种相互交融的过程中，用户之间通过互联网来实现联结，从而建立新的联系，维系已有的关系，推动社会关系的建立。

1　尼葛洛庞帝.数字化生存[M].胡泳，译.海口：海南出版社，1997：158-159.
2　翟晓雪.参与式传播研究综述[J].新闻研究导刊，2018（15）：154-155.

　　互联网的发展以及社交媒体平台的存在，为公众参与传播提供了可能。用户基于自己的兴趣，选择喜欢的社群，形成线上互动的交流现象。通过本章的梳理，探析新媒体传播时代用户交际心理需求，探讨当今社会的分享文化。

第一节　新媒体传播时代用户社交心理需求

　　虚拟社区是源自网络的社会聚集，由足够规模的人们、带着丰富的人类情感、相当持久地参与公共讨论而形成的虚拟人际关系网络。[1]如新浪微博被视为国内最活跃的社交媒体，在某种意义上来说，就是一个虚拟存在的社区，微博上大部分用户相互之间不认识，可能就是因为关注了同一个"爱豆"，参与了同一话题的讨论，而变得热络起来。在这种状况下，具有相同兴趣爱好的用户相互集结起来，甚至创建了喜爱明星的后援团，共同为"爱豆"打call[2]，相互交往虚拟社区而存在。用户相互交流，共同分享日常生活，彼此共同成长为一个新的交际圈，在各自的社群中彼此依存。在虚拟的世界中，用户主动选择去交流和发声，不再只是处于被动接收者的状态，这源自新媒体时代用户心理的转变。用户心理的转变基于渴求自我需求的满足，学者德韦克（Dweck）曾提出过三种基本人类需求，分别是可预测性需求、能力需求和接纳需求。可预测性需求是一种追求世界可预测性、降低不确定性的需求，知道世界如何运作；能力需求是提高个人实力的需求，学习如何在世界上行动；接纳需求是被接纳和被爱的需求，希冀在需要时得到他人的回应。[3]在这三种需求的推动下，用户选择各类社交媒体平台，并参与其中，对相关话题

1　Howard Rheingold. The Virtual Community: Homesteading on the Electronic Frontier[M]. Massachusetts: Addison Wesley, 1993: 46.

2　打Call，原指演唱会现场台下观众们跟随音乐的节奏，按一定的规律，用呼喊、挥动荧光棒等方式，与台上的表演者互动的一种自发的行为，后演变出呼喊、喊叫、加油打气的含义。

3　Dweck. From Needs to Goals and Representation: Foundations for A Unified Theory of Motivation, Personality, and Development[J]. Psychological Review, 2017,124（6）: 689-719.

进行在线讨论，以期实现自我价值，获得地位和社会认同。

📍 **案 例**

朋友圈"三天可见"的人，藏了什么秘密？

出于合作交流小明加了某商业大佬的微信，大佬的第一反应就是查看其朋友圈，结果一片空白，赫然写着："朋友仅展示最近三天的朋友圈。"

大佬面露不悦："朋友圈什么都没有，这么搞笑的？"

小明当即呆若木鸡，很想解释，但欲言又止。自从微信从单纯的朋友圈变成夹杂着工作的社交圈后，越来越多的人选择"三天可见"，小小的设置改变，引起众人内心的轩然大波。

简（拉丁舞爱好者）："宁愿你删掉、屏蔽、分组发，也不想看到'三天可见'，朋友圈信息那么多我还看不过来呢，刚好做减法。"

西瓜（家庭主妇）："陌生人还可见十张图片，作为你朋友，我竟然只可以看到冷漠的一句'三天可见'。"（友谊的小船说翻就翻，呵呵。）

Jonny（互联网从业者）："上次刷朋友圈，看到朋友分享了一篇非常好的文章，因为他设置了三天可见，再回去找的时候已经看不到了，好可惜。"

静水深流（暗恋一个小哥哥）："喜欢一个小哥哥，不敢过多表露，好不容易加到微信，想把他的朋友圈翻个底朝天，结果什么都看不到，想成为他的归人，却被拒之门外，仅仅是个过客。"

小师妹（弹一手好尤克里里）："啊，还有'三天可见'，这波操作666，但我都不刷朋友圈的。"

面对朋友圈三天可见，众人内心的独白集合成一部钩心斗角的大戏，有玻璃心碎了一地的气愤派、有好内容无法再看到的可惜派、有暗恋渠道被堵的失意派、有关我何事的冷漠派……

那些设置朋友圈三天可见的人，到底是怎么想的呢？

案例来源：简书 2018 年 05 月 16 日

一、从朋友圈看用户隐私设置

微信朋友圈作为中国式社交的缩影，生旦净末丑，各种角色，你方唱罢，我方登场，而发朋友圈的核心围绕两个字"表达"，即自我表达（私人的情绪、生活、感悟等）和公共表达（热点事件的评论、行业的判断、专业的分享等）。

不管是放飞自我式的表达，还是理性克制式的表达，越来越多的人选择给自己的内容上一把"三天可见"的时间锁。

从上述案例来看，如今用户参与内容分享，都有着各自不同的心态，有的用户会乐意将自我呈现给他人，而有些用户却将自我封闭起来。大致可以将他们分为隐私型、焦虑型、傲娇型、从众型四种类型。

1.隐私型

对于很多用户来说，朋友圈没有藏秘密，设置"三天可见"只是单纯想保护个人隐私。虽然已经进行微信好友分组，但因为微信bug（漏洞），新添加的微信朋友可以看到对方所有朋友圈。遇到新加好友翻到多年前的朋友圈并且点赞时，会令人不适。

当朋友圈被定义为私人领地时，有些公司会强迫员工将公司活动链接发布在朋友圈。选择朋友圈"三天可见"也许是员工一种无可奈何的无声抗争。

西方传播隐私管理理论中提到，人们自我表露时，会通过构建传播隐私界限，来控制表露隐私后可能带来的后果。界限决定着人们表露信息的数量、程度和对象，也影响着人们评估隐私风险后，对自己隐私的管理与保护。[1]人们在面对隐私泄露风险时，会设置密码、事先阅读网站隐私协议、设置可见范围等主动保护手段。

随着朋友圈加入者越来越多，亲人、同学、同事、合作伙伴、微商等好不热闹，这也意味着越来越多的陌生人加入原本私密的朋友圈，随之用户自我保护意识提高，减少发圈频率，并有意识地控制发布内容。既担心泄露过多的个人信息导致风险，又通过适当的自我呈现来实现日常的人际交往，与他人进行信息交换。在做不到完全"隐身"的情况下，会让渡一部分隐私作

1　殷航，王妍. 大学生微信朋友圈中的自我呈现——设限差异、自我表露和隐私保护的实证研究[C]. 江苏省第三届传媒学科研究生论坛，2016.

为社交代价。为了防止有人视监自己的朋友圈，"三天可见"成为最佳选择，仿佛获得一种心理的慰藉，即心理的安全感。用户在线上社交时，也会有心理安全距离，朋友圈"三天可见"既可以保护隐私，满足自己对心理安全距离的需求，又告诉朋友们没有被屏蔽，以免造成误会。

2.焦虑型

焦虑型的人有着双重矛盾的心理，既渴望朋友时刻关注自己，又害怕被扒光看透。渴望被关注，是人的天性。通过发布朋友圈获得点赞和评论，建立一种情感链接，同时进行自我表露或社会表达，营造良好形象以获得他人的肯定和信赖，满足社交需求和自尊需求。用户利用朋友圈拥有高度碎片化时间和超越时空限制的便捷，通过文字、图片和视频等，塑造符合自己预期的角色。

更有人将精心营造的朋友圈作为个人品牌的宣传平台，尽情展示着主人想呈现给来访者的光鲜亮丽一面。发朋友圈之前，精修美颜加滤镜，挑选最好的那张照片假装不经意地发个朋友圈，以此来实现自我满足，逃避照片背后真实脆弱的自己。

由于害怕被看透，防止人设崩塌而前功尽弃，一些网络用户产生了过度的担心和不安，朋友圈中不敢随便发布信息。经常胡思乱想，以至于敏感多疑，特别在意别人的评价，从而造成心理的焦虑和自我否定。

而朋友圈"三天可见"的功能，可以实现选择性地展露自己，既能维持想要呈现的人格形象，同时不想被不信任的人过多研究和解读，满足用户适当遁藏起来的心理。

3.傲娇型

心理学家科胡特（Heinz Kohut）认为，人在婴儿期都有全能自恋，若母亲没有满足孩子的需求，孩子便会通过大哭大闹来表达不满，因为觉得自己是世界的中心。而社交媒体的使用者中，大多数都是独生子女，在家得到全面细致的关爱，任何需求父母均会及时响应，一切以自我为中心。婴儿时期的全能自恋延长到成年期，希望一出场就有鲜花和掌声。

国外推出阅后即焚，深受年轻人喜欢，这个功能在上线之初便风靡全美。朋友圈"三天可见"同样切中了中国年轻人的需求，耍酷还有点小傲娇，而作为一个社会人日常忙碌着，其实没有那么多人关心别人发布的朋友圈。为了掩饰失落的内心，用户启用了心理防御机制中的"合理化"方式，创造合适的理由来解释并遮掩伤害，减轻朋友圈发布后无人互动时的失落，心里默念发圈只是记录自己的生活，而不是秀晒炫给别人看。

奥地利著名作家斯蒂芬·茨威格（Stefan Zweig）曾说过，每个人都过着一种双重的生活，这种最深藏的两面性，是一生的秘密。一面很酷很潮，好像什么都不在意；另一面用傲娇向世界表达需求，用小倔强宣告存在感。

4.从众型

用户刷朋友圈看到很多朋友发布的内容只有"三天可见"，想着自己也试试这个功能。试用一段时间后，被认为朋友圈搞得神神秘秘，显得不仗义，用户怕麻烦，又会开放朋友圈。

很多用户选择"三天可见"，其实是从众的选择。新事物刚开始出现时，从众可以减轻对未知事物的不确定感。之后还选择跟随大流，是为了获得圈子的认同。

曾有学者对从众心理现象进行实验，测试结果显示，有37%的回答是遵从了其他人意见，约75%的人至少出现了一次从众，约25%的人保持了独立性，自始至终没有一次从众发生。[1]实验证明从众行为是一种普遍的现象。置换到社会选择的场景中，人会选择从众有两个动机：一是自己做出正确的判断，二是赢得他人的好感。在信息不足的情况下，随大流做选择，人们相信群体智慧高于个人智慧，且会获得有类似价值观的人更友善的对待。

于是当"三天可见"开始流行，越来越多人追随，但被朋友质疑为何要设置"三天可见"，或者有观点对"三天可见"进行抨击时，用户因感受到压力产生心理焦虑，故会选择不设置"三天可见"，以获得群体认同。

也有个别用户的朋友圈会出现周期性的"三天可见"和全部开放，一直处在纠结和反复中，呈现不稳定状态。其实每个人都有自己选择和认同的方式，善用社交媒体，是为了多一份便利，而非被社交工具所用。

对于用户朋友圈参与心理可以用约哈瑞窗口（Juhari Window）的概念去

1 石新国.社会互动的理论与实证研究评析[D].济南：山东大学，2013：50.

分析。约哈瑞窗口，又称乔哈里资讯窗，是人际传播理论中用于研究信息流动和传播主体之间关系的一个模型。约哈瑞窗口是由心理学者哈瑞·英汉姆（Harry Ingham）和约瑟夫·卢夫特（Jeseph Luft）在1955年共同提出的一个矩形模型，对研究受众的交际心理进行了准确的剖析。这个模型分为四个窗格，每个窗格都代表着信息共享的知识范围。窗格一，是指公开的知识，表示交流双方可以随意沟通的信息，这一部分信息是可以让对方知道的，双方可以开诚布公。如双方的基本信息、朋友圈的名字以及头像等信息，向对方无偿开放。窗格二，是指隐藏的知识，就是想向对方隐藏的，不想让对方了解的信息，这部分内容涉及个人的隐私。如在朋友圈设置中存在私密这一选项，说明有些时候，用户分享信息是不希望其他人知道，仅仅内部消化即可。窗格三，是他人知道的，而自己不知道的，他人隐藏的信息。窗格三与窗格二的观点相似，即双方有所隐瞒。窗格四，是双方的盲点，交际双方均未发现的知识盲区。在传统的人际传播格局下，该传播模式具有重要的研究意义，而进入新媒体传播时代，约哈瑞窗口对用户的信息分享也具有重要的意义。公开分享和"三天可见"等一系列的设置行为都体现了用户的心理，微信用户在发朋友圈动态时，会心存顾忌而有所保留。"三天可见的朋友圈"更像是一种在"约哈瑞窗口"的动态变化过程中力量博弈的试探，增加自己对他人的了解、减少他人对自己的了解，从而扩大盲区的尺寸，缩小封闭区的尺寸。

社会心理学中"焦点效应"可以用来解释朋友圈现象。焦点效应认为，人往往会把自己看成群体关系的中心，同时高估别人对自己的重视程度。朋友圈的出现为自我的表达提供了窗口，越来越多的用户在朋友圈表达自己的情绪，但是由于信息的冗余，以及微信作为一种"弱关系"交流工具，使用户不得不去选择"三天可见"的按钮，甚至有些用户在发朋友圈时会选择性地屏蔽弱关系的好友，这种现象其实也侧面反映了用户认为其他人会对其产生过分关注的态度，所以就催生了"防御式的倾听与表达"。[1] 由于公共空间与私人领域的界限不再分明，为了防止他人对自身的过多干预，"三天可见"可以算是一种防御性的措施，以免自身的情绪被他人所了解，对生活产生困

1 董新夏.三天"朋友圈"：社会性动物的间歇性离群——基于传播心理学的视角[J].新闻知识，2017(8)：48-50.

扰。同时"三天可见"也算是一种自我的阻碍，有时候用户精心设计的朋友圈内容，并不会得到很多的点赞和评论，面对偏离预期的效果，用户也会选择"三天可见"的操作，使信息的观看受到限制，其实这也是用户进行自我保护的一种手段。一般来说，朋友圈也是了解对方性格的窗口，一个人朋友圈的内容可以反映其性情。用户在朋友圈大多属于生产型消费者，在社交平台既关注着他人，同时也在被他人观看。很多时候，大多数用户既想展现自我，又不愿意被对方仔细揣测，所以选择了"三天可见"来保持与他人之间的距离感。

二、从参与式传播看用户日常社交

（一）用户加入社群分享的娱乐狂欢

目前，社交媒体已经成为用户日常生活中必不可少的一部分，微博、抖音、小红书用户增长数以及月活用户数量在不断攀升。用户选择社交媒体平台进行互动交流，基于自身的兴趣爱好，来实现自我需求的满足。

新媒体时代是一个信息爆炸的时代，用户随时随地都可以接触到各种信息，这些信息充斥着日常生活。有学者曾提出产能过剩的理论，认为任何传播形态的勃兴，都是经济变革、技术进步和社会变迁的共同结果。群体传播则是产能过剩和互联网技术普及共同作用的结果，群体传播崛起的社会土壤是产能过剩。[1] 信息的冗余让用户在无限信息中挑选适合自己的内容，在产能过剩的土壤下，用户不再甘愿仅仅作为信息的被动接收者，而是成为群体的参与者，并根据自己的喜好参与到群体互动中去。

豆瓣作为用户文化娱乐聚集的社交网络平台，有很多用户选择去分享影评、书评等观点。豆瓣网在2005年3月创建，其创始人为杨勃。杨勃最初创立该网站的想法就是"想看看有多少人和自己读同样的书"。2012年8月，相关数据表明豆瓣月覆盖独立用户数（unique visitors）超过1亿，日均PV（页面浏览量）为1.6亿。2013年第二、三季度的豆瓣月度覆盖独立用户数均达2亿，相比上一年度同期增长一倍。用户的增长使豆瓣保持良好的发展速度，

1　隋岩,曹飞.论群体传播时代的莅临[J].北京大学学报(哲学社会科学版)，2012,49(5)：139-147.

目前，豆瓣已开拓豆瓣读书、豆瓣电影、豆瓣同城、豆瓣阅读、豆瓣音乐、豆瓣FM、豆瓣小组等版块。随着版图的扩展，豆瓣目前已经形成一个成熟的产业链。共享资源的时代，豆瓣的出现迎合了用户参与话题讨论的需求。以豆瓣小组为例，豆瓣小组于2005年创立，其主打的理念就是创建对"同一个话题感兴趣的人的聚集地"，目前豆瓣上的小组内容丰富，涉及电影、音乐、美妆等各个领域。这些小组以社群的形式存在，用户依据各自的兴趣爱好加入自己喜欢的群体中。如在豆瓣电影上，有专门的分栏"小组"，其下有佳片推荐小组、豆瓣九组、护肤品/彩妆，还有吃瓜大会等等，当用户加入这些小组后，也就融入了一个社群，共享信息并发布话题。"你们看过最悲伤的电影是什么？""你看过三遍以上的电影有哪些？"……小组成员会根据问题进行讨论并推荐电影。小组成员也可以发布自己感兴趣、希望其他成员给予解答的各种话题，但前提是不能逾越小组的规定，在允许范围内发声。

在新浪微博平台，也有各类#超话#以及各种粉丝后援团，大V的官方账号下聚集的粉丝也类似社群的存在，粉丝用户有着共同的"爱豆"，并且在"爱豆"的微博下评论互动。

在社交媒体平台，用户参与沟通互动都能得到快乐，尤其是在高度碎片化时代，单纯的文字加图片已经无法抓住用户的注意力，短视频的出现恰好符合用户在碎片化的时间满足视听娱乐的需求。抖音APP作为音乐类视频的原创制作平台，是一款记录生活的软件。用户可以根据平台模板拍摄属于自己的视频，再配上或动感或轻快的音乐在平台上发布，妆容和发饰都符合自己个性化的需求。加之算法推荐技术的运用，用户会被推送可能感兴趣的视频，发布评论，参与讨论。用户感觉这样的社交网站有趣，并且使用时也觉得开心，娱乐消遣既是行为，也是动机。[1]

在信息冗余的新媒体时代，如何有效地分配注意力一直是核心问题，算法推荐为这个问题提供了解决的方案，但是算法推荐也带来了所谓的信息茧房。在社交媒体的助力下，信息茧房效果会进一步加深，可能导致观点的极化，产生不利影响。

1　李丹.社交网站用户的行为和动机[J].传媒观察，2009(4)：44-45.

（二）用户晒客心态的自我表达

社交媒体平台的出现，为网络用户打造了公开表达意见的场所，多元意见得以碰撞交融。用户在社交媒体平台呈现自我的日常生活，与他人交流互动。"自我呈现"来源于符号互动论，查尔斯·库利在《人类本性与社会秩序》中提出了"镜中我"的概念，认为自我是由三部分组成的，主要包括自己想象他人对自己的认识，自己想象他人对自己的评价以及由上述两种想象引发出的情感。[1] 在三个部分的影响下，"我"的形象才得以存在。

传统媒体时代的传播格局难以赋予受众自由表达的权利，社交媒体的出现恰好提供了用户间交流的平台，就像戈夫曼所说的那样，互联网塑造了一个剧场，众多表演者在这个剧场里互动。拟剧理论是由戈夫曼在1959年提出的，他把社会互动比喻成戏剧表演，把人们看作是生活舞台上的演员，认为人们为了在他人面前达到预期的形象，需要选择社会互动中的言语以及非言语行为，对自我呈现进行印象管理。[2]

随着微信、微博、抖音、小红书等社交媒体的发展，出现了一个新的网络族群"晒客"，指的是热衷于将自己的日常生活等私人化的场景或生活碎片展现在社交媒体平台上的群体。他们经常会通过朋友圈、个人微博发送日常内容来展现自我，维系与他人的人际关系。同时在自我表达的过程中，用户实现了自我的价值，激发他们内心深处表达的欲望。如微信朋友圈的好友，其实很大一部分在日常生活中也是朋友，但是由于社会节奏的加快，他们在线下很难得到交流的机会。而朋友圈功能的出现，使用户可以轻而易举地知道朋友的近况，同时可以通过评论功能与好友进行互动交流，来维持关系。对于这些"晒客"来说，发朋友圈和发布微博也是刷"存在感"的机会，用户希望自己处于被关注的状态，享受受人瞩目的感觉。同时，用户在朋友圈中，极力塑造着自己的最佳形象，展现自我最好的生活状态，虽然有时候展现的自我与真实的自我存在很大的偏差，但是依旧乐此不疲，以求呈现最佳印象。微信朋友圈成为用户表达窗口的另一个重要原因是为了避免面对面交

1　查尔斯·库利. 人类本性与社会秩序[M]. 包凡一，王湲，译. 北京：华夏出版社，2015：129.

2　Goffman E. The Presentation of Self in Everyday Life[M]. Garden City: Doubleday Anchor Books, 1959: 8.

流的尴尬感，朋友圈就像是一个幕后的舞台，观众看不到表演者的情绪，用户可以隐藏自身的真实身份，这让想极力表现自我的个体不会顾忌太多。此外，朋友圈三天可见的功能也让用户在畅意表达自身的同时，兼顾隐私，不会泄露过多的个人信息。

现实生活中的每个人都想得到更多人的关注，从而满足自身的成就感。用户发布微信朋友圈，看到众多好友的点赞和评论时，这种在虚拟空间享受到的愉悦会给用户带来身心的满足，虚荣心在网络空间得以实现，以此来获得社会地位和认同。网上交往的心理动力机制是个人竭力表现自我的权力欲望和力图控制环境。[1]尤其是用户的个人自拍等内容发布朋友圈得到好友关注时，其展示欲望得以满足，并以此来刺激更加狂热的表达欲望。

在微博、微信朋友圈自我呈现的剧场中，除了"晒客"用户群体的存在，还有宣泄情绪的群体存在。这类用户把社交媒体视为宣泄的窗口，发泄悲伤、愤怒等情绪，从而得到心理上的满足。人不可能每时每刻都拥有乐观的心态，如果悲观的情绪无法排解，可能会出现心理上的疾病，而社交媒体的出现为这类用户提供了宣泄平台。微信的朋友圈是以强关系为基础建立的，但是微博、知乎、豆瓣等平台的用户其实在线下可能并不相识，情绪的宣泄不会对用户的日常生活产生任何影响。如在微博上的情绪表达在某种意义上可以被称为"扔掉情绪垃圾"，有些博主还会在微博平台每月开设话题，比如"五月垃圾桶"，给用户提供宣泄情感的机会，同时会有陌生人留言互动给予情感上的安慰，成为"加油站"。

用户通过社交媒体平台表现自我、交流互动，是新媒体传播时代的重要特征，这改变了传统媒体时代受众只是纯粹接受者的身份，用户成为网络意见的表达者，广泛参与社会讨论。用户除了对自我情绪和日常生活的表达，还会参与到社会议题中，也会为传统媒体设置议题，如"Me too"事件就是公众通过社交媒体发声，寻求问题的解决方案。"Me too"事件源于女星艾丽莎·米兰诺（Alyssa Milano）等人2017年10月针对美国金牌制作人哈维·温斯坦（Harvey Weinstein）性侵多名女星丑闻发起的维权运动。女性通过社交

1　赵德华，王晓霞. 网络人际交往动机探析[J]. 社会科学，2005(11)：118-123.

媒体来传播这项运动，呼吁曾遭遇过性侵的女性勇敢说出自己的经历，通过这种传播接力的方式来引起社会的关注。2017年10月15日，女星艾丽莎·米兰诺在推特上转发，并附上文字："如果你曾受到性侵犯或性骚扰，请用'我也是'Me too来回复这条推文。"随后，Twitter、Facebook以及Instagram上频频出现回应消息。成千上万的人回复了这条消息，有些人只留言"我也是"，更多的人讲述了他们各自被性侵犯或性骚扰的经历。作家、诗人那吉娃·依比安（Najwa Zebian）发布推文："被指责的是我。人们让我不要谈论这件事，人们对我说这没有多糟糕，人们对我说我应该看淡它。""Me too"事件的持续发酵让更多用户愿意去分享自己的遭遇和想法，并且寻求用这种群体接力的方式推进事情的进展，寻求事件的解决。

媒介不仅使信息传播，还利用其议程设置功能影响公众的认知、态度、观念和行为等，所以人们把这种正在被传媒所影响、渗透甚至支配的社会称为"媒介化社会"。[1] 媒介化社会改变了社会互动的方式，引导着媒介用户积极参与社会交往，满足公众的表达需求。在媒介化社会，媒介化抗争已经成为公众表达意见的重要手段，公众把媒介作为一种手段，有意识地争取媒介的介入，通过非制度的维权方式，来寻求问题的解决方案。但是与此同时，媒介化抗争也有其负面效应，在其影响下，政府会失去其公信力，陷入"塔西佗陷阱"中。所谓塔西佗陷阱，源于古罗马时代的历史学家塔西佗，后来被用于新闻传播领域，形容一种社会现象，指当政府部门或某一组织在失去公信力后，不管说真话还是假话，做好事还是坏事，都会被认为是说假话、做坏事，无法获得公众的信任。因此在新媒体传播时代，要维系社会的运行，不仅要大力发展政务新媒体，以此重塑政府的亲和力，来获取公众的信任；而且要优化公众的意见表达的多元途径，让用户在"晒"的过程中达到情绪的宣泄、满足和平衡，实现社会的良性运转。

（三）用户热衷弹幕文化的群体认同

传统媒体时代，意见领袖在公众的日常生活中成为不可或缺的存在，他们的意见对周围的群体产生极大的影响，具有极强的人际沟通能力，其决定

能改变群体的选择方向。随着社交媒体时代的来临，意见领袖的作用被进一步放大，称之为"网络意见领袖"。网络意见领袖契合了当下的传播现状，公众交际的场所由线下转为线上，网络意见领袖构建着自己的线上王国。社交媒体的出现，扩大了人际交往的界限，属于同一网络社群的用户之间可能互不相识，靠着网络意见领袖维系着社群的存在。在这个网络社群共同体中，意见领袖成为社群成员追逐的角色，用户希望通过自己的意见表达来吸引关注，以此来实现社会认同。

社会认同是指"个体认识到自己属于特定的社会群体，同时也认识到作为群体成员带给自身的情感和价值意义"。[1] 个人的社会认同在群体中才能获得，在群体中，人们会积极参与社会意见的讨论，希望自己的意见能够给他人带来参考价值，同时获得他人的追随，在他人的认同下实现自我的建构。从某种程度上说，对于自我的建构其实也是实现"超我"的过程，在"真实的我"和"虚拟的我"的互动中，达到自我价值的实现。若在一个群体中人们无法获得认同感，他们可能就会去选择新的群体，逃离现有的群体。

认同是人们意义与经验的来源。[2] 在传统媒体时代，公众的消息大多来自官方，但在新媒体传播时代社交媒体为公众提供了意见的表达场所。在这个相对自由的场域内，不同的群体成员获得各自想要了解的信息，同时这种群体关系是建立在群体认同的基础上的。在社交媒体时代，个体的价值逐渐得到关注，个人开始通过各种手段来建构自身形象，以期实现自我价值，"我的"时代已然到来。而实现自我价值的过程其实就是在群体中寻求认同的过程，如同意见领袖一样，自我价值只有在群体中得到关注和认同才能迎来属于"我"的时代。

Bilibili（B站）是典型的二次元社交平台，该平台的弹幕文化也成为其特色。B站以传播二次元文化为宗旨，吸引了广大用户的参与，同时UP主也在建构着自身的形象，吸引粉丝的关注。平台用户有着自己喜欢的动漫人物，他们相互在弹幕上交换意见，形成群体认同。米德曾提出过"主我"与"客

1　Tajfel H. Differentiation Between Social Groups: Studies in the Social Psychology of Intergroup Relations[M]. London: Academic Press, 1978: 61-76.

2　曼纽尔·卡斯特. 认同的力量[M]. 曹荣湘，译. 北京：社会科学文献出版社，2006: 5.

我"理论，他认为"自我"可以分为作为意愿与行为主体的"主我"和作为他人社会评价和社会期待的"客我"，社会关系就是在"主我"和"客我"的互动中建立起来的，而建立的渠道就是信息的交换。社交媒体上用户意见的自由表达，让其释放"主我"，将自己暴露在公众的视野之下，用户可以进行内容生产以及信息分享来寻求他人的关注，在"主我"的表现过程中去建立新的自我，并且吸收他人的意见，在"客我"的评价中调整自我，从而获得社会的认同，塑造其公众形象。

社交媒体的出现，使人与人、人与群体的交往更加密切，社群成员也更愿意参与到社会交往过程中，扩展交际的传播网络，用户通过这种社会交往也将实现对自我的建构，实现自我价值的同时获得更加丰富的信息。

总之，在群体中获得社会认同是参与式生产的最高境界，新媒体传播时代，用户除了获得娱乐满足和表达需求，获得群体认同，以实现自我的人生价值也成为其人生追求。

（四）用户迫于从众模仿的群体压力

由于社交媒体平台改变了之前的传播格局，网络信息冗杂且公开性强，用户的信息分享在某种意义上处于开放的状态。基于交往空间的复杂以及环境的多样化，用户的分享行为会受到他人的影响，而这种影响被称为群体压力。所谓群体压力，是指群体中多数意见对成员中的少数意见产生的某种压力，由于这种群体压力的存在，人们不得不选择妥协，选择去追随优势意见。产生群体压力的原因主要有两点，一是信息的压力，二是趋同心理。[1]在社交媒体时代，趋同心理会对用户的交际行为产生极大的影响，他们会因为他人的介入而参与一些社会互动中。

案　例

你转发圣诞帽信息了吗？

你给自己p圣诞帽了吗？在2017年圣诞节前夕，很多人的朋友圈都被这样

1　郭庆光.传播学教程[M].北京：中国人民大学出版社，1999：82-83.

一条动态刷了屏：转发此条朋友圈，@微信团队，就可以给自己的头像戴上一顶圣诞帽。许多用户深信不疑，转发以后就盯着手机傻傻地等待自己的圣诞帽。过了很久，都没有看见期待中的圣诞帽。沮丧地去问好友，才发现自己被骗了，微信官方团队根本就没有进行转发朋友圈送圣诞帽头像的活动。好友头像上的圣诞帽，都是他们自己p上去的。得知自己被骗以后，很多人的做法并不是赶紧去澄清事实，而是也为自己头像p上一顶圣诞帽，继续等着朋友圈里的其他人上钩。就这样，朋友圈里的人一起自导自演了一场连微信官方团队都没有想到的热闹活动。人们发布谎言，再为自己的谎言自圆其说。最重要的，大家都心照不宣地将这场谎言传播进行到底。你的圣诞帽到底从哪儿来？没人说破。

从第一个开始@微信官方的人开始，到朋友圈里陆陆续续飘起的圣诞帽。整个过程中人们既是无知者又是表演者，最后自己也变成内容生产者。是什么心理让用户从上当者变成了骗人者呢？

美国学者博格里与他的六位同事曾对用户这种即使知道真相仍愿意传播谎言的心理进行研究。他们以萨达姆策划"9·11"事件为蓝本，对246人发起问卷投票。其中，73%投票者选择相信萨达姆与"9·11"事件有关的事实。令人惊讶的是，即使在得知了时任总统布什亲自出面说明萨达姆与策划"9·11"事件并无关系的新闻事实后，仍然有48人认为萨达姆直接或间接影响着"9·11"事件的发生。这一研究表明，一条信息的真假，并不直接影响公众是否会选择它和传播它，动机下自我辩护才是促使一个人相信或者传播某种信息的真正动力。也就是说，人们之所以相信谎言，是他们主观上希望这个谎言是真的。在这个过程中，某种先于事实的心理动机代替了人的理性占据主导。除此之外，报复性恶作剧的心理也是人们持续散播网络社交谎言的动机之一。当一个人被朋友愚弄之后，会希望为自己愚蠢的行为找一个合理的解释：我才不是唯一会上当的人，一定还有其他人会上当的。这样用户就能缓解自己认知失调带来的紧张感。

案例来源：网易2017年12月24日

这种行为模式也非常符合互联网时代的人际互动心理，通过互联网与他人互动的用户，往往会受到好奇、模仿、共情等因素的驱使。也许一开始用户转发朋友圈，只是出于一种单纯好奇或模仿跟风，当然也有人希望自己的微信头像能够引起别人的注意。而随着圣诞帽p图真相被揭穿，人们出于报复性恶作剧心理，希望看到更多和自己一样上当受骗的人，由此获得一种惺惺相惜的共鸣和满足感。一条发布在微信朋友圈求圣诞帽的信息，之所以能在社交媒体上得到快速和广泛的传播都是因为人们复杂的心理。

用户参与网络世界中，与他人进行互动，除了自身娱乐、意见表达以及寻求社会认同的需求外，群体压力也是不容忽视的原因。"沉默的螺旋"最早是由伊丽莎白·诺尔·诺依曼在1974年提出的。"沉默的螺旋"理论主要包含以下三个观点：其一，个人意见的表达乃是一个社会心理过程；其二，意见的表达和"沉默"的扩散是一个螺旋式的社会传播过程；其三，大众传播可通过营造"意见环境"来影响和制约舆论。[1]可见，舆论的产生并非公众进行理性思考的结果，而是由于优势意见的主导地位导致人们产生趋同心理，在意见环境的作用下形成的。

新媒体传播时代，有学者提出"沉默的螺旋"已经不再适用于网络环境，在相对自由的意见表达环境中，不再有群体压力的存在，意见的表达不再受其他人的干扰。但是随着研究的深入，网络中"沉默的螺旋"现象依旧存在。2017年微信推出的圣诞活动中，用户基于群体压力，在看到大多数人转发朋友圈头像拥有圣诞帽之后，选择在自己的头像上加上圣诞帽，其实就是受制于舆论环境的压力，害怕被社会所孤立。"沉默的螺旋"还提出了五个相关的假说：①社会使背离社会的个人产生孤独感；②个人经常恐惧孤独；③对孤独的恐惧感使得个人不断地估计社会接受的观点是什么；④估计的结果影响了个人在公开场合的行为，特别是公开表达观点还是隐藏起自己的观点；⑤这个假定与上述四个假定均有联系。综合起来考虑，上述四个假定形成、巩固和改变公众观念。[2]如今的社交媒体平台如微博、微信等，虽然匿名性是其主要特征，用户的随意表达不受其他因素的影响，但是由于分享平台的日渐发展，用户会趋同于接受自己信任的观点，选择追随优秀的意见领袖。优质可靠的内容往往更契合用户的习惯，同时其意见的表达也愿意跟随意见领袖发声，更愿意转发及评论热门话题，以防止被群体孤立。

1　伊丽莎白·诺尔·诺依曼. 沉默的螺旋[M]. 董璐，译. 北京：北京大学出版社，2013：63-75.
2　刘海龙.沉默的螺旋是否会在互联网上消失[J].国际新闻界，2001(5)：62-67.

三、从群体性孤独看用户媒介依赖

新媒体技术日新月异，使用户花费更多的时间在社交媒体上，形成众生喧哗的场景，但是用户在享受社交媒体所带来的快感同时也被拴在网络上。其实用户在社交媒体平台展现自我时，更倾向于表现自己所愿意呈现的内容，并不能代表真正的个人形象。虽然用户在社交网络上表现活跃，貌似交流便捷，但是其内心依旧是孤独的。在网络上虽然可以得到一时的满足情绪，但对现实生活的改变并没有太大影响，不少用户会选择花费大量的时间在网络空间，而不愿与线下真实存在的个体进行交流。"群体性孤独"的概念是由学者雪莉·特克尔（Sherry Turkle）在《群体性孤独》一书中提到的，她认为人们为了连接而牺牲了对话。生活中经常会遇到这样的场景：家人在一起并不是谈话，而是各自沉浸于手机；朋友聚会也没有叙旧，而是拼命刷朋友圈；老师课堂上讲课，学生用手机在网上聊天；会议中，主讲人在陈述要点，听众在收发信息。[1] 这种现象意味着群体性孤独，这已经成为一种新的社会现象，通过群体表现所呈现出来。最为典型的是由于文化、兴趣等差异，出现亚文化群休，相同喜好的人群得以聚集，与精英文化或主流文化相抗衡。用户在社交媒体平台上展现出群体的凝聚力，但是这种线上的共同体无法在线下实现。较长时间的网络交流也会让用户产生沟通倦怠等问题，对日常的人际面对面交流产生影响，还可能会出现沟通困难症等现象。这种障碍也是群体性孤独的一种表现，用户会出现害羞、自闭等心理问题。除此之外，由于微信朋友圈不仅成为用户表达自我的平台，也成为获取经济收益的载体，朋友圈中微商朋友传播的信息大多与金钱利益挂钩，还有人转发朋友圈以获得好友点赞，从而获得商家优惠。当单纯的人际沟通与金钱交易相关联后，人与人之间的关系就会产生一定的疏离，从而导致群体性孤独。

目前年轻用户的主要交流方式是通过社交网络，这会导致在现实生活中的沟通变少。虽然网络环境下能够实现便捷沟通，但其本质只是一种媒介，无法真正代替面对面交流的现实感与归属感，由此会带来心理上的孤独和无助。群体性孤独产生的原因可以归纳为用户网络依赖、弱传播盛行，沉迷于

1　雪莉·特克尔.群体性孤独[M].杭州：浙江人民出版社，2014：168-174.

自我展演等方面。

（一）网络依赖

在新媒体传播时代，用户的重度需求可以在网络上得以实现，只要能想到的产品都可以在电商平台购买，日常的生活需求如饮食可以通过"美团""饿了么"实现送餐服务。"宅"在家里成为年轻用户的生活现状，从而导致缺乏现实生活中的人际交流。日本传播学者中野牧在《现代人的信息行为》中描述现代人形象时，提出了"容器人"的概念。"容器人"是指在当时的大众传播环境尤其是以电视为主体的传播环境下，人们的内心世界仿佛一个封闭的容器，是孤立和自闭的。为了打破这种孤独的状态也希望与别人接触，但是这种接触只是容器外壁的碰撞，并没有内心交流，因为不希望对方了解自己的内心世界，所以保持一定的距离成了人际交往的最佳选择。[1] 互联网环境下，用户由于对网络世界的依赖，沉迷于网络虚拟空间中，失去与人沟通的主动想法，将自己封闭于自我构建的小环境中，越来越孤独。

网络依赖问卷

如果你怀疑自己已经形成网络依赖了，想知道自己的猜测的正确性，可以通过以下测试了解自己是否已经形成网络依赖和依赖程度。

这个测试是针对那些怀疑自己的网络行为已经开始依赖的人群，如果你有兴趣请对以下20个陈述按照发生的频度，用0～5分进行评分，0分表示没有，1分表示罕见，2分表示偶尔，3分表示较常，4分表示经常，5分表示总是。

（1）我发现待在网上的时间会超出预计时间。

（2）由于上网太过频繁，以至于忘记了要做的事情。

（3）我觉得网上的愉悦已经超出了与恋人或伴侣的愉悦。

（4）我会与网上的人建立各种关系。

（5）我的亲友会抱怨我花太多的时间上网。

（6）我花在网上的时间太多，以致耽误了学业和工作。

（7）我宁愿去查收电子邮件，也不愿意去完成必须做的工作。

（8）上网影响到了我的学习或工作业绩和效果。

1　纪政雪子."容器人"在新媒体时代的特征衍变分析[J].东南传播，2014（12）：42-44.

（9）我会尽量隐瞒我在网上的所作所为。

（10）我会同时想起网上的快乐和生活中的烦恼。

（11）在准备开始上网时，我会觉得早就渴望上网了。

（12）没了互联网，我的生活会变得枯燥、空虚和无聊。

（13）被人打扰我上网时，我会恼怒或吵闹。

（14）我会因为深夜上网而睡不着觉。

（15）睡觉时我仍全身心想着上网或幻想着上网。

（16）我上网时老想着：就再多上一会儿。

（17）我尝试减少上网时间，但失败了。

（18）我企图掩饰自己上网的时间。

（19）我会选择花更多的时间上网，而不是和别人出去玩。

（20）当外出不能上网时，我会感到沮丧、忧郁和焦虑，但一上网后，这些感觉就消失了。

问卷说明：请把你选择的各项分数加在一起，计算得出总分，对照以下不同分数段的解释，评判自己的依赖程度。

0～23分：目前你没有上网依赖，应继续保持健康的用网习惯。

24～49分：你是一个一般的上网者，只是有时上网比较多，但总体上仍能自我控制，尚未沉溺于网络。

50～79分：对你来说，上网似乎开始引起一些问题，你该谨慎对待上网给你及你身边的人带来的影响。

80～100分：上网已经给你和你的日常生活带来很多问题，你必须马上正视并解决这些问题。

（二）弱传播盛行

群体性孤独产生源自社交媒体的助力。在传统媒体时代，人们只能通过报纸、广播、电视等方式获得有限的信息，但当进入新媒体传播时代，各大社交媒体为用户提供了信息交互平台，可以突破时间和空间的束缚。传统的交流方式需要双方在时间上的约定，还要选择相应的场所，才能展开交流，而网络沟通的方式更为便捷。而且社交媒体中的人际交流不仅存在于熟人社会中，互不相识的群体也可以因相同的喜好进行链接，这种弱传播的存在为用户关系网的扩展提供了可能。基于弱传播、非主流、轻松理解、情绪表达、情感共鸣的这些优点，社交媒体成为用户交流的最佳选择，但是网络上的众生却无法解决线下的交流困境，群体性孤独由此产生。

（三）沉迷于自我展演

相较于传统社会，现代社会的节奏不断加快，用户的注意力也被各种网络平台所分散，面对面的人际交往的方式难以在社会中实现，所以在网络上构建新型的人际关系网络成为众多用户的选择。在微信朋友圈中，用户可以将自身最理想的一面呈现出来，从而吸引他人的关注，促进人际交往。此外，微信朋友圈的传播行为可以弥补现实人际传播的交流局限，但从另一个角度来看，网络的存在也使社会个体间的距离越拉越远，产生疏离感，陷入新的恶性循环。

群体性孤独的现象是新媒体时代的发展产物，网络虽然在某种意义上拉近了群体之间的距离，实现了实时互动的效果，但是当众人沉迷于网络上的自我展演，会加剧群体性孤独的现象，也会对现实社会产生不良的影响。如网友的炫富等现象，容易在朋友圈形成攀比。

群体性孤独作为一种病态的社会现象，需要得到社会的关注和重视。政府部门要加强网络监管，防止极端事件的发生，同时也要积极引导用户的价值观，加强现实空间的互动，使网络空间不再是孤独者的狂欢。

四、从谣言传播看用户非理性表达

随着新媒体时代的来临，互联网的碎片化、传播主体的多元化以及网络普惠的全民化，为公众参与社会讨论提供了机会。互联网赋予了公众表达意见的自由，而这种自由也会导致非理性意见的无序表达，对社会心态带来负面影响。目前网络谣言成为具有社会影响力和破坏力的重大隐患，通常网络谣言的传播是与突发性公共事件紧密相关的，尤其是灾难性事件给公众带来的恐慌加速了谣言的传播。一般来说，谣言的传播是以群体传播为主。群体是指两个或两个以上的人，为了达到共同的目标，通过一定的方式联系在一起进行活动的人群。[1]群体在面对突发性公共事件尤其是灾难事件时，具有相

---

1 古斯塔夫·勒庞.乌合之众：大众心理研究[M].夏杨，译.北京：商务印书馆国际有限公司，2011：14.

同的心理状态，从而得以聚集，实现谣言的大范围扩散。

在2020年全球新冠疫情失控的背景下，恐慌的社会情绪成为滋生谣言的温床。无论是大洋彼岸散播的"新冠病毒是武汉泄露的生化武器"的荒谬传闻，还是无数微信群疯传却最终证明时间错误的"白岩松对话钟南山"的节目预告，以及权威媒体推波助澜下掀起的"双黄连"抢购潮，甚至是海外华人回国避难所产生的投诉谣言，都显示出网络用户理性思维的逐渐弱化。非理性、无意识地参与谣言的传播，对社会产生着不可估量的负面效应。谣言的传播主要攻击的是用户的心理防线，而公众在疫情期间的恐慌情绪加速了谣言传播。

（一）从众心理

互联网的匿名性为公众的谣言传播提供了庇护。在社交媒体平台，用户不再是以个体存在，而是作为群体的一部分，因此用户会认为只要意见表达与大部分人保持一致，抱着"群众的眼睛是雪亮的"心态，那么自我的意见表达就是毫无问题的。在这种从众心理的趋势下，用户不再去思考表达是否理性，而是被盲目从众的心理所主导，集体无意识占据了上风，从而容易被谣言蛊惑。

（二）宣泄心理

全球新冠疫情蔓延期间，海外华人回国避难成为热门话题，类似谣言重复出现，会愈加让人感觉可能来自可靠的信源。当国内处于疫情平稳期时，国外疫情却在大面积蔓延，控制境外疫情输入成为关键，大批海外华人选择回国避难或寻求救助。"美籍华人一家三口感染后吃退烧药从美国登机入境""澳籍华人女子返京后拒绝隔离外出跑步，面对劝阻大喊'骚扰'"等事件频频曝出，用户在这一系列新闻的感染下，为回国华人贴上"千里送毒"的标签。当用户憎恨此类现象时，情绪就容易被谣言裹挟，借此发泄对回国华人的痛恨，从而在群体中产生共鸣，加速谣言的传播。

（三）恐慌心理

对于网络谣言的传播，恐慌心理是其得以扩散的动因。在新冠疫情期间，民众对新冠病毒的恐惧助长了谣言的传播。海外华人归国，因被质疑其携带病毒入境，引起民众害怕和担忧。在这种恐慌心理的影响下，用户通过社交媒体平台宣泄自己的情绪，同时希望主流媒体就此事件做出回应。

　　此次疫情是对社会治理体系、治理能力建设的一次大考。面对疫情，谣言的处理也反映了国家治理能力的强弱。在此次疫情处理中，各大主流媒体在谣言治理方面做出了突出的贡献，建立起"平台—用户—技术"三位一体的网络谣言治理机制。在新浪微博平台，辟谣账号官微"捉谣记""中国互联网联合辟谣平台"等对遏制谣言发挥了重要作用。同时，在维持社会稳定、引导舆论方面也作用显著。另外，支付宝、丁香园、腾讯新闻等客户端都推出了新冠疫情实时辟谣及疫情数据实时追踪平台，这些公开透明的数据带给用户安全感和掌控感，在很大程度上有效遏制了不理智情绪在互联网空间的蔓延。

第二节　新媒体传播时代社群分享文化

一、新媒体传播下粉丝社群的亚文化表征

　　粉丝社群的出现要从文化研究领域说起，伯明翰学派率先掀起了"文化研究"的高潮，而亚文化研究领域是其重要的组成部分。伴随着文化研究领域的发展，其扩展了研究的边界，亚文化研究最具代表性的是"青年亚文化"现象，主要出现在美国和英国。青年亚文化，是指一种社会文化形态，这种文化是年轻人创造的，与主流文化以及父辈文化相互抗衡，但同时又有合作。这种文化形式并不是传统的文化，而是一群年轻人创造的亚文化"国"，在这个小"国"里，这些年轻人有着自己的语言和文化，他们创造着属于自己圈子的小众文化。随着互联网时代的到来，新媒体为青年亚文化赋予了新的意义，社交媒体平台的自由表达，以及观点的平等交流，为亚文化的发展提供了肥沃的土壤。

　　粉丝社群的研究属于亚文化研究的一部分，费斯克的粉丝理论是比较有影响力的研究观点。法兰克福学派曾提出了著名的"白痴观众论"，认为消费者是被动消极的，而粉丝社群研究则突破了该理论，强调粉丝社群其实是复杂的

存在，以此来分析其行为及心理特征。费斯克认为消费者是具有意识行为的，并且是具有能动性的。

"丧文化"曾是年轻人流行的文化形式，也是一种青年亚文化，产生于互联网高度发达的新媒体时代，不同于传统的主流文化，形成自己独有的特色风格，传递出一种重要意义的差异和建立认同——这是所有引人瞩目的亚文化风格的关键所在。[1]"丧文化"具有以下主要表征。

1.颓废沮丧的形象特征

"丧文化"是指流行于青年群体当中的带有颓废、绝望、悲观等情绪和色彩的语言、文字或图画，它是青年亚文化的一种新形式。[2]丧文化的标志主要是体现在"丧"这个字眼上，不同于其他亚文化，丧文化的表现形式主要是图片、表情包等年轻人在媒介化社会所热衷的表达形式。以"废柴""葛优躺"等为代表的"丧文化"的产生和流行，是青年亚文化在新媒体时代的一个缩影。此外，还有"小猪佩奇""精致的猪猪女孩"等相对含蓄的"丧文化"表达，这类表情包将原本"冷媒介"图片结合"丧"内涵文字，顺势改造为赋予"丧文化"的"热媒介"。[3]

当代青年通过这种形式发出"我大概是个废人了""咸鱼"等不符合正能量社会的情绪表达，若没有社交媒体的兴盛，青年群体是无法在现实生活中表达自己不想工作、只想"葛优躺"的欲望的。图文相接的间接表达形式，正好契合了青年群体的心理，互联网成为其宣泄的工具，更容易暴露出真实的自我，毫无顾忌地表达出"本我"的颓废形象。

2.逃避现实的心理期许

"丧文化"在某种意义上是当代年轻人逃避社会现实的一种做法。社会给予了青年群体较高的社会期望，他们一度被认为是"祖国的栋梁""民族的希望"。巨大的社会压力让年轻人产生了身心焦虑，但是在现实生活中这种焦虑的情绪难以宣泄，只有在网络社交平台，他们才能逃避社会压力尽情宣泄，

1 陶东风，胡疆锋.亚文化读本[M].北京：北京大学出版社，2011：3-8.
2 卜建华，孟丽雯，张宗伟."佛系青年"群像的社会心态诊断与支持[J].中国青年研究，2018(11)：105-111.
3 刘雅静."葛优躺"背后的退缩型主体——"丧文化"解读及其对策[J].中国青年研究，2018(4)：76-81.

由此诸如"葛优躺"等表情包应运而生。

此外，佛系生活也成为当代年轻人追求的生活方式。2018年，一款《旅行青蛙》的游戏火遍中国，该游戏2017年在日本正式上线，于2018年4月进入中国市场，在中国市场圈粉无数，游戏用户纷纷在朋友圈晒出青蛙旅行的精美照片。该游戏的主角是一只小青蛙，它独自居住在一个石头洞的小屋里，屋外种着一片幸运草，屋内则是木头做的小阁楼。小青蛙平时会在家里吃饭，在阁楼上看书，过着十分"居士"的生活，但它最大的爱好是出去旅行，小青蛙会在旅行途中拍下好看的照片存在其相册里。很多用户开始了佛系养蛙的生活，主要就是给青蛙起名，青蛙的日常和旅行都不会受到游戏玩家的干预，有的青蛙甚至会三四天不回家。这种养蛙游戏是青年佛系文化的体现，玩家养蛙其实是对现实世界的逃避。

3.自我嘲讽的放飞表达

当代青年普遍存在着集体焦虑的现象，在某种程度上是新媒体时代青年社会心理及社会心态的一个表征。"丧文化"通过群体的自嘲行为来表现出自我的焦虑，比如"你不努力一下，怎么会知道什么是绝望呢""我两手空空，却心事重重"，这些具有自嘲性质的语言表达，在娱乐化的表象下隐藏着心中的痛点，以及对当下生活状态的不满。

2019年，知乎发布《我们都是有问题的人》品牌宣传片，来致敬一切有问题的新知青年，尤其是抓住了当下年轻人的痛点，表达对都是"有问题"的人的理解。知乎作为一个问答平台，"有问题"这一概念正好契合了社交平台的功能，同时也直击当代年轻人的心理，坦言"人人都有问题"这样的集体困扰。这样的表达也与当下年轻人自嘲的状态相呼应，获得极佳的传播效果。

"知乎"广告文案

没有谁的一天会过得毫无问题，

我们问自己、问别人，

正是这些问题让每件事变得有意思。

因为问题，

我们发现潜藏的乐趣、找到心中的热爱，

看清真实的自己和更多可能的自己，

也看清表面之下的世界。

你也是有问题的人吗？

懂得很多，也有很多不懂，

用问题刷新世界，再用回答刷新世界观，

当我们走到一起，

分享彼此的知识、经验和见解，

问题就不再是问题。

我们都是有问题的人，

有问题，上知乎。

"丧文化"作为一种时代的象征，契合了当下年轻人的心理特征，在社交媒体上得到广泛的传播。青年亚文化作为一种小众文化具有其存在的意义，它使一部分青年弱势群体有了宣泄的窗口。但是当丧文化的传播形成潮流，"独丧丧"演变成"众丧丧"时，也会对社会心态以及青年价值观产生偏激引导。

目前的新媒体环境催生了各种亚文化的繁荣，对于主流文化来说，亚文化的存在是社会多元化的好现象。要保持包容的态度，在文化上贴近青年群体的价值取向，深入了解青年的网络文化需求，同时发挥青年的主动性和创造性，吸纳青年参与文化创作。青年亚文化的表现也从一个侧面解释了当下社会环境的现状，为社会情绪的全面表达提供了机会。主流文化和亚文化需要在融合的过程中形成良性引导，理解青年，并且认同青年的行为，使青年的心声在新媒体时代得以传播并寻求认可。

◉ 案　例

饭圈女孩和帝吧网友出征外网，守护最好的"阿中哥哥"

8月18日帝吧官微称："今日，我们将连同其他爱国组织形成爱国统一战线，不但要让世界听到我们的声音，也要让全世界人民知道这群跳梁小丑的丑陋行径！我们还要大声地说，我们坚决支持香港警察！香港，是中国的香港！"这样的帝吧网友们的行为是值得肯定的，而且他们也讲究策略，让社会看到新一代高素质网友如何守护自己的国家！

"大家请勿重复加群，把位置留给更多的人。"8月16日下午，一场属于追星女孩和帝吧网友的爱国援港活动在互联网上悄然展开。在这个名为"阿中后援团7团"的QQ群里，管理员不断发出群通知，不仅包括活动准备和具体安排，还特别强调组织纪律，要求参与者不攻击、不骂人、不废话，"见到语言攻击反手就是一个举报"。

3000人的群组下午3点即满员，近半为90后，这样的群组在16日当天至少发展了17个。在这场活动中，被网友们称为偶像的"阿中哥哥"，就是中国。这是继修例风波不断发酵2个多月以来，内地青年网友自发的一次民意集中表达。近4万人通过互联网统一行动，于8月17日晚7点"出征"Instagram、Facebook等海外社交媒体网站，只为一个目标：挺香港，反暴力！这已不是粉圈首次向香港表达声援。

出征之前，他们在帝吧官微谈现在的一代青年，谈理解，谈尊重，谈希望，谈自信，在中国互联网上，一笔一画写下了成年的宣言。长江后浪推前浪，中国是我们的也是他们的，最终是属于他们的。如今在中文网络世界最活跃的人群，不是那些中年人或者即将迈入中年的80后、90后，而是这些95后、00后的孩子。他们是中国的现在，更是中国的未来。

这代网络弄潮儿，昔日被贴标签为莽撞，如今满怀着对"阿中哥哥"的热爱，用自己的方式守护自己的"宝藏男孩"，用满心的赤诚让人们重新认识他们。

案例来源：百度2019年08月19日

在虚拟社区，粉丝由于社交媒体的存在得以线上聚集，用户进行意见表达和交换。与此同时，追星一族的愿望也成功在社交媒体平台得到满足。2005年的超火爆综艺《超级女声》造就了第一批粉丝的诞生，产生了一群"玉米""笔亲"……粉丝并不满足于短信投票以及电视观看的形式，而是选择去组织应援来增加偶像的曝光度，当时应援的方式多以线下居多，但是随着社交媒体的兴起，线上线下共同助力成为应援的主要手段。

无论是2016年的"帝吧出征"，还是2019年的"饭圈女孩出征"，都是用户参与网络社群的在线集体行动。用户通过贴吧、微博等社交媒体集结，通过Facebook等渠道表达心声，通过互联网平台建立起社群成员间的联系。虚拟社群一词最早是学者曼纽尔·卡斯特（Manuel Casteus）提出的，他在其著作中谈道："虚拟社群能否算是真实的社群？答案既是肯定，又是否定。虚拟社群确实是社群，但其实是以虚拟形式存在的，它不会遵循实质社群的那种沟通和互动模式。但虚拟社群并非不真实，而是在不一样的现实层面上运作。"[1]虚拟社群超越了传统意义上社群的交流方式，形成了超时空的"人—机—人"交互。

目前国内最具影响力的社交媒体平台当数新浪微博，微博热搜也诠释了用户关注问题的走向，从而为公众设置议程。众多明星在微博开设私人账号以及工作室账号，2018年4月9日，谢娜凭借100396561名粉丝获得"第一个累计粉丝数量达到1亿的微博账号"和"粉丝数量最多的微博账号"两项称号。由此可见，微博拥有强大的用户群体，从某种意义上来说，微博平台也成为公众追星的重要工具，用户可以在微博上密切关注明星的动态，了解他们的行踪。

♀ 案　例

从"仰望偶像"到"养成偶像"

2018年，蔡徐坤和周杰伦粉丝的刷屏微博超话热度大战，成为引人瞩目的大新闻。这场没有硝烟的战争，参与者、旁观者数量都非常庞大，成为一次文化事件。其中，周杰伦的一位粉丝的评论成为点睛之笔："这是一次面向流量大型嘲讽的行为艺术。流量是周杰伦最不重要的指标。杰伦以缺席的方式参与这场流量较量，一切战绩都带着不屑但陪你玩的嘲笑。"

周杰伦和蔡徐坤在超级话题榜单上的对抗，既表征了两个时代的不同，也是检验偶像标准之间的冲突：自称"夕阳红"的年长用户对时下娱乐工业产品化偶像制造链条的不满；流量明星霸屏实力却与之不匹配图景的反抗；对蜂拥而上为

1　曼纽尔·卡斯特. 网络社会的崛起[M].夏铸九，王志弘，等译. 北京：社会科学文献出版社，2001：338.

偶像买单的年轻粉丝的鄙夷；等等。流量帝国、贩卖梦境、造星神话……可以有无数个词语来形容当下看似疯狂和娱乐至死的饭圈生态，但却甚少试图将其作为一个时代和社会的投影去解读。当今粉丝流行文化，看似充斥着失去自我、全身心迷恋偶像的年轻人，但实际上，相比传统的偶像崇拜来说，这是一种非常"粉丝核心"的文化，偶像反而成为他们实现自我、情感消费和参与社会的工具。

案例来源：澎湃新闻2019年07月25日

2018年微博粉丝白皮书数据显示，2018年娱乐明星粉丝人数同比增长39亿，99.8%的粉丝进入微博追星。2022年微博娱乐白皮书数据显示，微博演员群体相关话题阅读量达200亿，新人团体相关话题累计阅读量95亿，总话题播放量20亿。我们迎来了粉丝狂欢的后微博时代，微博平台聚焦了大量的明星和粉丝，在平台进行互动，使平台维持着活跃的状态，并且评论、转发等社交属性为粉丝追星提供了可能，粉丝可以借此表达自己的意见，参与到与明星的互动当中。2018年《偶像练习生》以及《创造101》的开播，可见微博平台的巨大影响力，微博成为粉丝的集散地。在这些团体综艺节目中，用户通过视听网站为喜爱的选手拉票，通过微博平台转发练习生的动态，与同好建立联系和互动，共同助力选手成功出道。在这个过程中，微博平台利用其自身的优势吸引用户参与其中，凭借丰富的内容满足粉丝的多元需求，用户可以通过微博了解明星动态、实现粉丝互动、参与日常应援，加入饭圈社群，参与到"爱豆"的生活轨迹中去。在参与文化中，粉丝不是文化商品被动的接受者，而是主动的媒介商品的消费者。[1]用户在"使用与满足"动力的驱使下，主动参与到粉丝社群中，为"爱豆"的发展无偿贡献自己的力量。

粉丝群体建立在共同的兴趣爱好的基础上，在群体互动的过程中获得认同感，从而建立起"想象的共同体"。粉丝群体壮大的过程也满足了用户需要归属的心理需求，产生与偶像互动的良好的情感体验。除了对偶像感兴趣之外，粉丝选择关注对象也是建立在对其形象的深刻剖析上，希望在偶像的形象上找到自己闪光的影子，既是对偶像的价值认同，也是一种个人满足。学者科奈尔·桑德沃斯（Cornel Sandvoss）认为，粉丝与其喜好对象之间是一种

1　潘曙雅，张煜祺.虚拟在场：网络粉丝社群的互动仪式链[J].国际新闻界，2014，36(9)：35-46.

"自恋性的自我映射",喜好对象是粉丝自我的延伸。[1]粉丝希望在偶像的身上实现个人的理想,将自我的价值投射到偶像的身上。弗洛伊德认为这是一种从他人身上寻找自己的愿望、想法或者情感的心理机制。粉丝之所以会参与偶像的应援以及投票,其实质是为了寻求自我价值感的实现。

在新媒体传播时代,明星的流量也是其变现的资本,传统媒体时代明星的吸粉之路主要是从明星到媒体再到大众,明星要有好的作品才能获得传播,进而被大众所熟知。但流量明星改变了这种模式,从明星直接到粉丝,然后才是大众和媒体,这是流量明星的成名之路。粉丝和产业生成一种共识,即"数据越好的偶像越红,不做数据不配当粉丝"。周杰伦的歌迷之所以决意挑战蔡徐坤在微博超话榜首的地位,源自豆瓣上有人发帖问"周杰伦的微博数据那么差,为什么演唱会门票难买"。随后该话题在周杰伦的粉丝中传播,并最终引发了榜首争夺战。这是对当代偶像成名之路的不满,文化工业的流水线打造出了无数爆红随后又匿迹的流量体。粉丝们希望通过打榜来证明周杰伦的价值,而流量时代粉丝能够明确感受到自己的力量正在把控偶像的未来,并在这种参与中感受到自身的价值。

从某种意义上说,粉丝社群是在资本的助推下形成的,粉丝社群巨大的繁荣图景也是资本塑造的结果。因为粉丝强大的创造力和参与欲望,导致了平台以及资本方看到了他们的潜力,培养一批具有人设的流量明星,诱导粉丝为明星打榜、花钱,消费粉丝的金钱与情感,而流量狂欢的背后最终消耗的是粉丝的热情和幻想。

二、新媒体传播下知识社群的参与式分享

克莱·舍基(Clay Shirky)在《无组织的组织》一书中提到,社群有三个重要的基础元素,即共同的目标、高效率的协同工具与一致的行动。国内自媒体"罗辑思维"是知识分享社群的典型案例,打破常规模式,将知识分享与社群文化结合起来,利用用户黏性,使知识传播更有效,也更深入人心。

---

1 徐思琦,张莉.社会化媒体平台情感共同体的建构研究——以易烊千玺微博粉丝社群为例[J].采写编,2019(4):149-152.

📍 案　例

从"罗辑思维"到"得到"

特劳特（Jack Trout）曾在《特劳特营销十要》中指出："你要寻找的是你和竞争对手在目标用户心智中认知的优势和劣势。"如何更懂用户？如何吸引更多用户？如何凸显品牌差异化，抢占用户心智？这是现在知识付费面临的非常大的一个挑战。当争夺的本质回归为用户之争，品牌需要借助更多力量，更加深入地洞察和研究用户才有可能脱颖而出。

"罗辑思维"团队一直都具有抢夺用户心智的先行认知，牢牢锁住用户心中的那个知识付费领域的老大地位。就像当人们说起"双十一"就会想起天猫和马云，说起Android就会想起谷歌，说起手机就会想起"苹果"一样，说起知识付费就会想起"得到"和老罗。

传统媒体出身的罗振宇，可曾想过自己在移动互联网浪潮的知识付费领域呼风唤雨？也可曾想自己一个APP就能盈利破亿呢？他可能做梦也未曾想到。或许是为了实现年少轻狂的那段梦想，也或许是为了打破那个"谁说文人不会经商"的束缚，罗振宇和他的小伙伴开始驰骋在移动互联网的世界里，而他也用他的睿智和那口齿伶俐的嘴巴征服了很多同样怀揣梦想的年轻人，一直在打破常规世界里的死水。

2012年12月21日，"罗辑思维"在视频网站优酷上线。8个月后，高呼"爱智求真积极上进自由阳光人格健全"16字箴言标语的罗振宇，申明创建"自由人的自由联合体"，将"罗辑思维"自媒体变成中国最大的"知识人社区"。

为了这个社区，他搞了一次大型社会实验——推出了罗辑思维"史上最无理"的付费会员制：普通会员200元会费，5000个名额；铁杆会员1200元，500个名额。"爱，就供养；不爱，就观望"，这是"会员促销"口号。5个小时，全部会员资格销售一空。

当时中国互联网消费和用户还很"屌丝化"，以"知识人社区"和提供知识型内容消费而成功的互联网公司寥寥无几。"罗辑思维"很快声名鹊起，一大群看上去"年轻、上进，有求知欲和好奇心"的用户，为"罗辑思维"敞开了他们的钱包，送出了"香火钱"。

当然，也有人会质疑："罗辑思维"在没有成熟的商业模式的情况下推出"会员制"，是一种"无理会员制"，因为它无法给会员提供等价的利益或价值，这样做无疑是一场赌博、一场对自身品牌的消费，其实也是对用户好奇心的提前预支。

案例来源：ZAKER 网站 2019 年 06 月 03 日

2012年底，罗振宇与独立新媒体创始人申音共同设计了知识型视频脱口秀"罗辑思维"。半年内，这款互联网自媒体视频产品，逐渐成为一个全新的互联网社群品牌。罗振宇曾打过一个生动的比方："我是一个火花塞，负责点火，我们的会员体系是气缸，负责输出动力，并且带动更大的车。一帮人组织起来，成为一个利益共同体和一个协作更自由更高效的组织方式，这就是我们理想的社群经济。"当"罗辑思维"已经迈入2.0时代，拥有共同兴趣的用户形成社群，其使命就在于让这群用户成为"罗辑思维"的主人，完成"罗辑思维"的初心和使命。

"罗辑思维"所打造的社群并不是真正实体的社群，而是基于相同的价值观形成的精神共同体，成为跨越时空的存在。通过会员制度，筛选出价值观相同的群体，建构一套只属于这个社群的制度体系，从而增加用户黏性。"罗辑思维"知识分享社群通过契合用户心理，借助知识的分享来打造社群。

知识分享社群的成功契合了当下参与式文化的兴起，在建构社群时，"罗辑思维"通过一些仪式感来增加用户的参与欲望。"传播的仪式观把传播看作是创造、修改和转变一个共享文化的过程，它是一种时间层面对社会的维系，是对共同信仰的创造和分享。"[1]"罗辑思维"的知识传播是具有仪式感的，首先，"罗辑思维"微信公众号的更新时间，每天准时在清晨六点三十分进行语音更新，抓住用户起床打开手机的黄金时间，培养用户的媒介使用习惯，至今，其语音更新的时间都没有更改，这也是对用户时间观念的塑造。这种仪式感的存在，促使用户积极参与知识的吸纳过程中。其次，微信端的学习模式也

---

1 马为公，罗青.新媒体传播[M].北京：中国传媒大学出版社，2011：10.

是一种仪式感的培养,"罗辑思维"改变了传统的知识获取方式,用户可以直接通过手机等移动终端来参与学习过程,利用碎片化的时间来学习新知识,甚至可以通过一部手机实现共同体关系的建构,成为学习社群里的一份子。

📍 案　例

知乎发布"2019年度大事记"视频重温年度记忆

中新网12月17日电#16日,知乎发布"2019年度大事记"视频,以"2019,该如何回顾这一年?"为主题,"骄傲""失去""难题""欢乐"为几大关键词,盘点知乎上体育、科技、时事、航天、文娱等各类领域的年度热门话题,呈现过去一年用户的情绪地图和价值观变迁。

截至2019年1月,知乎已拥有超过2.2亿用户和1.3亿回答,汇聚了中文互联网科技、商业、影视、时尚、文化等领域最具创意的人群,已成为全品类、综合性且在诸多领域具有重要影响力的知识内容平台。

2019年,知乎凭借良性的社区氛围,持续产出全网热门话题。"你好中国·问答70年"专题活动是由知乎与新华社联合发起的,掀起了4.5亿人次网友对祖国发展和个人成长的大讨论;"单眼女教师"陈晓婷在知乎上的回答给无数年轻用户带来鼓舞。

知乎希望通过年度盘点帮助用户重温年度记忆。后续,知乎还将揭晓年度一百问,数码、影视、时尚等多个年度榜单,从各角度记录2019,还原用户的年度生活轨迹。

案例来源:中新网 2019年12月18日

互联网的一大特点就是加强了人与人之间的联系,这种联系不仅停留在熟人群体中,不同地域的用户都可以通过互联网进行沟通和分享。作为目前极具影响力的知识分享平台,知乎使具有共同兴趣和价值观的人群聚集,用户通过发起话题进行知识的分享,同时通过互动创造出新的知识。在知识社群中不只是知识的分享,用户还可以在社群中与他人建立情感连接,在相互陪伴的过程中实现精神的满足,在知识交换中增加对社群的认同感。

群体是个人进行人际交往的主要方式，在群体中，个人可以很快找到与自己思想三观一致的对象。在群体中，个人不仅能够实现自我的价值，而且可以在互动中获得对方的尊重。于是，"我"就变成了"我们"，在群体互动中，会更加渴望获得群体认同，更加重视他人的意见表达，来建立属于共同体的情感，从而更好地维系其群体关系。

学者希尔茨（Hiltz）和高曼（Goldman）认为知识的流动过程是维系网络社群的重要因素，因此知识与学习应成为社群生活的一部分。[1] 知识分享社群的核心就是知识的传播。用户愿意参与知识分享社群，也是希望能够收获知识，提升自身的素质。以知乎为代表的问答知识分享社区具有强大的生命活力，用户可以轻松利用互联网获取知识，并将这些知识运用于实际生活。与此同时，话语权的下放使用户可以自由加入知识分享的行列，在与他人互动的过程中获得自身的满足感，赢得尊重、获得社会认同，成为新媒体时代的受益者，网络意见领袖的平民化成为可能。

三、新媒体传播下共享经济社群的资源配置

国内有关"共享"的概念可以追溯至20世纪80年代，党的十八届五中全会公报明确提出"发展分享经济"的理念，这是首次把分享经济（共享经济）写入党的全会决议中，标志着分享经济（共享经济）正式列入党和国家的战略规划。[2] "协同共享"的思想与实践由来已久。1984年，麻省理工学院马丁·威茨曼（Martin Weitzman）教授详细解释了"共享经济"的概念，共享经济的最终目标是实现资源利用的最大化。共享经济的兴起伴随着技术的普及，在"互联网+"的新媒体时代背景下，共享经济的全面发展成为可能。目前关于共享经济的观点更倾向于认为是协同消费，强调物品的使用权，物品可以用于多人共同使用，但是该物品并不属于使用者。随着时代的发展，共享经济的概念也在不断发展中，其一，共享经济是对闲置资源的再利用；其

1　Hiltz S R, Goldman R. Learning Together Online: Research on Asynchronous Learning Networks[M]. Mahwah: Lawrence Erlbaum Associates, 2005: 239-260.

2　常亮.消费者参与共享经济的行为归因和干预路径——基于扎根理论的分析框架[J].贵州社会科学，2017(8)：89-95.

二，强调获得资源的使用权而非所有权；其三，信息技术将是闲置资源再利用的主要通道和载体。[1] 共享经济的初衷就是实现利益的最大化，同时有效防止资源浪费。

艾瑞咨询发布的数据显示，2019年中国互联网共享经济市场规模达7.36万亿元。国家信息中心数据显示，2019年共享经济交易规模达到3.28万亿元，2021年3.69万亿元，2022年3.83万亿元。共享经济的市场规模显示了其良好的发展势头；同时，伴随着5G时代的到来，共享经济的发展借力人工智能、大数据、云服务等技术的助推使共享经济在服务、监管等方面将得到全面的提升。

资源共享的方式已成为新媒体时代的理念，改变了传统的一次性的消费模式，实现商品的多次有效利用。对于消费者来说，共享经济对其生活的节奏以及本质都产生了巨大的影响。如旅游时，用户可以选择"爱彼迎"APP订房，"爱彼迎"平台使线下房屋的空房率得以下降，有效填补了一部分市场份额，以数字经济的模式共同促进旅游行业的良性发展，为用户出行提供了便利。

共享经济的出现，并不是作为简单的数字经济形态，在国家"数字中国"战略的支撑下，共享经济也在重塑着整个社会，传递着和谐共享的价值观，符合我国实现共同富裕的目标，成为时代的印记，使用户在享受红利的同时，也对共享经济抱有更大的期待。

能促进共享经济顺利发展的，终究还是信任问题。用户只有在相互信任的基础上，才能开展经济上的往来。学者瑞秋·博茨曼（Rachel Botsman）曾就协作消费问题进行过TED演讲，他提到与互联网相关的三大信任浪潮：第一次浪潮是指社交网络的出现，人们可以接收信息的在线传输，移动互联成为可能；第二次浪潮是指人们开始选择在线支付的方式进行付款，出现了第三方付费软件；第三次浪潮是基于当前的信任状况，人们可以通过网络方式与陌生人进行物质交换，从线上转变为线下的模式。这就是所谓的共享经济，用户之间进行物物交换，"我的东西即是你的"，实现双方的协作消费，互联

1　张皓南,廖萍萍.共享经济研究动态与述评[J].福建商学院学报，2019(1)：9–15.

网上的使用不再需要中间人，用户可以实现一对一的谋生，同时将个人利益转变为群体利益。在新媒体传播时代，人们生而知道共享，共同打造互联网的共享文化。

案 例

    爱彼迎（Airbnb）是当下较火的旅行房屋租赁社群，成立于2008年8月，总部设在美国加州旧金山市。用户可以在手机上观察房型，并可以在网上完成预订，实现从个人而不是从酒店租住一间房屋。房东将空置的房屋出租，可以获得额外的现金，并且房租通常比酒店便宜。"爱彼迎"将完成在中国的本土化操作，发扬共享经济的理念，打造分享文化。"爱彼迎"凭借独特的社区驱动模式和本土化的技术变革，用科技赋能社区，为每一个旅者打造"家在四方"的归属感。同时，在这个过程中，"爱彼迎"会实现用户的线下沟通，加强人与人的联系，从而消除当下年轻人所存在的孤独感。对于"爱彼迎"上的房东来说，选择共享房屋的初衷也就是为了体验分享的乐趣，其次才是为了营利。

案例来源：豆瓣网 2019年03月15日

    2019年全球共享经济行业独角兽企业排行榜显示，"滴滴出行"和"爱彼迎"位居一、二，共享经济的方式越来越被广大用户认可和接受。以滴滴出行为例，用户可以随时随地通过手机终端来实现叫车服务，目前滴滴叫车还提供了专车以及快车、拼车等服务，满足用户的个性化需求，同时提高了车辆的利用率。随着时代的发展，共享经济的形式也在不断创新，在北上广等多个城市，继共享单车、共享汽车模式后，共享充电宝、共享雨伞、共享篮球等共享经济新形态不断涌现，成为新一轮资本聚集的"风口"。

    共享空间是共享经济的一种重要存在形式，如小猪短租、木鸟短租、Booking、爱彼迎、途家民宿等APP不断涌现，共享空间的出现能够使闲置的房屋实现利益的最大化，实现社会资源的分享及有效利用。

    除了共享空间之外，共享单车作为一种最早出现的共享模式，一直保持着发展势头，如哈啰单车以及美团单车等。共享单车的出现，培养了用户健康的出行方式，同时也减轻了交通压力，对社会来说是一大进步。如哈啰单车会和各大高校进行合作，打造属于校园学生的专属"校车"，让用户体验到便利且健康的出行方式。

📍 **案 例**

杭州小红车的十年

　　杭州小红车已被租用10亿次，从0到10亿，杭州公共自行车用了15年。2008年5月1日，是杭州公共自行车项目启动的第一天。15年来，近10亿人次累计租用，免费租用率达97%。按每次出行3公里计算，总行驶里程超过30亿公里。如与小汽车出行相比，可节约标准煤约49.34万吨，减少二氧化碳排放量约133.08万吨。小红车的出现为杭州市民带来了方便，同时杭州也见证了小红车的发展历史。小红车作为共享经济的典型案例，让我们看到了共享经济带给用户的便利。作为小红车忠实粉丝的蒲先生表示，"每天都要骑好几回，买菜、骑着去公交车站，都很方便的"。63岁的蒲先生，说自己对自行车有着别样的感情。

案例来源：钱江晚报小时新闻2019年10月24日

　　共享经济的出现，是社会的进步和技术的加持的共同结果，同时也对社会关系和整个经济行业，以及国家的发展产生了巨大影响，重塑了经济格局，实现了协同消费的价值。

第三节　新媒体传播时代参与式文化重塑社交生态

　　学者哈贝马斯（Habermas）曾提出过交往行动理论，他认为社会进步的先决条件是需要拥有开放的传播渠道，公众需要通过这些渠道实现信息的沟通以及交换，同时可以通过这些渠道来解决社会问题，达成某些共识。这取决于公共领域的形成，必须拥有这样的平台供公众交流。

随着新媒体传播时代的到来，这种公共领域随之出现，公众可以在微博、微信等平台表达自己的观点，同时拥有相似观点的用户会形成社群，就某些问题实现意见的沟通。参与式传播作为一种参与者投身于以理解为目标的行为过程，成为理想言语情景的构建方式，在参与式传播格局下逐渐形成参与式文化，形成新的文化奇观。[1]

参与式文化最初是由亨利·詹金斯（Henry Jenkins）于1988年在论文《星际旅程归来、重读、重写：作为文本盗猎者的迷写作》中提出的概念。1992年，其著作《文本盗猎者：电视粉丝与参与式文化》一书出版，使参与式文化这个概念广为人知，他在著作中将电视粉丝视为节目熟练的参与者、主动的消费者，在用户的参与中重塑文化形态。媒介技术的进步、社交媒体平台的发展，赋予了参与式文化新的意义。

目前，国内参与式文化的生产平台主要有抖音、微博、小红书、知乎等，众多博主、大V在平台进行交流互动，参与式文化将用户看作是积极的、富有创造力的参与者，他们具有强烈的交流欲望，希望将自己展现在公众面前，引发围观来满足自身的分享需求。

从某种意义上来说，参与式文化是Web2.0的产物，在"人—人"相互沟通的基础上，参与式文化得以产生和发展。目前Web3.0时代已然到来，在技术更迭以及用户参与能力提升的基础上，新的文化形态正在塑造着新的文明。在Web1.0时代，其标志是单向信息的传输，人们通过互联网去获取信息，而这种信息的获取通常是单向的，用户处于被动接受的境地，以搜狐、新浪、网易为代表的门户网站是用户获取信息的主要选择。Web2.0时代到来，代表互联网发展到了一个新阶段，人与人的交互成为这个阶段的特征，用户通过网络渠道实现人与人的沟通和交流，用户不仅是信息的接收者，同时也是信息的生产者，与此同时，在人与人互动的基础上，参与式文化得到井喷式发展。Web3.0时代，网络成为用户需求的理解者和提供者，更注重营造用户社区。网络能够基于用户的数据进行用户画像，对用户的需求了如指掌，同时网络上的信息是互通的，实现了资源的共享。Web3.0技术的出现打破了时空

---

1 韩鸿. 参与式传播：发展传播学的范式转换及其中国价值——一种基于媒介传播偏向的研究 [J]. 新闻与传播研究，2010(2)：40-49.

的束缚，使用户可以随时随地成为媒介的出口，成为参与式文化的贡献者。[1]
而在正在到来的Web4.0时代将增强人与机器之间的交互，但仍保留Web3.0去
中心化和用户主权的特点，强调开放性和用户参与权利。

在微博、小红书、知乎、抖音、快手等新媒体平台，有很多现象级的用户
为参与式文化的发展贡献着力量。如微博ID"景之岛屿"，该微博最初是博主
分享大女儿黄小岛（非真实姓名）的日常，整个微博是黄小岛的成长记录，后
来儿子黄小屿（非真实姓名）出生后，也会在微博上分享弟弟的照片和日常，
粉丝十分喜欢姐弟俩的日常，会在微博下面同岛妈（博主本人）聊姐弟俩，分
享育儿经验，如唠家常。微博ID"微博搞笑排行榜"的博主也是一名大V，该
微博博主有一个"榜姐每日话题"，每天晚上10点出一个话题，供网友分享自
己的想法和经历。比如分享最近不开心的事，让大家互相之间安慰鼓励，分享
丢脸的失误，分享春运期间经历过最绝望的时刻，分享工作后才懂得的道理等
等，尽管有些是不如意的事或糟糕的体验，用户仍踊跃参与，在评论区说出自
己的经历。"榜姐每日话题"已经持续10年多，仍有用户愿意在评论区下分享
自己的故事，甚至为了抢评论区前排而蹲点，2024年7月发帖量破100万。

除了微博平台，抖音平台的用户也被激发出参与欲望，通过视频产出的方
式参与内容的生产。如抖音ID"王奶奶 农村一家人"有436.2万的粉丝，呈现
了一个老奶奶在农村的生活，视频中老奶奶烧饭、做菜、酿酒，还参与吃播。
尽管饭菜色香味不如城市饭店里的精致，但却勾起用户儿时生活在农村的回
忆，视频带来了一种情怀感，在视频内容与用户之间建立起一种情感共鸣，使
孤身在外漂泊的人有了暂时的精神寄托。

此外，抖音平台也不乏传授知识的群体存在，用户通过抖音平台，在娱
乐至死的年代，通过新媒体传播实现知识的分享。如抖音ID"Adam陈老丝"，
到2024年9月共推出了437条短视频作品，收获了4361.5万个"赞"和279.3
万名粉丝。其中包括"容易犯的发音错误"等专业教学视频，也包括"假扮
日本人去餐厅吃饭"等无厘头的日常记录。通过分享短视频的方式帮助粉丝
们学习英语，在幽默风趣的表演过程中，达到知识传播的目的。

1　连丹丹.融合：移动互联网语境下的参与式文化[J].名作欣赏，2017(2)：169-171.

短视频分享平台快手APP，前身叫GIF快手，诞生于2011年是一款将视频转化为GIF格式图片的工具。[1]用户可以拍摄并分享短视频，还可以在其界面浏览、点赞他人的作品，与其他短视频创作者互动。快手用户"V手工～耿"实现了分享与盈利的双重价值，每个视频都是手工制作不锈钢产品，如小猪佩奇、汽笛闹钟、菜刀梳、不锈钢螺母拖鞋等，也手工改造摩托车。此外，他还在快手上开了一家快手小店，里面出售的商品都在其快手视频中展示过，自身兴趣和人气需求使其一直不断更新创作视频，同时他也利用网络名气出售商品。

小红书App作为VGC和PGC内容产出的社交平台，大部分内容源于素人分享，使用户更有信任感和真实感，且可以实时交流，平台也可以见缝插针地"种草"，以实现更大的商业价值。加之，小红书提供强大的搜索功能，用户可以通过输入关键词或标签找到目标内容及产品。用户通过主动搜索、点击相关话题标签或平台推荐，发现潜在用户笔记，再根据笔记风格和内容质量决定是否关注，并进行点赞、评论或私信交流。

参与式文化最大的特点就是实现全民参与，刚开始网络只是用户获取资讯的手段，但是随着移动终端的普及，移动互联网的出现，用户能够有机会参与到信息生产中。在社交媒体平台，普通用户可以通过这些平台参与文化建构，甚至通过流量带来经济效益。博客是最早意义上的用户互动平台，博主可以在个人主页上发布相关信息，分享观点，引发用户参与讨论。随着社交媒体的发展，"三微一端"为代表的平台成为信息沟通的主阵地，如微博、知乎、小红书、抖音等平台，更像是知识分享的舞台，用户在公共领域进行内容交互，交换意见，而微信等客户端又相对私人化，用户通过朋友圈记录生活，与自己的朋友分享情感体悟。

参与式文化以融合文化为基础，在当今的新媒体时代背景下，用户既是文化的参与者，又是文化的创造者。用户在交互中实现文化的融合，塑造了新的文化奇观，实现了社会的包容和进步，草根阶层也可以发出他们的声音，多元主体受益于这一传播环境，成为互联网内容生产的贡献者。

1　姚雪静，陈雯雯.技术哲学视野下的快手时光机研究[J].视听，2020(1)：150-151.

第五章

新媒体传播下网络广告心理分析 ————————————•

自20世纪起，营销广告成为各大商家寻求利益的方式，他们通过广告去获得受众的注意力，以期得到良好的传播效果，受到用户的青睐。与此同时商业广告的发展也经历了以"传者为中心"到"受众为中心"的转变，受众不再处于被动地位，而被称为所谓的"上帝"。受众为中心，是指媒介的所有传播活动以受众为中心，受众是传播系统中的主体，传播系统的其他部分均围绕受众展开。其理论基础源于"使用与满足"理论和建构主义理论。[1]在这种情况下，广告与心理学建立了密不可分的联系，广告研究的视角落到心理学层面，对广告的创意以及营销均产生了深远影响。广告心理学是研究在广告的传播过程中，消费者与广告活动在相互作用下产生的心理现象及规律。[2]广告主在掌握消费者心理的前提下，通过广告在传统媒体及新媒体平台获得流量，引起关注，并将这些关注转换成实际的经济效益。

对于广告心理的研究从20世纪开始，并且一直在持续。随着新媒体传播时代的到来，传统媒体（报纸、广播、电视）的广告已经无法适应时代发展的需要，移动终端的普及，使用户的大量时间花费在手机、平板电脑等设备上，他们更倾向于在移动设备上获取信息，这为广告的推广带来了新的契机。20世纪90年代，美国杂志Wired发布了线上版本的Hotwired，在网站主页上有AT&T、VOLVO等14个广告客户的banner（横幅），从而正式宣告了网络广

1　马驰珠. 受众中心论的理论基础与时代特色[J]. 理论学刊，2019（10）：107-110.
2　马峰. 基于心理学视角下的广告创意研究[J]. 西部广播电视，2019（5）：53-55.

告的诞生，成为网络广告发展的里程碑。[1] 网络广告的兴起为广告主提供了新的思路，但在新媒体时代，广告若想达到预期的传播效果，广告主必须与用户建立良好的联系，在双方的互动中了解用户的心理，从而进行有效传播。

同时，随着算法推荐等媒介技术的发展，广告开始了细分之路。广告的推送不再盲目，而是更加具有针对性，有选择地进行传播，实施个性化战略，并且不易引发用户反感。但同时这种推送的前提是建立在对用户的深刻剖析基础上，只有充分掌握用户心理，才能达到最优的传播效果。在广告内容上，传统的硬性广告不再对用户产生吸引力，所以软性植入广告成为当今广告传播的主流，并在不断创新广告内容与植入形式，抓住用户的兴趣爱好，将广告内容与媒介生态相融合，重塑广告业态。

在新媒体传播环境下，整个广告传播生态发生了天翻地覆的变化，传播方式和用户心理也跟着转变，如何利用新媒体技术契合用户心理，如何在数字化时代达到最佳的广告传播效果，值得探究和思考。

第一节　算法推荐广告心理分析

一、算法驱动满足用户个性化需求

协同过滤算法是当前算法体系中应用最广泛的推荐算法，随着智媒传播时代的到来，这种算法推荐技术渗透到各个领域，在电商、新闻、广告、音乐等领域都产生了重要的影响。通过用户画像，来推送适合用户兴趣和喜好的产品或广告，改变了传统媒体时代单向性、机械化传播的刻板形象。

如今，我国互联网广告规模已达千亿级，搜索广告已成为在线广告的重要形式。[2] 广告产业已逐渐形成针对性投放，广告投放价值可精准度量，发展

1　李健. 基于受众心理的网络广告传播策略[J].编辑之友，2013（8）：85-86.

2　王勇睿.互联网广告算法和系统实践[EB/OL].（2014-10-20）[2023-05-20]. https://yuedu.com.

成为用户友好型、广告客户有益型的广告市场。[1] 广告的针对性投放，基于对用户数据的分析和处理。在信息爆炸时代，如何去挖掘用户的潜在数据，通过对其潜在网络路径的探析才能摸清"脾气"，提高广告的转化率，提升广告的价值。算法推荐的精准投放，重点在于捕捉用户的网络行踪，当用户在网络平台浏览某类产品信息后，在相关网购平台要及时推送相关产品。如当其在微博搜索雪地靴时，淘宝就会接收到相关信息，在用户打开淘宝时，会被推送关注过的产品。这是比较典型的算法推荐在实际生活中的具体应用场景。这主要得益于淘宝自建的云存储系统OceanBase，在对海量数据进行挖掘的基础上，利用大数据开拓产业边界，淘宝不再只是作为交易平台，而是完成了平台销售对数据销售的盈利方式的转变，同时也利用大数据优势实现了跨界运营。目前淘宝的业务除了向淘宝的商家提供数据产品，也可以为其他的电商平台提供数据信息，向各类社交媒体提供社会化营销的解决方案，向用户提供各类优化工具等。[2]

新媒体时代的到来，数据的价值远高于产品本身，各大销售平台需要通过新形式去获得收益，阿里云存储平台才有了存在的意义。全新的商业盈利模式改变了传统广告的营销方式。

除了淘宝的算法推荐广告，在广告领域发展比较成熟的当数Facebook的广告营销体系。Facebook于2004年2月4日上线，是美国的一个社交网络服务网站，是世界影响力广泛的照片分享网站。创始人扎克伯格在成立Facebook之初主要面向哈佛大学的学生，随着该款社交软件的不断发展，逐渐扩展其用户群体，从大学校园网发展成为人人可以加入的社交媒体平台，并于2006年9月正式向互联网用户开放。随着用户规模的不断扩大，Facebook开启了商业化探索之路。

在大数据时代，各大企业不断建构"商业生态系统"，这个概念最早是由詹姆斯·摩尔（James Moore）从生物生态学的角度来阐释。所谓的"商业生

1 WANG Jinqiao, WANG Bo, DUAN Lingyu, et al. Interactive Ads Recommendation with Contextual Search on Product Topic Space[J]. Multimedia Toolsand Application，2014,70(2): 757–779.

2 黄升民，刘珊.大数据背景下营销体系的解构与重构[J].现代传播，2012（11）: 13–20.

态系统"是指以组织和个人的相互作用为基础的经济联合体，是客户、供应商、主要制造商以及其他有关人员组成的群体，他们相互配合以生产商品和服务。[1]有了大数据的支持，Facebook这样的互联网企业才能够获取大量信息数据，以社交媒体平台的用户群体为基础，来打通其商业生态系统，以实现用户需求满足和企业盈利的双向互益。Facebook的商业生态系统的建设主要是通过社交媒体平台、人工智能和虚拟现实技术，不断充实内容体系，改进功能，打造全方位商业体系，而广告收入一直都是Facebook盈利的主要方式。

2019年的数据显示，每月大约有27亿人使用Facebook、WhatsApp、Instagram或Messenger，有21亿人每天使用至少一款程序。Facebook的日平均用户（DAU）达到15.6亿，同比增长8%，月平均用户同比增长1.79亿，增幅为8%。这些数据也成为Facebook吸引广告主的筹码。2018年，Facebook的广告总收入同比增长38%，至550亿美元。根据市场研究公司eMarketer 2019年2月的数据，Facebook在美国市场的数字广告净收入增长36%，至236.6亿美元。Facebook的广告盈利模式之所以成功，取决于其广告投放系统。Facebook上的广告系统能够精准匹配到用户，然后根据用户的年龄、兴趣爱好等来勾勒用户画像。同时，广告主可以利用Facebook的Custom Audience来确定目标受众，精准投放广告。基于广告的精准投放系统，超越了传统广告的投放方式，提高了广告的转化率，提升了广告的传播效果。

◉ 案 例

Facebook广告推荐算法的人工智能原理

如果广告主想要投放相关产品，那么这个产品就会和其他类似商品被归纳到一个待投放队列中。Facebook会根据用户的一些特征，来形成相应的目标用户。

人工智能需要依靠数据驱动，而早前的计算机是没有能力高速处理海量数据信息的。直到硬件产业的瓶颈被突破，海量数据并行处理的CPU，甚至更强大

1　James F. Moore. Predators and Prey: A New Ecology Competition[J]. Harvard Business Review, 1993, 71(3): 75-87.

的GPU面世，AI终于可以摆脱束缚，尽情汲取所有可获得的信息，发展一日千里。除了专业的研究数据采集，对于像Facebook这样热门的社交网络，每天有上亿的用户自发地生成各种数据：照片、影片、语音、文字、社交互动等等。

除此之外，Facebook还可以通过用户浏览器的cookie[1]来追踪其在互联网上的一切行为，如浏览过的网站、搜索过的内容、发生过的购买行为。在Facebook的官网中有这样一段话：

"We Use Cookies to help us show ads and to make recommendations for businesses and other organizations to people who maybe interested in the products, services or causes they promote."

所以，Facebook主要是通过追踪浏览器的cookie来收集用户数据，进而对用户的喜好和行为进行预测，选择最适合的广告呈现在用户面前。同时，Facebook又用cookie来判断控制广告的投放，以及评估广告的质量。

作为新媒体时代的小尖兵，又稳坐社交网络头把交椅，Facebook拥有这个世界上最值钱的数据：全世界超过20亿的活跃用户信息。在互联网上的一切行为都可以被转换成计算机可以读懂的数据，进而为之所用。

Facebook Ads算法是预测性算法（predictive algorithm）。简单地说，机器学习的算法通过"学习"广告投放得到的反馈（历史数据），对新的广告投放效果进行预测。

在广告主最初选择一个目标消费者之后，Facebook Ads的算法其实是随机开始选择初始用户。在得到一个最初的模型后，算法会尝试着寻找和这些用户有相似特性的其他用户，并且推送相同的广告来反复确认自己的判断。如果结果不符合预期，算法就会调整策略，比如调整某个特性的权重。在这个调整的过程中，有可能会影响到广告主的决策。

如目标完美用户可能是20~25岁的女生，但是一开始并没有对年龄做任何的限制，而Facebook根据其已有的数据可能就"猜测"35~40岁的用户比较理想。结果运行了几天，广告效果很差，没有耐心的人有可能就此打住，终止广告。其实若是再坚持一下，算法可能就找到更理想的用户了。

案例来源：腾讯网 2018年12月11日

---

1 cookie，指储存在用户本地终端上的数据。

拥有海量用户数据的Facebook无疑是社交软件的佼佼者，在发挥其社交媒体功能时，若抓住人工智能时代的机遇，利用大数据来处理和把握信息，就能将信息资源的价值达到最大化。但Facebook的算法推荐技术也存在一定弊端，在扩展广告业务的同时也深陷数据泄露丑闻的漩涡中。用户隐私问题暴露出Facebook很多安全隐忧。2019年7月24日，Facebook宣布与FTC（美国联邦贸易委员会）达成50亿美元的罚款协议，以终结FTC对Facebook用户信息泄露事件的调查。互联网社交媒体平台在把用户数据作为宝贵财富的同时，也应保护并利用好用户数据，这样才能得到长足有效的发展。

广告的个性化推荐是算法推荐中最常见的，最基本的价值是从有限的投入中获得最大的经济效益，同时需要让用户在最短的时间内购买到最适合的商品。在个性化推荐的过程中，最重要的是对消费者心理的把握，在深入分析其复杂心理的基础上才能实现精准推荐。

马丁·费希本（Martin Fishbein）的多重态度模型（multi-attribute model of attitude）属于消费心理学中的概念。他认为消费者对商品的意见，取决于消费者显意识中对商品多重特征的了解程度。产生购买行为的前提，是该商品在用户心中具有显意识的状态，这样用户才能产生消费行为。所以个性化推荐机制产生的重要基础，来自对用户态度及行为的分析。"多重态度模型"在分析消费者对产品的态度以及接受度的基础上，如果能够发现其显意识的相关性，就能形成推荐行为。个性化推荐的产生是信息超载带来的必然，互联网的广泛普及，人人都有机会参与信息的获取和生产当中，但是冗余的信息使用户迷失自我，淹没于众多没有价值的信息海洋中失去耐心，有时甚至会遗漏掉优质信息。在用户情绪的催化下，个性化推荐成为解决此问题的最佳选择。在某种意义上，一个商品一定有自己的消费人群定位，所有的商品都有自己对应的用户心理模式。[1]

广告个性化推荐本质就是对用户消费兴趣的挖掘，是用户在相关广告的助推下自我选择的结果，在相关信息的影响下，用户开始对某一产品产生兴趣，并愿意接受，形成态度上的转变，产生购买行为。一般来说，广告用户

1 唐灿.基于模糊用户心理模式的个性化推荐算法[C].重庆计算机学会2008年计算机应用技术交流会论文集.重庆：重庆计算机学会，2008：68-70.

的消费兴趣主要经历以下三个阶段：服从、同化、内化。

服从，是消费者心理的最初阶段，也就是基于从众行为等因素，用户受制于环境等各因素的影响，不得不选择的一种结果。同化，是指消费者自愿接收的行为。某个群体中的用户，因为相关人的感化而被同化，愿意主动接收的行为。在这一阶段，消费者并不是被动的接收者，相对来说拥有选择主动权。内化，是某个产品在用户心中产生了不可替代的作用，对其兴趣已经内化于心，成为其个性的一部分，并且在自己的价值观中占据一席之地。但是消费者的兴趣并不是一成不变的，会随着年龄、阅历等外部及内部因素的影响产生偏差。对于广告个性化推荐系统来说，其推送应建立在用户画像全面理性分析的基础上，使产品在用户心中产生显意识，从而实现其广告所带来的价值，让用户有愉悦的购物体验。

二、产品营销迎合用户趣味偏好

广告具有说服性传播效应，其传播过程与一般的信息传播过程不同。在一般信息传播过程中，如果信息被接收者理解，传播者便实现了其传播目的。但是说服性传播活动除了要把信息传播出去并被接收者所理解，还要设法使接收者接受并相信被传播的信息，形成积累的态度并且最终决定购买行为。[1]所以广告的传播效果是否成功，最重要的是能否吸引用户的注意。

对于广告心理，学界一直没有停止过探讨。研究消费者接受广告的心路历程，最早是由美国E.S.刘易斯（Elias St. Elmo Lewis）提出的AIDMA模型。该理论认为消费者从接触信息到最后达成购买，大致会经历attention（引起注意）、interest（引起兴趣）、desire（唤起欲望）、memory（留下记忆）、action（购买行动）这5个阶段。这个模型可以较为准确地解释在实体经济里的购买行为，但在互联网时代，该理论的观点无法总结新媒体传播下一些消费者的典型特征。2005年，日本电通集团基于网络购买消费者行为提出了AISAS理论。AISAS的前两个阶段和AIDMA模型相同，第三个阶段为search（主动搜索信息），第四个阶段为action（达成购买行为），最后一个阶段为share（分享），

1　王怀明. 广告心理学——广告活动中心理奥秘的透视[M].长沙：中南大学出版社，2003：129.

将购买心得和其他人进行分享。[1]这一理论更加准确地概括了在互联网消费时代，用户对信息获得和分享的能力。这一理论基于AIDMA理论的发展，充分显示了新媒体时代广告传播的新流程。传统的广告模式已难以生存，要充分利用用户的心理因素，为广告的转化率提供新媒体时代的解决策略。该理论利用新媒体传播时代的传播特点，将用户放在了重要的位置上，利用用户的猎奇和分享心理，来增加广告的影响力和转化率。

◉ 案 例

肯德基推出阴阳师主题店　召集玩家线下吸"欧气"[2]

2017年4月1日至4月16日，网易手游《阴阳师》与肯德基全国5000多家门店合作推出欧气明星餐，并在北京、南京、长沙、广州、上海、杭州、厦门、成都八个城市推出八家主题店。

尽管《阴阳师》还未官方宣布这一消息，社交网络上已经引发了游戏玩家的热烈讨论。一位粉丝数为70人的普通用户发布相关微博后，被转发了2000多次。很多玩家都开玩笑说已经做好了"吃肥五十斤，拿到几十个R[3]"的觉悟。

肯德基的天猫旗舰店3月30日已经上线了四款预售套餐，购买套餐可以获赠限量闪卡，有机会抽取游戏道具AR"现世召唤符咒"等阴阳师周边。这种做法对肯德基来说驾轻就熟，2015年，肯德基和《英雄联盟》合作，也推出过类似的闪卡和主题门店。

《阴阳师》是网易在2016年9月推出的一款热门手游。根据AppAnnie的数据，《阴阳师》上线仅一个月就冲到了全球iOS收入榜的第一名，目前全球下载量已超过2亿。

对于肯德基来说，《阴阳师》聚集的大量年轻粉丝是最诱人的资源，通过这次合作肯德基吸引更多玩家到线下肯德基门店来。《阴阳师》将在游戏地图中绑定肯德基全国的门店，玩家可以进入附近的肯德基LBS地图攻打副本，有概率获

1　彭兰.网络传播概论.北京：中国人民大学出版社，2017：286.
2　欧气，网络用语，即欧洲气，代指运气或财气。
3　R即游戏式神R卡，一种很容易得到且不被珍惜的游戏道具。

得稀有道具。

"我们做LBS地图的初衷是为了让玩家在线下有一个集合点，能够'面基'[1]或者互动，促进玩家的线下社交。"《阴阳师》项目营销组方面表示，和肯德基的合作也是看中其遍布全国的门店资源。

关于主题门店的选址主要以接近学生和年轻群体为考量，比如上海松江地区的大学城店、北京海淀区学清路餐厅、杭州下沙宝龙餐厅等。此外，由于展示门店也对门店空间有所要求，因此有些位于市中心人流量密集，但店面较为狭窄的门店不在主题店之列，这也是肯德基在此前与类似的合作商积累的营销经验。

"因为肯德基方面得到的市场反应特别好，也不排除可能会在更多城市看到主题店的开设。"根据《阴阳师》项目营销组方面介绍，有六家主题门店会推出线下真人cosplay（装扮）活动，玩家可以和coser（进行角色扮演的人）互动，进行现场PK抽SSR等小游戏。此外，在不同的门店（不一定是主题店）还会有人气主播进行游戏直播等互动。

案例来源：《好奇心日报》2017年03月31日

📍 案　例

《阴阳师》与农夫山泉跨界合作，一物一码成为导火线

随着一物一码技术的逐渐成熟，越来越多的品牌采用一物一码的营销来吸引消费者对商品的专属心理。美年达采用一物一码举办"神码乐园"的活动，农夫山泉也在积极拓展与消费者互动的形式，联合了热门游戏IP进行一物一码营销。

在一物一码营销中，《阴阳师》的13位式神代言了农夫山泉定制款果味饮料，消费者可以通过微信扫描瓶盖内二维码参与游戏互动，《阴阳师》此次的跨界活动策划主要包括三个方面：

第一，通过热门游戏IP与快消品进行跨界合作，利用线上游戏到线下强大的号召力，同时选取优良品质的快消品平台，促使虚拟游戏IP走到线下来，将虚拟人气转化为真实的产品销量。

1　面基，网络用语，指网络上的好友线下见面或者朋友之间的聚会。

第二，《阴阳师》与农夫山泉利用一物一码技术，合作设置了"表白阴阳师，揭盖赢大礼"游戏互动奖励活动，通过扫取瓶盖内的二维码，即可有概率获得官方游戏周边、赢取游戏内式神召唤券等众多奖品。

第三，瓶瓶有奖赢取游戏道具，使得消费者购买产品不光是为了收集瓶子上的式神形象，更是为了获取游戏道具，多方位地吸引消费者的注意，同时反馈给游戏更多的流量。

案例来源：搜狐网 2017 年 10 月 12 日

手游《阴阳师》利用用户对游戏的喜爱，进行跨界营销，与各大知名品牌合作，将线上传播与线下消费相结合，发挥新媒体时代用户求新求变的心理，扩大游戏用户群体，不仅利用大数据的优势，也利用创意来打动用户，抓住用户爱屋及乌的心理，营造全新的广告生态。

（一）利用用户画像抓住二次元玩家心理

互联网进入 web3.0 的时代，新媒体传播下移动终端用户增加，用户在算法推荐技术的助攻下，能够获得更加便捷化和个性化的体验，而这种个性化的体验是基于对目标用户的深入挖掘，以精准定义消费者为前提。推荐式传播，能够通过分析总结用户的个性化需求，引导用户在玩游戏的同时成为产品的消费者，精确掌握其需求和欲望。手游《阴阳师》刚出现时，在朋友圈和社交媒体上都能够看到用户刷 SSR 级式神卡，因而在跨界营销时也推出了线下餐厅刷游戏得式神卡的广告词。

《阴阳师》游戏用户群体是二次元用户的细分市场，希望通过拉拢这部分小群体来扩大市场份额。二次元只是该款游戏的切入点，通过画师对游戏人物的二次创作，大 V 的互推来达到对用户的引导。游戏用户对社交属性的需求永远存在，玩家之间的情感纽带会因线下共同的消费而更加牢固，而线下营销也牢牢抓住二次元玩家的心理，线下主题店的氛围营造会激发其共同的游戏记忆。

（二）利用趣缘实现群体联动效应

打通线下线上的传播渠道，是《阴阳师》游戏营销成功的关键。2016 年 6 月 8 日，网易阴阳师手游官方微博账号发布了第一条关于漫展的消息："这个粽子节，#阴阳师手游#将首次在Comicup#CP18#和大家见面！阴阳寮准备了各种游戏周边、福利特典，还有意想不到的惊喜，只等大家前来赴约。"这一举措非常重视小众领域的核心用户资源，通过举办漫展来满足用户的兴趣，激发其参与欲望。漫展现场也会邀请比较有名的coser对游戏人物进行cosplay，发挥游戏用户的联动作用。

此外，《阴阳师》手游还与肯德基进行线下合作，借由移动定位服务和VR技术，线上游戏被引入现实生活，《阴阳师》玩家可以到附近的肯德基门店利用地图打副本。肯德基也适时推出了《阴阳师》"欧气"明星套餐、限量闪卡、应援寮和主题应援店等线下推广活动。肯德基门店因此成为收道具、找闪卡之地，掀起了游戏用户参与的热潮。这种线下的活动也可以吸引到潜在用户的注意，在肯德基门店的消费者就餐的同时，也不得不观看《阴阳师》的"广告"。商品只有得到了消费者的注意，这种注意才有转化的可能，游戏带给就餐者视觉刺激的同时，也吸引其参与游戏。

网易区分了国内二次元用户各自不同的偏好，《阴阳师》找来日本著名大神配乐、大牌声优配音，并打入民间社团，让知名IP创作游戏主题曲，如此便吸引了CV[1]圈、声优圈、和风圈、古风圈和原创音乐圈的粉丝用户。游戏画面精美，满足多元用户对游戏品质的追求，人性化的养成系游戏更容易让用户满足于角色的成长，通过主角的升级感受游戏快感，使趣缘群体的联动更深入和持久。

（三）IP创作引发用户共鸣

《阴阳师》游戏营销的最大卖点是其游戏内容本身，该游戏的创作灵感来源于同名电影《阴阳师》，讲述了公元794年平安时代法术高超的阴阳师安倍晴明运用其智慧，驱除鬼神、解决难题的故事。手游的开发团队通过作品致敬安倍晴明本人，这位受到平安贵族们信赖的大阴阳师。游戏以其故事作为原型，让用户感受到人物的品格，激发共鸣。

除了主角，《阴阳师》游戏里还有很多"式神"，他们有着各自的故事，或悲或喜，牵动着玩家的心。如游戏中的"一目连"，原是风神，曾为了保护

1　CV，Character Voice，通常指为动漫、游戏、广播剧等作品中角色配音人员。

村庄的民众免受洪水灾害而牺牲了自己的一只眼睛。R神"座敷童子"能够带来财富和幸运，但每个人都想拥有它而不去真正关心它。

美国广告大师罗宾斯基（Robinski）曾说，一流的情感是组成一流的广告的基本要素，每次在广告作品中投入强烈的情感，会让消费者看后忘不了、丢不开。[1]《阴阳师》游戏广告就立足于游戏角色的故事，用游戏人物的形象打广告。如农夫山泉与《阴阳师》的合作，游戏里的式神们被印刷到了矿泉水的瓶身，利用游戏用户喜爱主角的心理扩大农夫山泉的销量，也进一步拓展了《阴阳师》的游戏用户群。产品通过插画的艺术形式，同时赋予了广告新的内涵和意义，带给消费者强烈的情感共鸣，对二者来说都是用心对产品进行推广的有益探索。

《阴阳师》游戏广告策略的成功，在产品的创作及推广等方面，巧妙迎合用户心理，准确定位用户，并且利用社群营销使产品传播，成为互联网广告的经典案例。

三、社群传播满足消费社会的品牌营销

在新媒体传播时代，用户更加趋向于碎片化，伴随着阶层"碎片化"，消费、品牌、媒介、生活方式也朝着"碎片化"的方向发生着相应变化。[2]所以在进行广告营销时，要抓住用户碎片化这一特点，来发掘其个性和多样性，为其提供不一样的广告体验。新媒体传播环境下，用户还具有互动的需求，区别于传统媒体时代广告硬性传播的特点，广告营销要去适应用户的喜好和脾气，听取其意见。很多商家都会开通微博账号以及微信公众号，这些行为就是为了打通与用户交流的渠道，以用户反馈来调整广告调性，通过网络抽奖来扩大消费群体并且通过社交媒体账号发布相关活动以及抽奖结果，增加用户参与度。

1　叶青.情感诉求和消费心理——情感广告设计谈[J].安徽农业大学学报，2003（4）：93-95.
2　黄升民，杨雪睿.碎片化背景下消费行为的新变化与发展趋势[J].广告研究（理论版），2006（3）：4-9.

📍 案 例

支付宝中国锦鲤

支付宝2018年国庆节之前发布了一条关于中国锦鲤的微博："十一出境游的盆友，请留意支付宝付款页面，可能一不小心就会被免单。这是我们感谢大家把支付宝带向全球的一点小心意。没出去浪的朋友更要注意了！！转发本条微博，我会在10月7日抽出1位集全球独宠于一身的中国锦鲤。"这本是支付宝进行产品营销的手段，却一不小心成为现象级的社群传播事件。在这条微博的评论下，三星GALAXY、华为商城、达芙妮、香港航空、天猫国际等知名品牌纷纷留言，并加赠礼品等，该条微博的转发量达到100万+，评论数高达85万，同时点赞数达到35.7万，引发全民关注。

当中国锦鲤"信小呆"被公布后，众多网友发微博表示，要猛吸"信小呆"的欧气，"信小呆"也真正成为"锦鲤"的象征。在收到各大品牌方的礼物后，"信小呆"利用微博平台"炫富"，引发网友围观，评论区皆是羡慕的声音。通过社交媒体平台和支付宝账号造势，各大品牌也达到了宣传的目的，通过微博抽奖的方式刺激用户参与，利用微博的社交媒体属性来扩大传播圈。

案例来源：TA说网2018年10月9日

六度空间理论可以很好地解释这一现象，六度空间理论是指任何两个陌生人之间间隔都不超过6个人，在开展营销工作过程中，借助于六度空间理论就可以找到目标客户，这一理论的解释力在口碑营销中的作用比较明显。所以在此次支付宝造势活动中，各大品牌方抓住契机，通过互联网进行人际传播，发起抽奖等符合用户心理的活动来吸引注意力，激发用户的参与欲望，通过围观幸运者，使社群成员产生比较心理和羡慕心理。

📍 **案 例**

"可口可乐"的情感营销

可口可乐的广告，其情感营销为它开拓市场提供了机会。二战期间可口可乐出色的宣传，使其成为美国胜利的一种标识，可以让人从中感受到一种团结向上的民族情感。之后美国战后经济复兴，可口可乐用"留住清爽瞬间"的系列广告充分赞扬美国的新式生活。在冷战时期，可口可乐公司又重点推出"意大利山顶广告"，用世界各地青年歌唱和平的方式，呼唤跨越种族和国家界限，互相理解，彼此友爱和宽容，令可口可乐变成了和睦的代名词，成为一种缓和种族、政治和性别冲突的良药。

在中国市场，可口可乐成为每年春节情感营销中的主角，广告把可口可乐融入春节的情境中。从2001年开始，可口可乐就将传统的中国福娃融入春节营销活动中，福娃成为可口可乐的御用形象代言人。每年可口可乐的营销都与福娃紧密结合，将中国元素与广告融合，从而在消费者心里占据一席之地。

案例来源：艾瑞网 2019 年 01 月 28 日

新媒体传播时代影响消费者购买行为的心理因素，包括"晒"心理、个性化追求和从众心理。

首先，"晒"心理。消费者购买和使用产品在很多情况下是基于实现一种情感上的满足，或自我形象的体现。当某种商品可以满足用户在朋友圈"晒"幸福生活的心理需求，或充分展示其自我形象时，其价值也许远远超出商品本身。正因如此，情感诉求型广告在现代社会得以诞生。情感广告是针对消费者的情绪或情感反应，传达商品带给他们的附加值或情绪上的满足，使消费者产生积极的品牌态度，能获得良好宣传效果的广告都在寻求一种情感上的共鸣。

其次，个性化追求。广告需要在一定程度上带来用户心理上的震撼，在刺激因素影响下，对广告产生记忆点，从而内化于心，产生购买行为。现在媒介技术的优势已经让用户感受到观看广告的快感，消费者能够惊喜地发现广告不再千篇一律，从而愿意为广告付费。

最后，从众心理。从众心理是一种特别普遍的社会现象，研究表明，在各方面因素的影响下，公众会倾向于与大部分人的选择保持一致，从而避免出现被孤立的现象。在社会群体中，个体的兴趣喜好会受周围群体的影响。在"从众"心理驱使下，个体对之前未涉及过的领域深入了解，逐渐产生新的兴趣；同时随着新兴趣产生，从而导致旧兴趣偏好程度逐渐弱化。但是我们也不能排除消费者在使用产品之后所带来的口碑效应，从而激发其他消费者购买行为。

新媒体传播环境赋予了广告新的传播方式，但是内容为王的规律仍然是品牌营销无法逃离的准则，如何通过全新的手段，全新的内容吸引广告用户，剖析其心理特征依然重要。引起注意是产生传播行为的出发点，注意能使人们在一定时间清晰地反映一定事物而离开其余事物，其生理基础是大脑皮层优势兴奋中心的形成和稳定。[1]所以在广告传播过程中，吸引注意力是王道，要通过各种手段将用户的注意力吸引到产品上来。

尽管新媒体时代有算法推荐技术的加持，为精准定位受众提供了路径，但社交属性同样是广告产品推广的利器，用户不仅成为产品的消费者，同时也成为产品的推广者，实现品牌与粉丝的双赢格局。

第二节　软性植入广告心理分析

智媒传播时代的到来，互联网广告兴起，已成为当今广告行业的现状。艾瑞咨询的相关数据显示，2018年度中国网络市场规模达到4844.0亿元，同比增长29.2%，中国互联网广告市场呈现出欣欣向荣的业态。传统的广告形式已经无法适应新媒体时代的发展，原生广告形式成为新的主流。技术迭代和内容创新推动原生广告市场高速发展，其主要形式包括原生视频广告的植入

1　隋岩，曹飞. 哲学视野中的科学传播受众研究[C]. 中国高等院校影视学会第十四届年会暨第七届"中国影视高层论坛"，2012.

和信息流广告。2022年移动广告市场规模为8950亿元，未来网络广告诸多广告形式将逐渐呈现信息流化。

一、互联网传播重塑用户消费心理

在互联网广告出现之前，传统的广告基本上出现在报纸、广告牌、广播和电视上，这些广告的覆盖范围很广，但是其针对性不强，虽然能够传达至大部分的受众，却无法实现较高的转化率。

互联网的出现改变了这一局面，互联网广告不仅具有传统广告的优点，同时也具有自身的优势。如针对性更强，能够对用户进行特点分析，推送个性化广告，且成本低廉，在推送广告给用户的同时，也能获得其反馈，互动性强。当互联网刚进入中国市场时，打开各个网络平台的网页都会向用户发送弹窗广告，有时候甚至需要强制观看无法关闭，这种广告称之为侵犯性广告。侵犯性广告出现较早，不管用户是否愿意接受，广告都会出现在视线范围内，让用户无法选择，对用户接受和选择信息的自由构成侵犯。传统的电视广告也是侵犯性广告的其中一种形式，观看电视剧时精彩内容之间会插播广告，如果想继续看剧，观众就必须被动接受这些广告。

在传统媒体时代，广告观众只是单纯地作为信息的接收方，没有信息选择的权利，传播的主动权完全掌握在传播者手中。这种不对等的传播方式势必会对受众的心理产生影响，尽管广告在短时间内可能会引起受众的注意，但是当消费者的新鲜感过去之后，带来的只是时间被侵占的想法。所以，传统的硬性广告不仅无法很好地达到广告的转化率，同时也会让受众处于厌恶广告的状态。

马蜂窝广告

如今，传统硬性广告依然存在，如马蜂窝以及铂爵旅拍等品牌的硬性广告，均属于洗脑式的传播。无一例外，这些广告都被用户表示无法接受，十分反感。铂爵旅拍的广告词"想去哪拍，就去哪拍"在各大平台惨遭吐槽，网友们纷纷表示，这种俗气的广告对于现在"80后""90后"的用户来说，只会让人觉得低俗。

铂爵旅拍
广告

该广告产品是婚纱照的拍摄，但是从广告内容来看，仅仅安排了男士和女士进行咆哮式呐喊，完全没有考虑到拍摄具有人生纪念价值的婚纱照的美感和意义，谈何吸引用户来实现广告的转化率。同时这种广告形式也会让人产生逆反心理，使用户对该品牌的广告产生刻板印象，不利于品牌形象的维护。

对于用户来说，新媒体网络传播的环境赋予其新的心理特征。

（一）网络用户选择自主性

传统的广告受众一般来说是处于被动的状态，消费者无法主动选择自己所需要的产品，并且在信息匮乏的情况下，消费者所能接受的产品信息也相对局限，主要集中于户外广告、报纸、电视等传统媒体上的广告投放。在传统媒体时代，广告的曝光率与其转化率有着较高的联系。但是在新媒体传播时代，广告的形式不再拘泥于传统的形式，在各大网络平台及APP客户端上都充斥着广告，网络购物时代的商品的多样性，使消费者有了更多的选择机会。当用户在网页上看到感兴趣的产品，就会主动选择并点击进入相关页面，了解更多的产品信息，从而引发购买行为。同时，用户还可以根据自己的喜好，在社交媒体平台与商品企业的官方账号进行互动，网络的交互效应与信息的广泛性，使受众拥有了选择的权利，处于主导地位。

（二）网络用户依赖便捷性

对于用户来说，现代社会快节奏的生活模式，使其在获取广告信息时也追求便捷的效率。新媒体环境影响下，网络购物平台，如淘宝、聚美优品、京东等得以存在并获得良好的收益。电商平台的出现，满足了用户随时随地消费的需求。用户不用花费过多的时间在线下购物，极大地解放了自身的时间和精力，不仅可以点击一键购物，还可以在众多网络购物平台上进行比价消费。信息透明的购买渠道契合用户的购买心理，在众多选择中挑选出最适合自己的产品。目前，抖音等社交媒体平台，直播带货现象火爆，使用户在娱乐的同时带动消费。用户如果在抖音上看到心仪的产品，可以直接点击链接进入销售界面下单购买，契合了用户追求便捷消费的心理。

（三）网络用户小众化追求

众多冗余信息的充斥，以及购买产品的多样性，使得受众更加追求个性化的产品。只要能想象到的产品，在网络购物平台都有其踪影，这也是长尾效应在网络购物中的体现。长尾效应的关键是"个性化"，将市场细分到足够小时，可以发现这些细分市场的累积会带来明显的长尾效应，用户的需求也得到满足。个性化消费已经成为一种时代象征，也成为一种潮流。

"发烧消费"是当前时尚人士另一个主流的消费习惯，由于年轻且没有负担，宁愿节衣缩食，也要为自己的爱好和狂热埋单。[1]每个人的消费心理不同，导致了在满足生活必需品的基础上，用户开始追求个性化消费的实践。

（四）网络用户追求性价比倾向

消费者追求物美价廉的心态是一直存在的，产生购买行为最直接的动因就是在对比同类产品后，选择性价比最高的商品。商品的使用价值和相关售后服务等也是用户选择的关键点，在理性分析的基础上选择最佳。同时促销活动也能够极大激发用户消费欲望，比如淘宝"双十一""双十二"以及年中6·18大促活动，也是消费者购物的好时机，这时各家产品的广告营销力度、价格之争都是用户需要考虑的，用户会倾向于选择价格战中的优势产品。

广告市场积极利用互联网平台优势，借助社交媒体进行社群传播，使广告内容的创意设计契合消费者心理，而不只停留在突兀且无内涵的硬性广告形式上，"用户至上"被放在互联网广告理念的重要位置。

二、运用原生广告形式实现用户"心流"体验

相对于广告的硬性传播方式，软性植入式广告"以柔取胜"，将用户的体验感放在了第一位。植入式广告源自美国，现在广泛运用于广告界，是一种把具有代表性的视听品牌符号融入影视剧目或舞台产品中的广告方式，通过视听强制植入式传播，给观众留下深刻的印象。[2]植入式广告的发展经历了从硬性植入到软性植入的变迁，广告注重与内容的整合，让观众在潜移默化中获得广告资讯，同时又不会引发反感情绪。随着媒介的发展，2012年硅谷风险投资家弗雷德·威尔逊（Fred Wilson）提出了"原生广告"的概念，是一种从网站和APP客户端用户体验出发的广告样式，整合了网站和APP本身的可视化设计，把体验内容和广告内容融为一体。[3]这个广告领域的全新概念，使广告营销发展到一个新阶段，也将用户体验上升到了新高度。

1　殷航，王妍.个性消费[C].江苏省第三届传媒学科研究生论坛，2016.

2　马宁宁，杨宇航，杜佳.植入式广告的由来及现状分析[J].采写编，2019（3）：190-192.

3　陈力丹，李唯嘉，万紫千.原生广告及对传统广告的挑战[J].新闻记者，2016（12）：77-83.

原生广告带给用户的体验可以说是达到了"心流"的状态。在心理学层面，如果你全神贯注地观看视频或阅读文字时，完全忽视掉时间、空间以及自我等因素，完全沉浸在某个事物当中就是达到了心流的状态。心流（flow experience）最初是由心理学家米哈里·契克森米哈赖（Mihaly Csilcszentmihalyi）在20世纪60年代所提出的一种积极心理学概念，他把心流体验定义为："一种将个人精神力完全投入某项活动中的感觉，达到一种忘我的状态，而且伴随着心流产生的同时，会有高度的兴奋感和充实感。"那么原生广告的内容融入场景的表现形式，在某种意义上，就是带给用户心流的体验，让其在不知不觉中接受广告信息。

原生广告形式上融入媒体环境，内容上提供用户价值，促进产品与用户之间的关联和共鸣，是原生广告必须满足的条件。[1] 原生广告在实践过程中不断发展，除了内生广告的形式，信息流广告也成为现在原生广告的重要形式。

信息流广告的呈现方式，在游戏类、学习类、相机类、新闻类、社交类、搜索类等六类日常的APP中有所体现。游戏类APP中，如《愤怒的小鸟》运用原生广告的形式，使用户在没有能量的时候，可以选择采用赞助性能量，避免需要付费才能实现能量启动，而且可以知道谁在为其进行能量启动。这种令人感兴趣的广告形式，能够增加用户的参与欲望，为通关而阅读广告，同时也不会占用太长的时间。在学习类APP中，用户选择学习类软件，最主要的目的就是学习知识，提高学习效率，所以可投放原生广告。如有道词典的广告在用户学习过程中出现并不突兀，而是融合进学习界面，投放的广告也大多是教育类广告，和APP本身的风格类似，不会引发用户反感。在相机类APP中，信息流广告也占据一席之地，如美图秀秀软件，用户选择相机类软件的目的大多是拍照或者修图，所以这类用户对美感的要求极高，也对信息流广告品质提出新要求，其融入用户的手机界面，不会对用户产生干扰。目前新闻类APP软件，成为信息流广告投放的优秀载体，因为其用户群体多元化，信息流广告的推送也更加具有针对性，广告的出现不能对用户的阅读产生影响，要把握好广告与新闻资讯之间

---

1 喻国明.镶嵌、创意、内容：移动互联广告的三个关键词——以原生广告的操作路线为例[J]. 新闻与写作，2014（3）：48-52.

的平衡度。如今日头条的广告投放相对自然，同时用户也可自行关闭广告。社交类APP信息流广告最早出现，如微信中的信息流广告能够融入场景，在不知不觉中吸引用户的注意。搜索类APP的搜索竞价也是一种原生广告，它诞生较早，从PC端成功移植到移动端，因为用户进行搜索是为了寻求答案，因此就算是广告，也是搜索结果的一部分，也是用户想要且对用户有利、有价值的答案。

（一）内容营销广告：场景传播吸引用户

目前，原生广告成为广告主投放广告的主要形式，而原生广告的视频形式也一直保持着活力。在2019年4月的爱奇艺悦享营销沙龙上，艾瑞咨询研究院的金乃丽院长表示，未来三年，原生广告将会占据网络广告近六成的份额，超七成广告主将提高20%以上的预算用于原生广告的投放。

视频原生广告将广告融入视频的播放场景中，以捕获受众的注意力。在各大视频播放平台，原生广告已经完美融入视频之中，成为视频的一部分，用户在观看视频的过程中，以充满趣味的方式接收各种广告，避免了传统硬性广告带给用户心理上的困扰。

在探讨原生广告内容营销时，受众的心理是广告主以及运营商需要了解的关键。受众的心理结构包括认知结构、情感、道德观、性格、能力和气质。[1]

认知结构是一个人的心理系统在感知和理解客观现实的过程中形成的一种心理结构，它由一个人过去的经验、知识所组成。[2] 用户对品牌产品的认知是产生购买行为的前提所在，当广告进行内容营销融入电视场景中，最重要的是让用户接受这个概念，与用户已经建立的基模进行对接，使用户对广告信息产生积极的心理，让用户知道自己接收的广告信息会为自身带来怎样的价值。在态度上接受产品，是广告效应的第一步。所以对于原生广告来说，如何将影视作品中的剧情与广告进行有效结合，带来用户情感上的共鸣，是需要思考的关键。

情感因素对广告投放来说占据着重要地位。一般来说，人们在憎恨或友

1　唐静. 影视注入式广告的传播心理学审视[D].成都：四川省社会科学院，2012：22.
2　林之达. 传播心理学新探[M]. 北京：北京大学出版社，2004：247.

爱、愉快或忧愁的情况下做出的判断是不相同的。[1] 所以原生广告在将广告与影视进行结合时，需要充分考虑用户的情绪，突兀的硬性植入一般都会让用户产生厌恶的情绪，不利于广告的传播效果。相反，当广告信息完美地融入影视场景中，可以让用户抱着欣赏的态度，在愉悦的环境中接收产品信息。广告的传播要产生良好的广告效果，就需要作用于用户的心理结构，在产生兴趣以后形成动能，主动获取信息，产生购买行为。

📍 案　例

小度搭档《向往的生活》或成电视广告界最成功的营销

跨界营销哪家强？小度："那我就献丑了。"

一向以"慢综艺"著称的《向往的生活》，在第三季笑点暴增。频繁打造金句的MVP（全场最佳）毫无疑问属于小度在家1S——百度旗下带屏人工智能音箱。2019年的夏天，小度与《向往的生活》互相带火，对的产品找到对的节目，如同伯牙与子期相遇，高山流水，效果不服不行！

自节目播出以来，小度的媒体指数持续走高，已成为智能音箱领域名副其实的"顶级流量"。不仅节目播出当日讨论声量居高不下，到了节目播出的第二天，小度还能持续在社交媒体猛刷一波存在感。百度指数统计数据显示，小度最高的媒体讨论热度超1万。

伴随着节目的陆续播出，小度"万能小助手"形象所带来的曝光红利，已经实打实地反馈在销量上。仅仅天猫官方旗舰店显示的当月销量就已经是同类产品平均销量的数倍，评论区随处可见"被《向往的生活》种草"的买家留言。

跨界营销贵在赢人心。小度极致的用户体验，让《向往的生活》每一个围桌夜话的夜晚都变得笑声不断，温情有加；蘑菇屋众明星乐于接纳与探索新型智能家居的态度，也让小度完美融入节目。小度与《向往的生活》这次合作非常契合和高明。在第一季度连续摘得Strategy Analytics、Canalys、IDC三家报告的国内销量桂冠后，小度又用最深入人心的方式进行传播，此番谦虚的"献丑"，实则

1　林之达.传播心理学新探[M].北京：北京大学出版社，2004：248.

给广告圈上了扎实的一课。

案例来源：凤凰网 2019 年 06 月 18 日

在网络综艺《向往的生活》中，百度的"小度"闯入了用户视野，成为名副其实的网红产品。"小度"并不是像在传统广告中，由主持人播报其功能，广告巧妙地将"小度"融入综艺的语境中，将"小度"化身为节目的一分子。节目有一期内容中，《星愿》的两大主演张柏芝和任贤齐做客，"小度"就再现了这部经典电影的剧照，发挥"小度"作为节目组成员的作用。同时每当有新嘉宾前来时，他们都会和"小度"进行互动，如拍照、播放歌曲、计时等等，"小度"并不是节目中冷冰冰的存在，而是真正去发挥其作为智能机器人的特长，实现人机的双向互动，使人产生暖心感和默契感。

"小度"能够成为广告爆款，也与《向往的生活》本身的节目属性是分不开的，这档持续火热的慢综艺为小度知名度的打造提供了契机。《向往的生活》的主线是各类生活场景，十分适合"小度"打广告，发挥其功能。观众利用慢综艺实现心绪转换，同时种草"小度"，打造"有了小度，就是向往的生活"的愿景，充分挖掘用户向往田园舒适生活的心理，实现"小度"的软着陆。

另一方面，"小度"选择《向往的生活》作为广告载体，其实也是对用户群体进行剖析，《向往的生活》作为一档慢综艺，覆盖面广，几乎可以涵盖最广泛的用户群，"小度"利用其简便性、易操作性俘获用户的芳心，达到良好的传播效果。

同时，《向往的生活》有众多明星嘉宾参与，有了明星参与也就意味着流量，利用粉丝为"小度"做宣传。在节目中，几乎每个嘉宾都与"小度"进行互动，"小度"展示出新奇的科技能力，让嘉宾纷纷表示想把"小度"带回家。明星的种草通过屏幕传递给用户，很多粉丝在明星效应下去购买"小度"，使其价值达到了最大化。

📍 案　例

影视剧品牌植入177家,《延禧攻略》广告收入2.1亿

"击壤洞察"整理的数据显示,2018年上半年共有31部电视剧有广告植入,品牌数达177家,基本与2017年同期持平。

而2018年暑期档可以说是古装剧的档期,一众作品在取得较好的播放成绩的同时,广告植入的数量及新意都有着比较亮眼的表现。

如爆款宫廷剧《延禧攻略》共计招商13个品牌,包括特仑苏、脉动、美柚等,其中"创可贴"形式广告备受客户青睐,77%的品牌选择合作"创可贴"。

值得一提的是,作为一部前期并不被市场看好的正剧,《延禧攻略》的部分广告商是随着剧集的热播"半路而入"。

据"首席娱乐官"报道称,起初《延禧攻略》的广告招商情况远不及《如懿传》乐观。《如懿传》很早就曝光了演员、制作方面的亮点,2017年便进行创意中插广告的招商,当时达到30秒一条300万元的起价。《延禧攻略》虽然落后于《如懿传》,但走红之后的起价也追到了每条300万元。

据悉,《延禧攻略》的广告收入达2.1亿元,并且在植入方式上,相对来说也让观众不那么反感。

《延禧攻略》的"创可贴"广告使用的是video-in技术,需要在剧集播出时实时添加,结合电视剧剧情,推出个性化广告文案,将品牌特性融入文案当中,进而产生化学反应。而随着该剧关注度越来越高,甚至每隔几分钟就有一个贴片广告出现。

比较意外的是,艾瑞数据显示,尽管出现的次数稍显频繁,但有92%的观众表示喜欢这种"创可贴"广告创意形式,其中有28%的观众表示非常喜欢,认为和剧情的融合性很高。

可见,形式新颖的植入,与剧情的深度结合,能够在一定程度上减缓品牌"出戏"痛点,解决现代品牌植入古代情景中产生的违和感,让用户心悦诚服地接受广告。

案例来源:腾讯网2018年09月14日

目前，原生广告除了入驻综艺，网剧也是其产品投放的载体，"大头贴""创可贴"的植入方式和"小剧场"是最常用的推广方式。网剧《延禧攻略》中，广告收入高达2.1亿元，这也反映出用户愿意为该剧买单，愿意接受这种与内容整合的广告形式。传统的植入性广告已经很难吸引观众，而内生与剧情的原生广告形式正好契合了观众的心理。

在《延禧攻略》中，"创可贴式"的广告不是凭空出现的，而是随着剧情的发展融入网剧之中。如雍禾植发的广告，其广告文案与剧情相结合，通过"创可贴"的方式出现在屏幕里，广告语"不怕皇亲贵胄，就怕少年秃头""脱白没什么，脱发才可怕""与其挑拨离间，不如整整发际线"……这都是原生广告的创新之处。由于用户对硬性植入的反感情绪，这种场景植入的广告虽然形式上过于明显，但却契合用户心理，基于对当下"90后"用户的深层分析，防脱发成为其真正需求。在广告文案的设计上，借助剧情结合品牌的特点，对剧情内容进行吐槽，进一步加强用户的心理认同，在满足用户需求的基础上，实现精准营销，广告的效果自然不言而喻。

当下正处于新媒体碎片化传播时代，如何在有限的时间里触动用户的笑点也是广告成败的关键。在《延禧攻略》的广告中，有一位贵人为博得皇上的喜爱，半夜在御花园唱歌，被皇上发现后罚其唱歌一晚上，随后屏幕上就出现了美柚的"创可贴"广告"赏通宵K歌套餐一份"。这种娱乐式广告能博用户会心一笑，一改传统广告宣传式说教带给人的沉闷感，在用户的笑声中轻松达到广告营销的效果，让用户在轻松追剧的同时，潜移默化地接收广告信息。除了创可贴广告，小剧场广告也是《延禧攻略》中吸引人的广告手段，两种广告形式相辅相成，强化用户记忆，吸引用户的注意力以达到广告效果。在每集结束后，就有相关演员依托剧中的场景，以情景剧的形式演绎广告，这种新颖的广告使用户有眼前一亮的感觉。根据艾瑞咨询的数据，通过对448份样本进行调研，有65%的观众表示能够接受创意小剧场的广告，50%表示能够接受创可贴式的广告形式。

选择网剧进行广告投放是对其社交属性的把握。在网剧视听平台，观众可以借助弹幕进行沟通，改变了传统广告线性传播的方式。观众的评论就是用户态度的外化，情感体验被放在首位。

　　原生广告将广告通过艺术化的手段，巧妙融合进影视画面，在积极的环境的助力下，广告更容易走进用户内心，但是这种广告也是一种基于用户的选择，只有符合用户审美标准的内容才能使用户产生购买行为。基于内容的原生广告，是注意力稀缺的新媒体时代广告界的创新之举。广告需要准确定位用户，在分析用户心理的基础上，将广告内容与剧情相结合进行传播，以获得广泛好评，实现广告的商业性与影视艺术性的平衡。但是与此同时，原生广告也会带来伦理问题，隐匿的广告在一定程度上侵犯了用户的权益，所以说若想获得良好的广告转化率，需要不断挖掘新媒体传播时代下的创意资源，创造出更多意想不到的广告产品，以俘获用户芳心。

　　（二）信息流广告：沉浸式算法刺激用户

　　原生广告是一种新型的软性植入广告，信息流广告是原生广告的一种形式。大数据以及媒介技术的支持，让广告的发展进入了新阶段。信息流广告在2006年诞生于知名社交媒体平台Facebook，并在2012年传入国内，微博率先投入使用，微信朋友圈、腾讯QQ空间、今日头条等基于各自不同的特征也纷纷推出了信息流广告。[1]

　　信息流广告的发展伴随着新媒体的迅猛发展，信息流广告是指用户在接收信息内容的基础上，潜移默化地接收到相关的广告内容，并且广告内容融入媒介环境，向用户传递有价值的内容，同时这些广告是基于对用户画像的精准刻画。由于近年来，这种广告形式传播速度快且易于被用户接受，已成为主流的广告投放形式。用户对广告最大的感受就是，"我为什么刷着刷着朋友圈，就出现了广告""我为什么刷着刷着微博就出现了广告"。这些广告内容已嵌入用户的日常生活的片段中，让人感觉无处不在。

　　据易观发布的《中国信息流广告市场专题分析2019》报告，作为两把打开移动场景的钥匙，社交网络和即时通信已演变为移动互联网基础设施，二者使用时长均出现下滑。在"国民总时长"几乎恒定的前提下，综合资讯和短视频综合平台的使用时长有所上涨。易观的报告显示，在资讯品类中，2018年新增的信息流资讯类别已超过综合资讯，成为最受用户青睐的资讯

1　孔双.国内信息流广告的发展及未来图景[J].青年记者，2018（10）：91-92.

品类。

在倡导注意力经济的新媒体时代，用户的注意力无疑成为商家争夺的最大财富。著名学者迈克尔·戈德海伯（Michael Goldhaber）在《注意力购买者》中指出，在信息社会中信息非但不是稀缺的，而是过剩的，过剩的信息中只有记忆的资源是稀缺的，就是人的注意力。在信息流广告发展的大趋势下，其优势在于基于算法分发的内容，更容易满足用户的心理需求，让用户沉浸其中，达到忘我的状态，用户不自觉地把更多的时间分配在这类媒体上。

目前新媒体用户正处于越来越懒的状态，这种信息流分发的广告形式，可以使其获取感兴趣的资讯，而且更加便捷化。百度入局信息流广告比今日头条、腾讯都晚，却增长最快。搜索和推荐天然形成互补，百度在搜索领域强大的实力，为其进军信息流市场铺平了道路。"搜+推"双引擎模式，分别借助了搜索和过滤两种人类筛选信息最有效的方式，让"人找信息和信息找人"互为补充。在庞大的用户基数下，广告主愈加看重信息流的商业价值。信息流广告市场规模将持续性增长，从2018年的1070亿，增长至2022年的3945.6亿。

正所谓"世界上本没有广告，只有放错地方的信息"，最高级的广告既是一种对品牌有益的营销方式，也是一种对用户友好的内容产品。从这个角度来说，信息流广告至少有两个逻辑递进的优势：第一，可以精准圈定目标用户，追踪用户行为；第二，原生广告可以润物细无声，在最大程度上避免用户排斥，前提是足够精准。

自从信息流广告成为广告界的宠儿，它也成为媒体的必争之地。在收益递增的马太效应下，目前这一市场格局已经初现，百度、头条、腾讯这三家组成头部媒体，占据了70%的市场份额，流量呈现寡头化趋势。

只要技术运用得当，信息流就是一座比想象中更丰裕的流量富矿。信息流广告能够获得如此大的市场，完全取决于其本身所具有的优势。作为技术推进下的新产物，信息流广告的推送是基于对用户准确定位和分析的基础上，通过社交媒体的互动属性，使广告的传播带有交互的性质。

信息流广告在给用户传递信息的同时，也在潜移默化中塑造着公众对品牌的认知，激发用户参与消费的欲望，而这种现象可以用"培养理论"进行诠释。"培养理论"由学者乔治·格伯纳（George Gerbner）等在研究电视暴力内容的基础上提出，该理论又被称为教化分析或涵化分析。"培养理论"学派的学者又提出了"主流效果"和"回响效果"两个概念。"主流效果"是指通过电视接触到各种信息的基础上，用户的意见会在潜移默化中与电视所表达的意见相类似。"回响效果"是指当电视所传达的经验与个人所知道的经验相接近时，公众会更倾向于接受。电视作为大众传媒，通过舆论引导作用，传递有利于社会进步的价值观，对受众产生积极的引导。

随着时代的发展，互联网的出现，改变了传统的广告传播形态，广告的投放也不再仅限于电视以及户外广告等传统方式。互联网平台的广告投放呈现繁荣的景象。信息流广告作为一种新型的广告类型，如同电视媒介一样，培养着用户的认知。首先，用户在微信等新媒体平台观看到某一则信息流广告，可以建立用户对品牌形象的认知，从而接受广告内容。其次，信息流广告完美地融入用户的朋友圈，所以当用户刷朋友圈时，可能还没有意识到这是"广告"。从某种程度上来说，能够吸引用户主动参与的，大多是在其不知情的情况下，这样更容易达到广告信息的传播。最后，信息流广告对于用户的培养，最直接的就是"从观看到消费"的一键式点击购买，如在抖音刷到美妆博主的短视频，其观看页面的左下角就会出现购买链接，从而在用户观看视频的过程中，培养其消费欲望，激发购买能力，将广告融入视频博主的内容生产之中。

可以通过SWOT模型探究信息流广告存在的意义。SWOT模型作为一种战略分析方法，是由梅因茨·韦里克（Heinz Weihrich）教授在20世纪80年代提出，通过SWOT模型对企业内部以及外部等各种影响因素进行分析，从而确定对企业发展最佳的方案。其中S指企业内部的优势strengths，W是指企业内部的劣势weaknesses，O是指企业环境的机会opportunities，T是指企业外部环境的威胁threats。

信息流广告发展的优势在于通过一系列手段，实现对用户的培养和品牌形象的塑造。信息流广告的优势可以概括为以下三点。

（1）对潜在用户的挖掘

信息流广告的核心技术就是精准投放，没有技术的存在，信息流广告就无法存在。基于大数据技术，用户在各个平台的浏览数据就会被牢牢掌握，被标记出用户特点和兴趣爱好，平台通过这些信息为用户精准推送产品。如当用户在淘宝界面搜索水果时，当其打开抖音甚至微信朋友圈时，就可能出现有关水果商家的信息流广告。而这些用户在对相关产品存在需求的情况下，就不会排斥这类产品广告的接收，同时可能会产生为何平台知道自己需求的疑惑。兴趣的驱使导致用户打开广告界面，为广告的消费转化提供了可能，实现广告主与用户之间的有效沟通。

（2）广告嵌入用户内容

信息流广告的一大优势就是自然而然地融入用户阅览视听的场景之中。这种低打扰性的广告形式不会干扰用户的朋友圈或妨碍用户获取其他信息。在微信信息流广告出现之初，有用户甚至认为该广告就是其朋友所发，这种不留痕迹的广告形式出现在碎片化时代，不会占用用户过多的时间，让其在浏览信息时，顺带着观看广告。同时，如果用户对这些广告不感兴趣，可以进行关闭，这种方式将用户的视听体验放在了第一位。

信息流广告在设计时，是建立在对用户心理的刻画上，如果网络广告还像传统广告那样，侵入式地进行广告宣传，那么这种广告是无法实现其转化率的。如今在各大网络视听平台，还存在着长达90秒的广告，由于强制性观看耗时太长，这些广告不管在创意方面下多大工夫，都无法重获用户的喜爱。而这种嵌入式的信息流广告才是广告改革中的重头戏。信息流广告有着传统广告无法比拟的价值优势。

（3）社交媒体激发用户参与

分析信息流广告投放平台，无一例外，各大社交媒体成为信息流广告的最佳投放平台，这与社交媒体平台的社交属性相关联。

在微信平台，用户对广告内容可以进行点赞、评论，并且这种与品牌方的互动是可以被用户的朋友圈好友看到的。如果该品牌的广告得到用户朋友的点赞，那么爱屋及乌，该用户就会对此品牌产生好感，建立与广告的情感联系。在微博平台，品牌方多用话题（#……#）打广告，这也是微博平台广告的独特之处，微博平台不仅有品牌的代言人，还有他们的粉丝，信息流广告发布的文案带上代言人的话题，就能吸引其粉丝参与。并且微博平台也可以进行点赞、评论甚至转发，用户转发相关微博的同时，也能带来流量，扩大广告的到达率。此外，微博平台的另一优势就是转发广告抽奖，目前大多数品牌都愿意在微博平台砸钱做广告，用户的从众心理以及不劳而获的投机心理，都促使其参与抽奖活动。

微信平台与微博平台都具有各自的特点，微信作为一个私人化的社交平台，更加注重对用户的挖掘，注重广告投放的精准度及转化率；而微博作为一个公众参与的平台，更注重广告的到达率及传播广度。不过这两大平台都是在利用用户的关系网，以期达到最佳的传播效果。在微信平台，信息流广告的传播完全符合AISAS的理论模型，当信息流广告在微信朋友圈投放时，会激发潜在消费者的消费欲望。用户会通过广告链接点击进入品牌公众号，或者直接在评论区进行留言，从而了解到更多的产品信息，进而决定是否购买产品，同时，在达成购买行为之后，用户还会选择在朋友圈晒出自己购买的产品，实现产品的二次传播。所以，对于微信平台的信息流广告来说，其形成一个闭合的回路，人们可以轻松实现产品的购买与评价行为。

新媒体时代，信息流广告也有劣势。首先，在对用户进行精准画像之前，要对用户的基本数据进行收集，但是数据在收集过程中会存在偏差，无法通过用户的浏览数据准确实现对用户的挖掘，所以在投放信息流广告的时候，难免会出现失误。同时对于用户数据的抓取，会不可避免地导致用户信息的泄露。与此同时，如果用户连续多次收到相同广告信息的推送，可能会产生心理上的排斥感，不利于信息流广告的传播效果。

信息流广告的发展有其时代背景的机遇，数字化生存图景下，一对一的广告模式具有更好的发展前景，而信息流广告的持续发展需要优化理念，坚持以人为本原则，通过社交媒体平台的传播实现广告的精准投放。

第三节　网络直播广告心理分析

随着民众平均收入水平的不断提高，大众消费能力也在持续攀升。根据国家统计局公布数据表明，2023年全国居民人均可支配收入为3.922万元，人均消费支出已达2.68万元。由于物质生活的满足，民众日渐提升的精神需求也助推着文化娱乐产业的繁荣发展。文化消费市场快速扩张，不仅催生行业孕育出更多新业态与消费模式，同时也推动传统产业走向全面升级。据易观发布的《2019年中国娱乐直播市场年度综合分析》，网络直播与多个产业的跨界融合日益成熟，"直播+"正在为电商、教育、影视、企业服务等行业拓展新的想象空间。

移动设备的普及以及互联网平台的发展，使网络直播搭上了技术的顺风车。网络直播自诞生起，就处于不断上升的趋势。直播出现伊始，各大主播聚集在花椒、斗鱼等平台，其直播内容涉及美妆、吃播、游戏等，直播平台呈现出鱼龙混杂的状况。用户通过直播平台满足自身的娱乐需求。从某种意义上来说，这些主播表面上看似因其个性吸引用户，其实质仍是文化工业的产物，主播们在其公司的包装下，呈现出作为消费品的逻辑思路。

学者鲍德里亚（Jean Bandrillard）曾提出一个观点，当社会生产相对过剩、买卖商品在经济活动中发挥主要作用，消费成为刺激、吸引和维持生产的主要因素。[1] 他认为，在后现代主义社会，消费处于主导的地位；同时，资本通过大众媒介赋予了商品新的符号意义。如产品通过广告的形式呈现，用户会运用广告中的产品形象赋予商品新的意义。网络直播的出现也是顺应了消费社会的发展现状，主播成为消费社会的产物，成为商品出现在公众的视野中，呈现全民狂欢的景观。

其实，网民狂欢的背后，是粉丝经济的崛起，主播的粉丝们通过打赏、互动购买的方式让主播感受到他们的存在，担负起培养"网红"的任务，助力整个直播行业的发展。直播平台满足了用户的窥私欲和好奇心，让其沉迷于感官和消费的刺激之下。

网络直播的迅猛发展、平台的持续输出，使网络直播"带货"成为可能。2019年被定义为"直播电商元年"，各大电商平台争相推出直播带货模式，引来无数猎奇目光。2019年11月，阿里巴巴的数据显示，"双11"开场1小时

---

1 付怡.消费社会视角下的网红现象研究[J].东南传播，2018（9）：92-95.

03分，淘宝直播导流的成交量就超过2018年"双11"全天；8小时55分，淘宝直播导流成交额超过100亿元，50%以上的商家都通过直播获得新增长。淘宝直播导流消费得益于网络主播们，他们通过各自的带货方式以及各种福利刺激用户消费。在直播带货的新媒体时代，主播迎合用户消费心理，真正带动经济增长，创造出网络消费的新局面，在感官的助力之下，激发用户的消费欲望，刺激用户效仿消费。

◉ 案　例

"双11"开场63分钟，淘宝直播引导成交额超过去年全天

　　"今年'双11'，淘宝直播爆发成为品牌的最大增长点，一些美妆、家居新品牌借力跻身头部品牌。"集团相关负责人表示，淘宝直播以创新展现方式激发了新消费力量，直播逐渐成为主流商业模式。

　　据阿里提供的数据，2018年淘宝直播月增350%，全年拉动的GMV（成交额）破1000亿元，进店转化率超65%。去年底，淘宝直播提出三年内拉动5000亿元成交的目标。

　　"今年'双11'，有超过一半的品牌通过直播获得新增长。"澎湃新闻从阿里巴巴了解到，淘宝直播已进入"全民直播"，在美妆、服饰、食品、家电、汽车等几乎所有行业成为品牌、商家的标配。淘宝直播的四大底层逻辑包括直播曝光、直播权重、主播场控、直播内容。直播带货互动性更强、亲和力更强，用户可以像在大卖场一样跟卖家交流，甚至讨价还价，也往往能做到全网最低价，绕过经销商等传统中间渠道，实现用户与商品的直接对接。直播的本质是让用户看广告后通过"秒杀"等手段，提供最大优惠力度以吸引用户，让用户有更好的参与感、更强的现场感，以及更好的购买体验。

案例来源：澎湃新闻 2019 年 11 月 11 日

　　网络直播的兴起，得益于新媒体时代的到来，传播的碎片化让用户倾向在网络上获取信息，移动终端的普及使得人人参与成为可能。但是冗杂的信息量，使用户无法从互联网平台获得高品质的咨询，在这种情况下，网络意

见领袖随之产生，凭借其相关专业知识，助力用户参与网络互动，进行信息交流。而"网红"作为新媒体时代的意见领袖发挥着举足轻重的作用，虽说网红行业良莠不齐，但大V级别的"网红"利用视频直播的形式，向用户进行直播带货成为一种新的广告形式。淘宝直播的平台改变了产品之前冷冰冰的形象，这些产品开始与人联系起来。在主播的直播间内，有很多用户可能只是喜欢他的口红试色，因其推荐去买下一系列的产品。其实这是一种全新的社会关系，人和人通过消费方式联系在了一起。

网络主播的广告营销并不是随机兴起的，随着短视频的兴起，人工智能社会的初步形成，广告行业的变革也就成为大势所趋，网络直播广告成为一种新的营销方式。

美国哥伦比亚大学教授戴维森（W.D.Davisson）于1983年提出的"第三人效应"可以解释广告直播所带来的营销效果。人们在判断大众传播影响力时，普遍存在着一种感知定势，即倾向于认为大众媒介的信息对"我"和"你"未必有多大影响，但对"他"会产生很大的影响。很多时候，对大众传播内容产生实质性反映的，往往不是"表面受众"，而是他们的相关者。可能大部分用户都是抱着想知道他人为何着迷于主播而进入其直播间，不料也被主播套牢了腰包，成为"网红"的粉丝。

一、直播话语契合用户心理

网络直播广告依赖于网红主播的个人魅力，某知名男主播的口头禅是"OMG""买它"，这些也是他为自己打上的标签，几乎每个女生都可以将这些口头禅与他联系起来。增加用户的记忆点，这些简单的话语口号成为吸引用户的重要元素。

该男主播曾在一场网络直播中惨遭翻车，那场直播推荐的是男性化妆品，直播结束2000套的备货量只销售了1200套，评论区整齐划一地出现了"他不配"的字样，他甚至搬出了为弟弟、爸爸买护肤品的说法，直播间的女生也不为所动。本以为他在遭遇滑铁卢后会放弃男士产品的营销，没想到之后在男士洗面奶的售卖上，他转变了话语方式，成功扭转局面，销售出5000套。网络主播也会在直播中不断成长，通过剖析用户心态，找到精准营销之策。

如该男主播会抓住女生的软肋，以女性化妆品作为切入口："你们会在一个浴室洗澡吧，他找不到洗面奶的时候，他就会用你的SK-Ⅱ洗面奶（贵），你心不心疼啊，你多花50块钱给他买个（便宜），他不是就不会偷用你的了吗，不要再说他不配，这个真的很不错！"

与男主播不同的是，女主播打的是感情牌，与用户的关系更像是朋友，同时也会将自己的家庭关系和人际关系搬上荧幕，和直播间的用户聊家常，使人与人之间的关系不再仅仅与利益挂钩，多了很多人情味。主播打感情牌也是基于对用户心理的揣摩，在新媒体时代，单纯的催人消费的信息已经无法激起用户的兴趣，直播带货中关系的建立要比单纯的分享更重要。

二、明星出镜迎合用户喜好

除了职业带货主播，一些明星也下沉至主播的直播间，参与直播的广告营销中。明星的加盟源于粉丝经济，粉丝经济最早出现于20世纪90年代，最初是指个人对明星的狂热追逐，粉丝会购买明星的海报或代言的产品，或观看明星出演的电视等娱乐作品，成为追星族。随着网络时代的到来，用户不再是单纯的追星族，粉丝的构成更加多元化，产生了如"米粉[1]""果粉[2]"等多种粉丝类型。由于媒介技术的发展，用户可以在社交媒体平台与明星进行互动，实时交流的机会让他们不再只是远距离地观看明星而是能够参与互动。同时，用户还会通过社交的方式形成社群，互联网群体传播的方式让明星具有用户黏性，从而更有利于明星广告价值的提升。

三、饥饿营销吸引用户注意力

网络直播带货的兴起和发展带来经济的增长，促进了交易额的增加，但与此同时也存在不少问题。2019年11月1日，国家广播电视总局发布《国家广播电视总局办公厅关于加强"双11"期间网络视听电子商务直播节目和广告节目管理的通知》，要求"双11"期间加强规范网络视听电子商务直播节目和广告节目服务内容，节目中不得包含低俗、庸俗、媚俗的情节或镜头，严

1　"米粉"指小米手机粉丝的自称。
2　"果粉"指对苹果公司产品极度热爱和忠诚的粉丝群体。

禁丑闻劣迹者发声出镜。网络视听电子商务直播节目和广告节目用语要文明、规范，不得夸大其词，不得欺诈和误导消费者。

网络直播的优势加之主播的闪光点，引来了全民的网络参与，契合了用户的消费心理。但是直播广告同时存在着一些乱象，需要加强直播平台的整顿。针对此种情况，2021年3月15日，市场监管总局制定出台《网络交易监督管理办法》，对网络经营主体登记、新业态监管、平台经营者主体责任、消费者权益保护、个人信息保护等重点问题做出了明确规定。同时，网络社交、网络直播等网络服务提供者为经营者提供网络经营场所、商品浏览、订单生成、在线支付等网络交易平台服务的，应当依法履行网络交易平台经营者的义务，应当依法履行平台内经营者的义务。中国消费者协会也提出要加强网络直播带货审查监管，完善"网红带货"诚信评价机制，通过信息共享、多措并举，加强对"网红带货"行为的监督和管理，及时发现并惩罚数据造假、不实宣传、售卖不合格产品等问题。

为推动互联网广告业持续健康发展，2023年5月1日，市场监管总局修订发布了《互联网广告管理办法》，对弹出广告、开展广告、利用智能设备发布广告等行为作出规范，细化"软文广告"、含链接的互联网广告、竞价排名广告、算法推荐方式发布广告、利用互联网直播发布广告等监管规则，新增广告代言人管理规定，为互联网广告业规范有序发展赋予新功能。

网络直播带货成功地吸引了用户的注意力，在注意力经济时代，直播广告依然需要不断改进，通过行业自律以及平台准则使直播更加规范化。乘着互联网的东风，打开营销思维，未来网络直播广告的场景化营销将成为主流，而如何契合用户心理将是其关键所在。

第六章

网络游戏对玩家心理的影响 ————————————————●

　　游戏广义指的是参与者按照规则参与活动，本章研究的网络游戏是指依赖网络和软件设备，游戏玩家按照规则参与游戏进行互动。网络游戏通常是指玩家通过互联网进行游戏，可以为多名玩家通过一定的游戏规则在虚拟世界中参与操作，也可以为单个玩家进行人机对战的操作。[1]中国互联网协会认为网络游戏指的是基于TCP/IP协议规定，以互联网络为数据传输媒介，玩家以电脑、移动终端等进行游戏操作，玩家可通过操作游戏场景或其角色来实现娱乐和消遣 。[2]

　　国内网游划分成全年龄段、12~18岁、18岁以上这三个等级，将游戏打上"制止""限制""激励"等标签。而评定一款网游的等级，还包含5个评价指标（感官接受度、游戏对抗性、游戏时间限制性、虚拟社会健康度、文化价值导向性）和20个游戏模块，称之为"5×20维度网游分级测评表"。

　　随着5G的推广、4G的全覆盖，网络游戏通过智能手机端、PC端不断地扩大其文化影响力。游戏设计者通过创造一个虚实交织的世界使玩家变得快乐的同时，也在不断地提高其想象力和创造力。如今的网络游戏具有互动性、多媒体性、匿名性、叙事性等特征，极大提升了玩家的体验。玩家通过创建属于自己的游戏角色，参加比赛挑战他人、赢得奖励、互动聊天等来获得精神满足和生理需求。网络游戏具有两面性，既可以给玩家的生活带来正向作用，也会带来负面影响。

1　关萍萍. 互动媒介论——电子游戏多重互动与叙事模式[D]. 杭州：浙江大学，2010：81-82.
2　闫宏微. 大学生网络游戏成瘾问题研究[D]. 南京：南京理工大学，2013：15.

网络游戏经过20多年的发展已融入人们的生活。中国音数协游戏工委发布的《2020年中国游戏产业报告》显示，2020年，国内游戏市场实际营销总额为2786.87亿元，比上年增加478.1亿元，同比增长20.71%，而游戏用户数量已增长至6.65亿，同比增长3.7%。移动游戏是游戏市场快速增长的主要因素，实际营销收入为2096.76亿元，比上年增加515.65亿元，同比增长32.61%，移动游戏用户规模为6.54亿人，同比增长4.84%。[1]丰富的游戏题材、多元的游戏类型、精美的游戏制作等吸引着大批玩家。中国网络游戏产业经过这20多年逐渐成熟，形成完整的产业链。游戏不仅满足了玩家的心理需求，也成为文化交流、社会互动的重要窗口。

第一节　新媒体传播时代网络游戏的发展和玩家养成

一、网络游戏的发展

（一）PC端网络游戏的发展

中国在1994年以前还没有接入互联网，国内游戏的传播主要还是依靠存储介质。1996年以后，"文字MUD"游戏登上了中国网络游戏舞台，当时国内的"文字MUD"以武侠主题为主，MUD《侠客行》受到当时国内玩家的追捧。"文字MUD"游戏由于没有可视化的特点，缺乏市场竞争力，当时只有少数能上网的玩家可以玩这种游戏。直到2000年7月，中国台湾网络游戏发行商华彩软件在中国推出《万王之王》，中国才正式迎来第一款大型网络游戏。随后中国网络游戏进入了高速发展阶段，2001年至2004年期间，优质韩国游戏被引入中国，其中盛大公司代理的《热血传奇》成为当时的经典。《热血传奇》在中国大获成功，在短短半年内创造了60万人同时在线的奇迹，这也成为中国游戏行业发展的标志性事件。

1　2020年中国游戏产业报告[EB/OL].（2020-12-17）[2023-06-08]. 游戏产业网.http://www. cgigc.com.cn/gamedata/22132.html.

2004年至2006年，中国网络游戏逐渐形成了完整的产业链，各大游戏厂商纷纷看到了游戏带来的巨大效益，开始寻求适合自己的发展机会。这一时期，暴雪娱乐开发的第一款游戏《魔兽世界》成为许多人的青春记忆，其游戏设计、玩家口碑使全球244个国家和地区都有其玩家。这款游戏的火爆程度甚至创下了多项吉尼斯纪录，在其后的许多大型多人角色扮演游戏中也能看到《魔兽世界》的影子，足见这款游戏的成功。2006年至今，网络游戏产业逐渐成熟，已然成为中国文化产业的支柱。这期间，许多经典的游戏都是国外引进代理，国内厂商进行运营，但国内自主研发的产业生态圈也在逐渐成熟。2024年8月，首部国产3A游戏《黑神话：悟空》的火爆可见一斑。随着市场规模的扩大，国家"互联网＋"战略思维的提出，相关法律法规也相继出台，中国游戏产业进入良性循环的轨道。

（二）手机端网络游戏的发展

1994年至2002年是手机游戏的起步阶段，这个时期手机的处理器性能差、分辨率低，游戏娱乐并不是手机的必备需求。但诺基亚看到了手机游戏的前景，在1997年发布了《贪吃蛇》这款游戏，简单有趣的玩法吸引了一批手机用户。《贪吃蛇》系列的火爆让手机厂商和游戏厂商看到了这个市场的蓝海。2003年至2008年，诺基亚乘胜追击推出了N-Gage手机，这是一款以游戏为核心的移动手机，用户可以在这款手机上购买游戏。这期间，手游数量开始增多。

2008年至2012年，诺基亚受到了苹果智能手机的挑战，苹果智能手机满足了用户的体验和需求，很快占领了手机市场。2009年，App Store上的《涂鸦跳跃》和《愤怒的小鸟》通过简单却富有挑战性的玩法，收获了大批忠实玩家。《愤怒的小鸟》的成功标志着手游星星之火的点亮，也标志着手游行业开始进入爆发式增长阶段。

2012年至今，中国手机游戏开始崛起。2013年，腾讯通过微信平台这个大流量入口，推出了《天天酷跑》《天天爱消除》这样的全民游戏，游戏十分火爆。国内游戏的另一巨头网易游戏也不甘示弱，2014年推出的《乱斗西游》登上苹果手机软件的年度精选；2015年推出的《梦幻西游》更是吸引了大批中国玩家。《梦幻西游》手游基于PC版的《梦幻西游2》的玩法，将其游戏体验转移到手机屏幕上来呈现。移动端游戏产业链在中国越发成熟，玩家也越来越多，市场竞争也日益激烈，手游的创新成为手游厂商的选择。2015年《王者荣耀》推出后凭借其快节奏、易上手、社交性强等特点，吸引大量玩家，成为国内最受欢迎的手游之一。未来手机游戏的玩法会更加多样化，体验也会更好，这无疑是手机游戏玩家的福音。

（三）游戏的智能化革新

随着人工智能的发展，如今人工智能的应用也在游戏场景中落地。人工智能技术让游戏的场景更加真实，如赋予游戏角色接近人类的技能和反应，能够针对不同玩家的需求进行玩法定制，从而提高玩家的参与体验。算法带来的游戏智能化革新，体现在交互创新和游戏引擎的超能力。一方面，游戏会越来越懂玩家的需求，设定最合适的难度吸引玩家去参与游戏；另一方面，超强的游戏引擎使游戏厂商快速制作游戏、降低游戏成本，通过快速的市场验证来满足越来越"挑"的玩家。

AR / VR游戏让玩家更加沉浸到场景中，构建一个更加真实的游戏世界。玩家戴上AR / VR头盔进入游戏世界中，这种立体的可感知的游戏体验是PC端游戏和手游无法做到的。随着5G技术的发展，在传输速率上会有更大的突破，AR / VR设备就能拥有更低的

VR游戏

时延，玩家将会拥有更加沉浸式的体验。总之，游戏行业的智能化革新已经开始，技术的突破加上玩法的创新，使游戏发展拉开新篇章。

二、网络游戏的特征

丹麦学者杰斯珀·尤尔（Jseper Jull）在其博士论文《游戏、玩家、世界：找寻各自的内心》[1]中对游戏特征进行了阐释，他总结了电子游戏的六大特性：其一，玩家需要遵守游戏规则；其二，游戏结果不是单样的，且能被玩家预见；其三，游戏结果都是有价值的，但价值有好坏之分，对玩家的影响也有正面和负面影响；其四，玩家需要对游戏付出相应的时间和精力，因为游戏过程具有一定的难度和挑战；其五，玩家如果不合理安排时间和控制自己的

1　Jesper Juul U K, Guan P P. The Game, the Player, the World：Looking for A Heart of Gameness[J]. Studies in Culture & Art, 2009(5): 220−230.

情绪，容易对游戏产生依赖，进而会影响玩家身心健康；其六，在游戏中，游戏最终的结果是可协商的，这由玩家决定。其对游戏的特征定义已经成为游戏研究的经典准则。美国学者爱斯潘·阿尔萨斯（Espen Aarseth）曾提出："电子游戏有无限的可能，它的内容十分丰富，游戏内容和文化背景来源包罗万象，可以来自小说、历史、电影、生活等。"[1]简·麦戈尼格尔在其《游戏改变世界》中提出了更为精练的游戏四个决定性特征，分别是目标、规则、反馈系统和自愿参与这四个决定性特征。[2]

网络游戏作为网络媒介，还拥有网络媒介的特点，即互动性、多媒体性、虚拟性、叙事性。互动性表现在玩家与玩家的互动、玩家与游戏的互动，互动性也让游戏更富吸引力。多媒体性表现在网络游戏有文本、图片、视频、音频等硬件设置，给予了玩家全方位的游戏体验。虚拟性表现在游戏本身就带有一定的虚拟成分，游戏为玩家搭建了一个虚拟世界，玩家在这个虚拟世界中扮演角色；同时，网络的匿名性也让玩家能够沉浸在这个想象的、轻松的世界中。叙事性表现在游戏通过故事背景、角色、剧情、目标为玩家们构建了一个富有趣味性的游戏世界，让网络游戏变得更加有意义。

三、网络游戏玩家的"养成"

随着网络游戏的高歌猛进，游戏（不同年龄阶段玩家）不断养成，越来越多的人开始接触游戏。网络游戏玩家是指通过PC端、移动端等终端设备进行网络游戏的参与者。随着中国经济的高速发展和游戏市场的成熟，海外游戏和高品质的国产游戏被越来越多的人所熟知。如移动端的《王者荣耀》《梦幻西游》《QQ飞车》《楚留香》和客户端的《英雄联盟》《穿越火线》《守望先锋》等成为2018年的爆款游戏。这些游戏都有一个共同特点，制作水准高超。因为玩家的游戏体验已经升级，对游戏的画质、音质、剧情效果等都有了更高的要求，游戏厂商也更精细化运营和不断设计游戏新玩法。

随着互联网技术的发展，构建了全新的媒介接触方式。游戏玩家参与网

---

1 Aarseth E. Playing Research: Methodological Approaches to Game Analysis[C].Proceedings of the Digital Arts and Culture Conference. Australia: Melbourne, 2003: 28–29.

2 简·麦戈尼格尔.游戏改变世界[M].北京：北京联合出版公司，2016：21.

络游戏不仅通过玩游戏，还可以通过各大直播平台的游戏直播、视频网站、游戏论坛等来参与游戏，这些都深受互联网原住民年轻人的喜欢。同时，游戏赛事活动举办越来越专业化，玩家开始分化为职业玩家和业余玩家，业余玩家通过观看职业玩家的比赛，成为职业团队的粉丝。全新的媒介接触方式无疑扩大了游戏的传播力度，使更多人接触游戏，成为游戏玩家。

目前游戏玩家的形象在报道中多数是偏负面的，主流媒体常给游戏玩家打上"网瘾少年""沉迷者"的标签。在许多家长看来，游戏虽然可以让玩家放松以释放压力，但也极易使其沉迷从而影响身心健康。不过随着近些年电竞行业的高速发展，玩家形象也有所改变。IG战队获得2018年英雄联盟全球总冠军这一事件，受到了主流媒体的报道。同时，电子竞技入选2018年亚运会，也进一步肯定了玩家形象。

第二节　用户参与网络游戏动机分析

1974年，学者卡兹（Elihu Katz）等人发表《个人对大众传播的使用》，认为媒介接触行为是一个因果连锁过程，这个过程受到社会因素、心理因素、媒介期待、媒介接触、需求满足等行为因素的影响，提出"使用与满足"过程的基本模式。[1] "使用与满足"理论（use and gratification theory）站在受众的角度，通过分析媒介因满足受众需求而被选择，强调了受众具有能动性，这种"受众中心论"的视角也给了许多学者研究以启发。从"使用与满足"的视角来研究游戏玩家的动机也同样适用，玩家对游戏越沉迷，越说明游戏满足了玩家某方面的需求。亚伯明罕·马斯洛（Abraham Harold Maslow）于1943年提出著名的马斯洛需求理论，马斯洛将人的需求从低到高分为五种，分别为生理需求、安全需求、社交需求、尊重需求和自我实现需求。马斯洛需求理论强调的是人的动机理论，这同卡兹提出的"使用与满足"有相通之

1　Katz E, Foulkes D. On the Use of the Mass Media as "Escape": Clarification of A Concept[J]. Public Opinion Quarterly, 1962, 26(3): 377−388.

处，均提供了从受众需求角度出发的视角。在游戏中，配对团战模式、游戏公会能满足玩家的社交需求，游戏的荣誉系统、升级打怪的挑战、奖励机制等能满足玩家在游戏这个虚拟世界中的自我价值。

关于玩家游戏行为的心理分析，网络游戏能从不同方面满足不同玩家的心理需求，这种需求是多样的。[1]比如选择玩策略型游戏的玩家，希望通过游戏获得相应的权利；选择玩交友类游戏的玩家，希望通过游戏来寻求归属感和维持人际社交；选择竞速类、闯关类游戏的玩家，希望通过游戏来满足自我成就感。在相关研究中显示，心理需求模型由现实情感的补偿与发泄、人际交往与团队归属、成就体验这三个维度组成，玩家对网络游戏的心理需求程度与其对网络游戏的使用程度显著相关，并且三个维度的需求都与玩家玩网络游戏动机相关。[2]也有研究证明，玩家的自主权和自我意志与游戏偏好、游戏沉迷相关联。游戏的沉浸式体验、视觉效果、角色对玩家长期玩游戏影响较大。[3]

一般来说，用户的动机可以分为探索动机、成就动机、社交动机、沉浸动机，其中探索动机包括好奇心和从众心理，成就动机包括成就感和炫耀心理，社交动机包括团队归属感和游戏社交，沉浸动机包括释放压力和消磨时光。网络游戏吸引玩家的根本原因是什么？它从哪些方面满足了不同年龄阶段玩家的心理需求？本章将玩家分为青少年玩家、成年玩家、老年玩家，分别探讨这三个层次玩家的游戏心理。

一、青少年用户网络游戏参与心理分析

随着互联网技术和移动终端的发展，青少年"触网"的年龄也越来越小。据大英简明百科定义，青少年是指处于青春期和成人期之间的过渡期人群，年龄一般从12岁至18岁。这一时期青少年处于儿童和成年人的过渡时期，开始认识自我，渴望被认同，对外部世界充满好奇。作为互联网的原住民，手

1　王继瑛.网络游戏玩家的心理诉求[J].南京邮电大学学报（社会科学版），2011,13(2)：20-24.
2　才源源，崔丽娟，李昕.青少年网络游戏行为的心理需求研究[J].心理科学，2007(1)：169-172.
3　Richard M. Ryan,C. Scott Rigby, Andrew Przybylski. The Motivational Pull of Video Games：A Self-Determination Theory Approach[J]. Motivation and Emotion, 2006, 30(4): 344-360.

机、电脑等设备成为他们的生活必需品，他们通过网络来满足好奇心和各种需求。网络游戏是一个绝佳的满足好奇心、获得认同感的平台，玩家可以在游戏这个虚拟世界中升级打怪展现自己的游戏才华，可以在游戏中抱团作战、交友、聊天，可以沉浸在游戏中忘掉现实中的不开心。而青少年一般自我控制力较弱，常常会沉迷网络游戏而无法自拔。

（一）成就感的获得

一般来说，人们除了要满足马斯洛提出的安全需求和生理需求之外，还会追求更高层次的需求，比如尊重需求、自我价值实现需求。人们会通过一系列的社会行为来实现自我价值，同时在这个过程中进一步获得社会认同，获得相应的成就感。[1]生活中人们总是因为某些现实问题而无法实现个体的自我满足，久而久之，人们追求自我价值的内驱力不能与外界价值体系融为一体。人们退而选择虚拟世界，而网络游戏则成为适宜的平台，游戏中的虚拟世界能给予玩家在现实世界中无法得到的心理满足。

对于网络游戏迷而言，网络游戏对其意义非凡，不单单只是表面的游戏，更多的是一种愉快的期待感和成就感的获得。在游戏中，玩家通过掌握技巧、购买装备等来不断地参与比赛，迎接更难的挑战。游戏设计往往会将难度控制在玩家的目标和可实现性之间达成一个平衡。玩家为了实现目标，从而进入投入忘我的状态，这种状态下，不管游戏最终结果成败如何，玩家都能体会到一定程度的满足感和成就感。游戏里最常见的三个系统，分别是等级系统、荣誉系统、探索系统，这样的系统设计就是为了满足玩家获得成就感的需求。因为在游戏中能体会到成就感和荣誉感，青少年玩家能从中获得在现实中无法实现的体验。

案 例

戴着厚厚眼镜的高二学生小钰，在现实生活中看起来毫不起眼，但在游戏世界里她却是"全服第三公会"的会长。"论操作和意识，他们都得服我。在这个

1　童敏.社会工作概论[M]. 北京：中国社会出版社，2000：67.

游戏里，我还是比较有话语权的吧。"小钰戴着眼镜的稚气的脸上有着难掩的自豪。为了保住公会的排名，小钰玩游戏每天平均要花7个多小时，工会的排名对她来说是一种成就感和荣誉感，而这些她在现实生活中暂时无法获得，这是她玩这款游戏长达3年的主要原因。

案例来源：搜狐网 2018年09月05日

　　小钰通过玩游戏获得了现实生活中不能获得的荣誉感和成就感。在网络游戏的虚拟世界里，她是"全服第三公会"的会长，她需要对公会负责，公会的排名是她的荣誉指标，她通过提升公会排名来获取团员们的信任和支持。这种成就感和荣誉感，她在现实生活中很难获得。网络游戏通过合理的难度设计，平衡玩家目标与游戏难度，激励玩家在游戏中不断克服困难，不断得分。在《模拟城市》游戏中玩家可以从上帝的视角进行城市改造，在城市中建立自己的规则，同时能够将建设的城市成果进行社交分享，即时的奖励画面、可分享的在线系统，都让玩家感受到及时的情感反馈，以此增加在游戏中的成就感。因此通过玩游戏来获得成就感，成为许多青少年玩家选择接触游戏的重要原因，同时随着游戏的竞技精神被越来越多的人接受和认可，玩家从中获得的成就感和自尊自信也不断增加。

📍 案 例

　　哪怕你不是游戏玩家，昨晚的朋友圈也一定被"IG"刷屏了：韩国仁川文鹤体育馆内，伴随着现场观众的欢呼和尖叫声，2018年英雄联盟全球总决赛（S8）落下帷幕，来自中国的电竞队伍IG获得了全球总冠军。这支队伍创造了历史，成为中国内地首支站上冠军领奖台的队伍。

　　对于玩英雄联盟的玩家来说，这一天比过年还热闹，因为这个比赛的重要性不亚于其他的体育类竞技赛事。年仅17岁的IG队ADC选手阿水在这届全球总决赛的表现足够亮眼，小小年纪就拿到了LOL总冠军，并且受到电竞爱好者的各种追捧。

案例来源：光明网 2018年11月04日

这次夺冠受到官方媒体的众多报道，这不仅是一种态度和趋势，更是对电竞赛事的认可。IG证明在电子竞技领域，中国也能走上总冠军舞台，中国人也能成为世界冠军。年仅17岁、尚未成年的阿水，通过游戏证明了自己，并在游戏中获得了成就感，同时也为国争光。夺冠那日许多玩家都喜极而泣，他们哭泣或许不只是为冠军，而是这些玩家觉得电竞爱好终于得到更多人的尊重，在游戏的虚拟世界中获得成就感的同时，也终能被现实世界所认可。

（二）从众心理的驱使

从众心理是指个人行为受到群体的影响和干扰，从而在决策、判断、行为上表现出跟风和迎合大众的行为。群体信息和社会规范会给个人施加压力，群体可以用拒绝和否定来边缘、孤立没有服从的成员，处在群体中的个人，由于害怕被群体拒绝，从而选择了顺从、服从、接纳的表现形式。

玩家的从众心理对于游戏影响力的扩散起到了关键作用。一般来说，极少会有人单独玩游戏，大部分玩家是以约朋友、选择配对的方式打游戏。为了不被孤立，有人选择随大流玩游戏。对于青少年来说，大部分时间是在学校和家庭中度过，学校的学习生活相对比较枯燥。如今各种网络游戏直播和比赛视频扩大了游戏的用户覆盖面，青少年可以从同伴处，以及短视频平台、游戏网站等了解到一些热门游戏。他们会认为玩游戏是主流，便开始接触这些游戏，最初可能只是想通过玩游戏跟上朋友的步伐，通过游戏打发一下时间。但随着时间和金钱的投入逐渐增多，加之对游戏的逐渐依赖，青少年玩家很难走出这个虚拟世界，导致越陷越深。游戏开发者也正是利用了青少年这种容易跟风的从众心理，以此设计游戏玩法，并进行广泛宣传。

📍 案　例

《跳一跳》是一款由小人、盒子、跳跃这三个极其简单的元素构成的微信小程序上的小游戏，在2018年初风靡了整个微信朋友圈。这款小游戏仅上线三天，游戏DAU（日活跃用户）突破1亿，用户留存量占6成；春节期间这款微信小程序游戏用户总量突破3亿，PCU（同时在线人数）最高达2800万人/小时，某段时间微信朋友圈里全是晒战绩的截图。

2017年备受瞩目的游戏《王者荣耀》在发布了近1年后，DAU才达到了5000万，而《跳一跳》达到这个数量只用了1天半……很多人玩"跳一跳"上瘾了，说"跳一跳毁了我的春节""跳一跳毁了我的寒假，作业还没开始做"。

案例来源：《贵阳晚报》2018年01月16日

《跳一跳》这个游戏有很强的社交属性，微信平台的用户量庞大，同时可以查看好友排名、邀请好友挑战，而正是因为这样的特性让用户产生了"原来大家都在玩"的错觉。早期开始玩《跳一跳》的玩家将其成绩分享在朋友圈，其朋友开始关注到这个游戏，为了避免给别人留下守旧的印象，由于从众心理也开始加入"跳一跳"大军。在互联网环境中，每个人都渴望在参与中获得身份认同，消除孤独感。"别人玩那我也要玩，并且要玩得不能太差"，这样的从众心理让这款小游戏在春节期间超级火爆。

二、成年玩家网络游戏参与心理分析

成人期是指人在生理和智力层面发育成熟的阶段，一般年龄在18岁以上，为了与老年玩家相区别，本章中的成年玩家年龄限定在18～60岁之间。成年人与青少年相比，在情感特征和个性心理上都有所不同。成年玩家相较于青少年玩家，意志力比较强大，因为成年人需要处理现实生活中工作、家庭的各种事务，且善于控制自己的情绪，表现较为沉着。

（一）社交归属感的满足

大部分成年人都身负压力，包括工作、家庭、社交等各方面的压力，现实压力使他们在现实世界中得不到渴望的归属感，于是选择了网络游戏。网络游戏是一个虚拟世界，在这个虚拟世界中可以通过团队打怪、社交聊天来寻求心理安慰和获得归属感。越是孤单寂寞的人，越容易在网络游戏中寻求归属感和情感的慰藉，也更容易陷入虚拟世界的假象中。此外，团队合作的形式受到成年玩家的追捧，因为这种交往合作是符合现实情境的，同时会给成年玩家一种归属感和成就感。调查研究显示，成年玩家在玩游戏的时候更加看重群体，重视社交归属感。虽然游戏玩家具有分散性和异质性，分布于社会各个阶层，但因喜欢同一款游戏，在网络世界中暂时抛开原有的身份和所属群体，在碎片化的网络交往中，每个人都能在各自的关系位置上，呈现出不同的自我认同，而多元自我和多元认同是网络中的普遍现象。玩家通过游戏完成虚拟角色认同，完善理想化的自我，以团队为核心进行行动，为群体做出积极贡献。

案 例

2004年11月23日，暴雪娱乐公司开发的《魔兽世界》在北美正式发行；2005年4月26日，《魔兽世界》在中国开始公测。作为一款大型多人在线角色扮演游戏，《魔兽世界》的游戏元素丰富且接近现实，各有特色的职业、不同功效的技能、近战远程的攻击施法距离，魔兽迷们可以通过富有挑战性的任务来续写艾泽拉斯的历史篇章。《魔兽世界》通过其丰富的战斗模式、多样的技能系统、宏大的故事背景，吸引了无数玩家在地下城中探索一个个未知的世界，不得不说这个游戏承载了"70后""80后""90后"这三代人的青春记忆。

魔兽迷们加入公会，在公会中每个玩家都有各自的角色，以公会的荣誉为目标，公会成员并肩作战，共同奋斗。如今《魔兽世界》在全球还有将近5亿的账号，有些老玩家至今还在玩，有玩家说，"那时候打副本，比上班还要准时""那个时候打魔兽是下班后最开心的事情""那时候团长说的话比领导还管用""艾泽拉斯，我的第二个故乡"，魔兽这个虚拟世界给予了他们很多成年后不再有过的童真乐趣。在魔兽世界有与之并肩作战的团员和公会，玩家们不仅可以打游戏，还可以在公会中谈天说地。

案例来源：搜狐网2018年11月23日

公会是魔兽世界里的重要组织，游戏公会就好比现实世界的公司组织，成员团聚在一起为公会而战，玩家们需要举团队之力才能打败最后的大Boss。单个玩家力量太小，无论单人多么强大，都很难在游戏中获得很好的名次。公会成员们目标一致，在游戏中有公会进度，打败最后的大Boss就是他们的最终目标。一名资深玩家说："当初加入公会就是为了缩短10分钟炉石冷却时间和多一个'群体复活'的技能，然而没想到入了公会后，每天看大家在公会中聊天吹牛也是一件乐事。"团队、组织的魅力，让这群老男孩在虚拟世界中感受到了现实世界中难有的快乐和狂欢。

实体的"自然人"进入虚拟世界，虚拟游戏角色变身虚拟空间中的身份，不同的角色往往有自成一派的成长攻略、属性特点，因此当玩家选定某一角色时，就会带有强烈的认同感和归属感。在理解角色的属性和成长规划后，玩家就会按照角色特点养成，如选择相应的技能升级，为其配备相应的装备，寻找相应的学习攻略，以便找到角色优势，在团队合作和群体社交时找到自己的位置，从而形成角色认同。

📍 案　例

魔兽世界怀旧服的国服MC首杀的指挥玩家是一个50岁的老玩家，这个50岁的成年人依然在玩魔兽，并带领团队拿下国服首杀，可见对魔兽游戏的热爱以及团队的强大实力。因为开服只有十几天，这十几天需要团队成员一起练手升级和准备装备，难度和挑战都不小，但能够拿下MC首杀是一种荣誉，所以各个团队都在积极准备。

这位50岁的成年玩家，带领团队十分有经验。游戏中，他思路清晰，分工明确，团员也十分听他的话，有条不紊地在各自的位置完成任务。这支团队展示了分工协作和团队精神。同时，这位老玩家在魔兽游戏中创造的游戏氛围和团队精神，会更加凝聚这支团队的力量，在其后的比赛中越走越远。

案例来源：搜狐网2019年09月06日

注重团队分工协作是成年玩家的一大特征，成年玩家通过这样的形式完成自身任务并塑造个性化的游戏角色。当个体对群体的认同感很强烈时，个体的共鸣感会促使其像群体典型成员一样去行动，且为了遵守群体规范，个体也会表现出趋同行为。在这一过程中玩家自发成为群体"不可或缺的一分子"，为群体付出大量的精力，不计较个人得失与荣辱，甚至愿意为了团队利益做出牺牲。

在游戏中，团结的观念被强化，如超级火爆的《刺激战场》和《王者荣耀》。《刺激战场》的"大吉大利，今晚吃鸡"、《王者荣耀》的"稳住，我们能赢"，这些经典台词在玩家中广泛流传，台词既强化了团结的概念，也贯彻团队精神的落实。网络游戏的设定和玩法使玩家们可以轻易玩到一块，队友可以是朋友、家人，也可以是陌生人。这种设定不仅让玩家在游戏过程中轻松体验到团队的力量，还有助于缓解在现实生活中的人际焦虑感。

关于游戏的社交归属感动因，从如今十分火爆的"电竞陪玩"可见一斑。"电竞陪玩"是指向游戏玩家提供"一对一"电竞游戏陪伴服务，从业人员也叫电竞陪玩师。电竞陪玩并不是在手游爆红后才出现，早在端游时代就已经出现了代打代练，可以被视为电竞陪玩的前身。电竞类游戏具有高对抗性和等级段位划分，游戏玩家对于高段位奖励的追求，是电竞陪玩产生的基础。据不完全统计，目前游戏市场上陪玩平台已超过20款，包括比心、猎游、约我玩、捞月狗、高手电竞、开黑大师等等。

📍 案 例

"比心"是国内规模最大的电竞陪玩平台，采用C2C模式，经过游戏水平技能资质认证的游戏玩家，可开通游戏陪练的技能服务，将技能变现；其他玩家则可以根据自身游戏喜好的需求，在平台推荐页面找到心仪的游戏大神，通过在平台下单达成一对一的游戏陪玩。截至2019年上半年，"比心"平台的游戏用户数量已突破千万，并拥有近百万经过专业训练的陪玩教练，从中可见"电竞陪玩"有多火爆。

案例来源：网易 2019 年 02 月 25 日

玩伴归属心理是用户希望在喜爱且擅长的娱乐领域找到同一水准的忠实玩伴、寻求社群归属的心理活动。之前玩家苦于玩无去处、玩无对手，现在玩家苦于找不到技术棒还会聊天的队友。因此，"比心"用"时间 + LBS 定位"为用户精确匹配玩伴。电竞游戏与体育游戏相似的地方在于，队友和对手在很大程度上决定了用户的游戏体验。幽默诙谐的队友、技术过硬的老玩家、精通套路的资深玩家，可以极大提升用户体验，进而促进电子竞技整体水平。

也许游戏玩家需要的只是一份情感社交，意味着某个人愿意陪伴自己，希望个体能得到他人的回应。"比心"借鉴之前淘宝网推出的"虚拟好友服务"，与电子竞技完美结合。在实际操作中，一些玩家不但提供贴心周到的陪伴，还会通过语音包或变声器塑造出令游戏用户更喜欢的声音类型，满足用户的一些个人幻想。"电子竞技"继承了广播中声音得天独厚的优势，打造出"私人播音+电子竞技"的传播模式，把语音对话式的即时互动融入游戏中，让玩家可以在对话倾诉和游戏配合中，寻求情感甚至心灵上的社交归属。

（二）生活压力的释放

有人曾用古罗马角斗士厮杀的历史来解释贵族和平民为何都需要游戏和娱乐。的确，游戏见证了人类文明的发展，不同时代都有属于当时情境的游戏，贵族和平民需要游戏来消遣娱乐和释放生活压力，只不过是游戏形式不同罢了。"当人的大脑在一段时间没有达到一个阈值的思考强度后，他就会产生不舒服的感觉。这种感觉会促使人在满足了生存条件后无法闲下来，总会去寻找一些事情来做。"[1]用户沉浸在游戏中，将现实中不舒服的感觉转移到游戏中的对抗或者冒险，从被动的承受者转变为主动的执行者，将不适的感受转化为愉悦的体验，来实现释放生活压力的目的。弗洛伊德也曾说过，游戏不过是被压抑欲望的替代性满足，玩游戏是玩家释放压力的一种手段。成年人面临学业、工作、家庭的压力，虽然对情绪的控制已相当不错，但却很难在现实社会中释放这种压抑的情绪。而游戏给成年玩家提供了一段特殊的体验，玩家们沉浸在游戏中，通过虚拟的冒险、丰厚的奖励、赢得比赛的激情等让其肾上腺素飙升，从而让玩家释放压力。

如今许多网游、手游的交互体验、视觉效果做得非常棒。大型游戏中的场景、音乐、文案等给玩家绝佳的体验和视觉享受。通过游戏中的胜利来转移现实生活中的注意力，网络游戏中的快乐能让成年玩家暂时忘掉现实中的不如意和压力，使其释放负能量和满足潜意识的需求。

许多游戏设计者抓住了用户这一心理，通过让玩家快速获得成就感来使其释放压力。这样的游戏设计规则从用户心理层面出发，设计一系列的游戏玩法来满足成年玩家的这一心理需求。

1　邪让多杰. 玩家思维：游戏设计师的自我修养[M]. 北京：电子工业出版社，2016：3.

📍 案 例

《开心消消乐》这款游戏在社交媒体上的话题榜和热度上高居不下，这款游戏看起来毫无难度却吸引了众多用户。无论是在跟朋友聚餐还是在地铁公交上，总有一群人一直在"biu、biu、biu"地滑手机，偷偷一看，你会发现大家都在玩同一款游戏。这款游戏已成为人们打发时间、消遣娱乐的第一选择。

更意外的是，这款游戏已经上线6年却依然能保持较稳定的热度和用户量，可见玩家对这款游戏的喜爱。有玩家表示，"在玩这种所谓'无聊'的游戏时，我只是想在压力中找一个能供我暂时逃避的空间，至于它是什么真的不太重要"。也有玩家认为，"消消乐的玩法简单、方便，能够很好地投入而忘记其他事情"。

案例来源：《21世纪商业评论》2018年04月25日

《开心消消乐》这款游戏遵循着快感原则，玩家们通过不断消除相同颜色的方块来完成任务。这需要在方块下落的过程中做出反应，由于反应时间很短，游戏认知难度低，玩家不需要付出过多思考，就能获得对游戏的掌控。对于成年玩家来说，这几乎是一款没有难度的游戏，但不断消除的方块能让玩家们获得巨大的生理和心理快感。比如方块消除成功后系统"duangduang"的声音能让玩家心情愉悦，快速的配对消除机制能让玩家不断释放压力，满足感爆棚。

📍 案 例

2009年，腾讯QQ空间出现了一个新型网络游戏，以种菜、偷菜为主要兴趣点，一推出就火爆网络，首先现身QQ农场，后渐渐风靡于SNS社交网站，获得了以往网络游戏从未拥有过的巨大影响力。其后，以"花园""农场""牧场"为平台的经营类郊游游戏迅速占领了开心网、校内网（人人网）等网络社交平台。游戏中房屋、花园、种子、粮仓以及一系列农业设施和农作工具都是虚拟的，共同构成了完备的生产资料与劳动对象。按照"自种"或"偷菜"的原则建构起互动的循环模式，逐渐演变为全情投入的虚拟农作物保卫战，并成为当年网络游戏中的No.1。网络农场偷菜行为不仅成为学界与业界讨论的热门话题，关于"偷菜时代"的多维度分析也影响到游戏参与者的现实生活。

案例来源：36氪网 2018年12月29日

如果把偷菜行为放到一个更加宏观的社会心理层面来看待，偷菜游戏的玩家大都是城市的白领阶层。这些人通常是在下班后开始玩偷菜游戏，更有甚者还会定时凌晨去虚拟农场"采摘"。这不仅仅是城市中产阶层面对社会压力的偶然行为，更是这一群体出于对交流的渴望而产生的自发自愿行为。如果更进一步深究，其实城市白领阶层的偷菜行为是其渴望交流心理的具体体现，偷菜游戏只是一个交流平台，目的是促进玩家交往，也许也隐喻着社会转型期改革资源的分配。

较之以往，白领阶层接受的文化传承与当下新的社会价值理念与规范体系有一定偏差，会产生一定的困扰与矛盾。而各个利益集团并未合理表达其利益，不同利益主体之间也存在矛盾与冲突。因此，白领阶层通过玩网络游戏来释放自身压力与宣泄情绪，而且行之有效。火爆的偷菜游戏门槛低、要求少，在游戏中玩家之间不需要进行文字交流，能用最小的成本获取渴求的人际交往。白领阶层的情感诉求得不到充分表达，迫于无奈又想拥有交流的渴望，在技术提供了适宜的平台后，便自然利用网络偷菜行为来纾解压力。偷菜游戏可以说正是契合了都市人群精神生活空虚、工作忙碌紧张的心理现状，以简单的网络游戏宣泄用户的心理压力而流行起来，这也是偷菜游戏火热持续的重要原因。

三、老年玩家网络游戏参与心理分析

截至2020年12月，50岁及以上网民群体占比由2020年3月的16.9%提升至26.3%。我国老年网民数量不断增加，实际上也增加了网络游戏的潜在用户，在玩家的生命周期中，潜在玩家能带来巨大的商业价值。第47次《中国互联网络发展状况统计报告》显示，互联网持续向高龄人群渗透。

人到老年，由于生理上的老化，记忆功能开始减弱，同时社会交往也越来越少，容易产生孤独感和消极情绪。身心健康、晚年幸福成为老人们生活

的重心。老年娱乐生活越来越被重视，只不过当下老年人娱乐方式有限，老三样是看电视、打麻将、下象棋。很少有人会把网络游戏和老年人联系在一起，其实网络游戏不再是年轻人的专属，也是老年人生活中的常见品。

（一）益智效果的实现

随着年龄的增长，人的思考能力、活动能力、认知能力都会有所下降，而玩游戏是一个很好的锻炼大脑和肢体的方式。老年玩家在游戏中的选择、操作和反应，潜移默化地锻炼了思考能力和认知能力，起到了益智的效果。

加拿大一项研究发现，老年人可以通过玩《超级马里奥》这种3D电视游戏来增强认知功能和预防老年痴呆症。33名老人被招募参与实验研究，他们被分为对照组和实验组。实验组又分为两个小组，第一组的老人们在一周内连续5天时间每天玩30分钟《超级马里奥》；而第二组的老人们学习弹钢琴，并且学习天数和时间与第一组相同；对照组的老人们为第三组，他们什么都不参与。研究结果表明，第一组老人们的海马体和小脑灰质普遍增加，认知能力加强；第二组的老人们小脑灰质增加；第三组的老人们则在这三个区域都出现一定程度萎缩。海马体与空间记忆和长期认知功能存在重要关联。这一研究发现，老年人玩游戏有助于提高空间记忆和认知功能。其实，一些益智游戏是适合推荐给老年人玩的，比如线上象棋、线上围棋，这些益智游戏对玩家的短时认知和思考有比较高的要求。电子游戏将线下的象棋、围棋转移到线上，方便老年人找棋友、观棋赛，从而丰富他们的日常生活。

随着5G技术和VR/AR游戏的发展，虚拟现实游戏、智能游戏有望成为缓解老年痴呆症状的福音。有专家认为，虚拟现实游戏的优势不少。首先，对于行动不便的老年人来说，玩游戏能产生积极的效用，而且足不出户便能参与游戏社交；其次，网络游戏需要动用肢体和大脑，能让老年玩家处于身心活跃的状态。

📍 案 例

东京郊区一间养老院内，88岁的坂本三郎目不转睛地盯着面前的游戏机，手指飞快地在屏幕上的不同角色间移动。房间的另一边传来阵阵笑声，煞是热闹。一群八九十岁的老人在玩类似打地鼠的游戏，一有鳄鱼或青蛙从什么地方冒出来，他们就飞快地用塑料槌敲下去。"女士们非常灵活，我几乎不可能战胜她们。"坂本感叹道，他喘了口气，旁边几位老太太的分数显然已经超过他了。

案例来源：《青年参考》2014年03月26日

坂本三郎所在的这个养老院，老年人平均年龄85岁，玩电子游戏只是他们的"课外活动"，他们大部分时间还是会一起聊聊天、散散步。九州大学医生高杉一郎则认为，打游戏能加快脑部，特别是大脑额叶部位的血液循环，减缓认知能力下降，预防患老年痴呆。即使网络游戏给老人带来的生理益处难以衡量，但能对他们的心理产生积极影响。通过这些游戏，老人们相聚在一起身心愉悦。

（二）晚年幸福感的提升

无论老幼，适当地玩游戏能给人带来幸福感，同时减轻心理压力。这正是老年人所需要的，走出寂寞、获得幸福是老年生活中一个非常重要的话题。老年玩家群体似乎是游戏里的弱势群体，聊到老年人玩游戏，一般想到的都是老年人围在一起下象棋、打麻将的画面，很少会把老年人跟网络游戏联系在一起。老年人在游戏里的玩家画像、从游戏中获得的幸福感是被人们长期忽视的。在游戏里和你一块打排位赛的队友可能是60岁的老大爷，60岁的"小姐姐"会因为在《阴阳师》里抽到SSR牌跟孙女唠嗑开心好一会儿。

玩网络游戏已经成为老年人获得晚年幸福的一种方法，同之前用知识武装头脑，丰富自己的精神生活，儿孙常年陪伴不同。现在玩网络游戏也是一个不错的选择，在游戏中能参与团队合作，能冒险挑战，能与网友线上下象棋、打在线扑克等，网络游戏丰富了老年人的日常生活，使其享受到游戏带来的快乐。

为了提升社会对老年人生活的关注度，创建更友好的老年社交环境，2017年，清华大学曾举办清华养老产业高端论坛，并同期启动了首届"乐龄游戏创意设计大赛"，这个大赛目的是征集游戏方案，找到适合老年人玩的游戏。"全国乐龄游戏创意设计大赛"在不到半年的时间里，主办方就征集到了上百个方案。设计出适合老年人的游戏，不仅可以让老年人乐在其中，而且可以帮助他们进行科学锻炼，会玩网络游戏的老人不仅更快乐，还能更健康。

有些老人以前也是游戏迷，只不过如今游戏迷变老了。在现实社会中，很少有人会把老年人和网络游戏联系在一起的，就好像两者之间天然绝缘。在某种层面来说，这是社会在有意无意中边缘化老年人的一种体现。因此，老年人的晚年幸福感更应受到全社会的重视。

📍 案　例

83岁的杨炳麟，从1998年开始玩主机游戏，因为自己是"工科男"出身，对计算机尤为感兴趣，逐渐喜爱上研究各款游戏的玩法。其后的20年光阴里，游戏成为他每日生活中密不可分的部分，"我每天早晨6点多起床，7点以后打乒乓球，下午3点到6点是打游戏时间，有时候忙着通关，经常忘记吃饭。但游戏不仅给我的生活增加了乐趣，也让我在玩的过程中不停地思考"。

杨炳麟说："玩游戏不只是年轻人的专利，我的目标是到85岁还能坚持玩游戏，当然如果身体允许，玩儿到90岁也是可以的！"

案例来源：《成都晚报》2018年08月08日

杨大爷在20年间玩过的游戏碟片差不多有500张。每当网络游戏打通关，杨大爷就会在碟片上标明通关时间，写清楚通关结局。为了打通关，杨大爷会仔细琢磨游戏中的难点，有时候也会看看攻略。研究游戏过程和通关给他带来的乐趣，是无法用言语形容的。正如杨大爷所说："游戏的初衷，或许就是让人开心吧。"游戏是让老年人过得快乐的低成本途径之一，而且能在游戏中兼顾健脑和健身。

📍 案　例

杨阿姨之前不怎么爱玩游戏，主要是以前没机会接触到网络游戏，但自从女儿到外地工作之后，家里变得冷清起来。为了给妈妈平时找点乐子，女儿便给她下载了《植物大战僵尸》和《斗地主》两款游戏。杨阿姨一接触便停不下来，每天得花费两小时在游戏上，"幸福"二字贯穿杨阿姨的这段游戏经历。她说："《植物大战僵尸》太好玩了，这些小僵尸不会跟你发脾气，不会跟你闹，我只要点击按钮就可以将这些僵尸消灭，我每天的乐趣就来自消灭僵尸的这一小时。"

杨阿姨以前也喜欢同邻居们出去跳广场舞，参与各种户外活动。但之后身体逐渐感到吃力，脚不太方便，所以将参与户外活动的时间转移到了《斗地主》游戏。有了《斗地主》之后，杨阿姨在家也能有事做，准时上线跟牌友打游戏成为杨阿姨的一个习惯。"坐在那儿能玩可久了，牌友们还没我打得好，大家玩得高兴就好。"

案例来源：《齐鲁晚报》2015年03月30日

杨阿姨通过《植物大战僵尸》《斗地主》找到了晚年的生活乐趣，通过玩游戏让自己不再孤单，与牌友们培养感情并斗智斗勇。正如杨阿姨所说："游戏玩家不分老年人还是年轻人，都有权利玩游戏，玩游戏能带来幸福、开心的感觉就好，人活着不就图个开心。"

第三节 网络游戏对玩家的影响

网络游戏对玩家的影响得到了很多研究者的关注。美国心理学家克雷格·安德森（Craig Anderson）和卡伦·迪尔（Karen Dill）通过研究发现，网络游戏会对青少年的暴力型人格产生影响。[1]未成年玩家不具备成熟的世界观、价值观和人生观，带有暴力色彩的网络游戏容易对青少年的攻击性行为产生影响。[2]

从某种程度上说，网络游戏与青少年的暴力犯罪行为的产生也有关联。游戏中的暴力元素和场景环境在潜移默化地影响青少年的日常行为，这种涵

1　Craig A. Anderson, Karen E. Dill. Video Games and Aggressive Thoughts Feelings and Behavior in the Laboratory and in Life[J]. Journal of Personality and Social Psychology, 2000, 78(4): 772-790.

2　Anderson C A，Bushman B J.Effects of Violent Video Games on Aggressive Behavior, Aggressive Cognition, Aggressive Affect, Physiological Arousal, and Prosocial Behavior: A Meta-analytic Review of the Scientific Literature[J]. Psychological Science, 2001, 12(5): 353-359.

化作用会使得青少年在现实中表现出游戏中的暴力元素。[1]沉迷于网络中的虚拟暴力世界，会让玩家对现实社会的规则不清晰，导致反社会规则的行为出现；沉迷于游戏从而疏离社会交际，导致青少年情感冷漠和性格孤僻。[2]

但也有研究表明，网络游戏在某种程度上会产生积极影响，给玩家带来更多的快乐。美国罗切斯特大学认知神经学家达夫妮·巴维利厄（Daphne Bavelier）的实验结果显示，网络游戏的老玩家对于细节有着超乎同龄人的感知能力，网络游戏有助于提高人们的认知能力和注意力。

网络游戏也会对玩家的社会行为产生一些积极影响，通过游戏的角色扮演来帮助青少年克服现实生活中的人际交往困难和社会角色紧张，促进青少年能更快理解社会角色，体会团队合作精神。[3]

总之，网络游戏对玩家的社会心理会产生双面影响，包括过度沉迷于网络游戏会影响玩家的正常生活和心理健康；网络暴力游戏可能会增加玩家的攻击性行为；网络游戏促进个体社会化成长，获得更强的社会互动；网络游戏会带来实实在在的奖励，增加自我价值感；网络游戏能提高日常生活满意度。

一、逃避现实的沉迷

沉迷游戏指的是玩家参与游戏而无法自拔的一种病态行为。玩家一旦沉迷网络游戏，会表现出对游戏依赖、对游戏充满仪式感等行为，沉迷程度严重的话甚至会影响到身心健康。一些媒体喜欢将沉迷网络游戏比喻成"吸食毒品"，因为游戏会像毒品一样使人上瘾，产生依赖，极难戒掉这种游戏瘾。玩家过度依赖网络游戏，沉迷于游戏而自我满足，会导致人际交往和社会互动减少。同时，游戏媒介大量的信息也会使玩家对信息产生冷漠与麻木，从而忽略有价值的信息，更有甚者会因为沉迷游戏而酿成悲剧。

---

1 燕道成.精神麻醉：网络暴力游戏对青少年的负面影响[J].新闻与传播研究，2009,16(2)：50–58，107–108.

2 刘亚娜，胡悦，郭虹.论网络游戏对青少年犯罪的影响[J].东北师范大学学报（哲学社会科学版），2014(1)：29–34.

3 曹殿朕.社会角色理论对青少年网络游戏行为的解读[J].河南师范大学学报（哲学社会科学版），2007(6)：207–209.

📍 案　例

小勇从小学三年级开始玩游戏，父母觉得玩游戏是孩子的天性，所以并没有管太严，由于小勇平常玩的游戏大部分是免费游戏，李先生就没有太在意孩子玩游戏这件事。但万万没想到，有一天李先生的支付宝开始出现长长的账单，最大一笔游戏成交额为9999元，李先生这才察觉小勇已经沉迷网络游戏，并且在28天里为了一款手游花掉了近5万元。

这5万元是小勇的救命钱，也是李先生这几年辛辛苦苦攒下来的。因为小勇患有先天性疾病，所以李先生跟妻子一直省吃俭用，但没想到攒下来的钱在一个月内就被儿子全部花光买游戏装备了。

案例来源：央视网 2017 年 08 月 06 日

随着移动设备的普及和手游市场的繁荣，越来越多青少年接触到手机游戏，手机游戏以高互动性、高参与性、高便捷性吸引了许多未成年玩家。未成年玩家长期玩游戏，很容易沉迷于游戏中的战绩和角色，在不理智的情感引导下做出不合理行为。面对虚幻的快乐和荣誉，需要较强的自控意识，而自控意识跟人的大脑发育和社会阅历相关。未成年人身心发育尚未成熟，很容易沉溺其中从而做出极端的行为。

沉迷于游戏之后，玩家需要付出许多时间花费在游戏上，当他们觉察到这样不妥时，又想到已获得的游戏角色级别高，不继续很可惜。长此以往，游戏成为其生活不可割舍的一部分，也就更离不开游戏了。同时，玩家享受着游戏里的快感，在虚拟世界里不断地攻城略地、升级打怪。他们在游戏里感受到了现实世界里无法拥有的强烈刺激感和成就感，所以开始逃避现实，远离社交，变得性情冷淡、孤僻。玩游戏就像毒瘾一样，玩家一旦进入游戏角色便变得亢奋，一旦离开游戏角色便沉默寡言、烦躁不安。同时为了能够继续玩游戏，玩家容易变得失去理智，忽视现实社会的法规和伦理。

📍 案 例

一位母亲向集美区马銮湾边防派出所报案,希望警察帮忙管管她的儿子,因为她实在是无能为力。"这是我儿子,我实在是管不住了,请警察同志帮我管管。"报警人周女士指着屋内的一名男子说,儿子小谢今年19岁,不愿工作却整日沉迷网络,上网打游戏没钱了就回家索要。如若不给,小谢便不停辱骂,甚至动手殴打弟弟。

周女士称,这种情况已经发生好几次了,严重影响到她和小儿子的正常生活和工作。"这一次实在无法忍受,我才选择报警寻求帮助。"

案例来源:环球网2023年07月15日

小谢是为了能继续上网打游戏而辱骂、殴打自己的家人,对游戏的沉迷让他不择手段,忽略掉亲人间重要的情感连接。因为游戏上瘾后,人一旦离开游戏便会失去理性,忽视了现实社会的生存法则。

对于长期沉迷于网络游戏的青少年玩家,游戏还会对其身体造成严重影响。为了能够拿到更好的排名,获得更好的游戏头衔,他们可以长时间保持同样的姿势在电脑、手机屏幕前通宵达旦,有些甚至将自己的生活用品搬到网吧,使网吧成为第二个家。为了不受到其他事情的干扰,他们开始日夜颠倒,沉迷在游戏世界中。这样的状态对身体是非常不利的,没有了正常的运动和作息时间,很容易患颈椎病、关节炎等身体疾病。同时会影响食欲,出现体重下降、营养不良等问题。另外,对网络游戏的沉迷也让他们慢慢失去了现实层面的人际交往,性情变得沉默和古怪,甚至导致脾气暴躁,容易有暴力倾向。

📍 案 例

一位母亲在儿子班级群说:"告诉大家一个不幸的消息,我的孩子昨晚11时发生脑梗,左边身体瘫痪,到人民医院急救,还未过危险期,他这个病是因为这两天一直玩手机游戏而导致的。告诉大家这个消息,是希望大家管教好自己的小孩，不要长时间玩手机。一个13岁的小孩脑梗，是医院第一例！"10月6日凌晨，还在国庆假期中，广州市某校初二年级的一位家长在班群里发出了上述令人痛心的消息。

案例来源：《新快报》2018年10月10日

手机超长时间的辐射、不规律的作息时间都会对人的身体造成不良影响，长此以往会引发某些疾病的产生。所以玩家需要控制玩游戏的时间，把游戏看作消遣娱乐的工具，而不应让自己沉迷进去，反被游戏控制。

若要把网络游戏的负面影响降至最低，宜"疏"不宜"堵"，最重要的是构建和谐的人际关系。需要在游戏用户、游戏商家以及政府机构三者之间构建良好的互动关系。游戏用户要提高自身媒介素养，加强现实交往，提升自觉性，养成适度的游戏习惯。游戏商家要做好"把关人"，打造积极健康的网络游戏文化模式，严格把控用户的游戏时间。政府机构要加强法治建设，重视游戏行业管理，净化网络环境，营造良好的网游氛围。2021年8月，国家新闻出版署下发《关于进一步严格管理切实防止未成年人沉迷网络游戏的通知》，要求游戏企业仅可在周五、周六、周日和法定节假日每晚向未成年人提供1小时网游服务（20:00-21:00）。

二、暴力刺激下的模仿

社会学习理论认为，人的行为不是被动的，而是具有主观能动性和模仿性。人们的攻击性行为是从个人引以为榜样的人物中习得的，如果该榜样人物及行为被视为"真实"，或与个人及其心境有着相似之处，就会比较容易产生注意、记忆和表现。[1]犯罪者不是天生就有犯罪的想法，其行为正是通过环境和媒介进行观察后模仿的，媒介传递给公众的示范作用效果可能更大。[2]美国学者乔治·格伯纳（George Gerbner）基于一系列美国社会的暴力和犯罪问题，提出了"涵化理论"。他认为，电视中的暴力内容会影响青少年的犯罪行为，尽管这种影响不是必然的，但会潜移默化地培养青少年对暴力的认知，

1　贺建平，赵晓燕，黄肖肖.网络暴力游戏与青少年暴力行为的相关性[J].新闻界，2009（1）：43-45.

2　曾建雄.独家言论与报纸核心竞争力[J].暨南学报（哲学社会科学版），2007(1)：114-121.

这种认知有可能会影响青少年做出危害社会公共安全的事情。[1]同样，网络游戏中的暴力环境和暴力因素也会潜移默化地影响玩家的社会性行为。

加拿大社会学家戈夫曼的拟剧理论指出，每个人会扮演多个角色，这些角色在"前台"和"后台"相互切换。他认为"前台"是人们表演的场所，在"前台"人们扮演好符合自己社会身份的角色；"后台"则是和"前台"相反的，人们在"后台"可以摆脱"前台"角色的社会约束，在"后台"可以尽情释放自己。对于玩家来说，"前台"就是自己每天都需要面对的现实生活，他们需要在现实生活中演好自己的角色；"后台"就是游戏构建的虚拟世界。在戈夫曼看来，"前台"和"后台"存在界限。如果玩家一旦冲破了这个界限，那么就会将"后台"中的游戏角色带到现实社会中，角色模糊之后会产生矛盾，甚至将游戏中的暴力元素在现实生活中重现。这还涉及游戏的角色认同理论，玩家对"后台"游戏角色的高度认同，会让这个界限变得更加模糊。在游戏的认同上，有学者研究发现，暴力游戏对玩家产生的角色认同感要强于普通游戏或电影角色。因为在暴力游戏中，玩家通常是自主选择并用第一视角来参与游戏。随着游戏技术的迭代，视听效果、动画特效越来越精良，这使得玩家的沉浸感和代入感越来越强。克雷格·安德森教授研究一般攻击模型（GAM）中网络暴力游戏对玩家的影响，分析得出暴力游戏对玩家的攻击性情绪、社会认知、社会行为均有一定程度的影响，许多学者的后续研究也证实了这一结论。玩家们沉迷于暴力游戏会改变其性格，变得冷漠和孤僻，从而减少玩家的亲社会动机。

有关暴力游戏对社会攻击性认知研究表明，游戏玩家短期或长期接触游戏，都有可能被提高内隐攻击性认知，国内外对网络暴力游戏玩家的攻击性认知的研究结论基本一致，符合GAM模型的预测。[2]目前的网络暴力游戏可分为角色扮演类如"征途""奇迹""千年"等，策略或战略类如"刺激战场"系列、"帝国时代Online"系列等。其中"刺激战场"和"奇迹"是目前最受青少年玩家青睐的网游。有些网络暴力游戏不仅内容含有攻击性元素，更通过极其炫丽的视觉效果让玩家们感受到刺激，这些刺激会影响到玩家线下的

1　刘玉珠，金一伟. WTO与中国文化产业[M]. 北京：文化艺术出版社，2001：101.
2　杨淑敬. 暴力电子游戏对中学生攻击性的影响[J].学苑教育，2016(18)：70-71.

现实行为，从而可能做出极端或不可思议的攻击性行为。

2017年9月，年仅15岁的一个中国少年将其邻居杀害，已被刑事拘留。该名少年从小学六年级开始玩网络暴力游戏，初二时想体验现实生活中杀人的刺激感。2013年，巴西一个名为马塞洛的孩子杀害自己的父母后自杀，该事件震惊了整个社会。通过采访报道得知，马塞洛平时看上去十分乖巧，但上初中后开始沉迷网络游戏。马塞洛沉迷的网络游戏正是杀人游戏，他对游戏的角色十分着迷，每天花费大量时间玩游戏，并将游戏中杀手形象设置为自己社交媒体的头像。据警方分析，马塞洛杀人动机很简单，"灵感"源于平时爱玩的暴力游戏，甚至他还萌发过"做一名职业雇佣杀手"的梦想。

从这两个由网络游戏引发的悲剧可见，网络暴力游戏对青少年玩家的危害极大。青少年自我控制力弱，模仿能力却很强，容易受网络游戏内容的影响。随着网络游戏及其相关产业的迅猛发展，网络暴力游戏对青少年玩家暴力犯罪的负面影响日趋深化。网络暴力游戏造成的悲剧并不是个例，上海警方之前在青少年犯罪案件中了解到，网络暴力游戏与引发青少年犯罪息息相关，80%以上的青少年暴力犯罪案件中，网络暴力游戏是其违法犯罪的直接或间接诱因。[1]

很多青少年对网络暴力游戏十分沉迷。在中国市场销售的网络游戏约有95%是以暴力、刺激和打斗为主，而且越"刺激"的网络游戏参与的玩家越多，因此引发学生逃学、校园暴力、青少年犯罪等一系列社会问题。[2]但网络暴力游戏产生的负面影响不仅于此，网络暴力这种攻击性行为能让人肾上腺素飙升，使玩家产生精神麻醉，极易沉浸在游戏的打打杀杀和暴力攻击中，对青少年的社会关系产生不利影响。

如今网络游戏行业正成为风靡世界的娱乐经济产业，限制玩家玩游戏也许不现实，但政府、社会和学校可以从法律规范、技术规则、道德准则这三个层面为青少年玩家筑起一道坚固的防火墙，同时青少年玩家也应该提高数字媒介素养，能够清醒分辨游戏中虚拟世界与现实世界的区别，把握玩游戏的时长和频率，对一些不良的暴力游戏要有拒绝的定力，成为有自制力的网

1　吴英华. 上海八成青少年犯罪与暴力网络游戏有关[N]. 生活周报，2004-10-23.
2　陶宏开. 网络游戏的暴力与现实社会的血腥[N]. 新京报，2008-10-29.

络游戏消费者。

三、寻求交集和互动的渴望

互动是网络游戏最具创新性和变革性的发展，在游戏世界处处有社交理念的运用，社交互动从表意到内涵被完全贯彻和体验。[1]在网络游戏《刺激战场》中选择团队合作，需要连麦[2]互动才能与队友同步路径和了解游戏比赛的打法战略；网络游戏中可以通过点赞来表达对队友神级发挥的肯定。网络游戏的多样玩法可以让玩家很容易就体验到现实中难得的快乐，由此享受到融洽的社交。游戏中的社交仪式能够减轻现代社会疏离的人际关系带来的低落抑郁和紧张不安。一般而言，互动行为可分为玩家与游戏的互动、玩家个体间互动、玩家群体内互动。

玩家与游戏的互动其实是玩家与作为媒介的游戏之间信息交换的过程，包括玩家使用和创建游戏内容。玩家将自我的意图、行为、动作体现在游戏中，并接受反馈，是游戏"映射"的过程。[3]玩家在其中暂时从现实的烦恼中解脱，自娱自乐，并可能因此引发"二度创作"。而玩家沉浸在游戏中，对现实世界的时间感知会发生变化，可能导致行为失调，过度注重游戏互动而忽略了现实世界的存在，这成为"游戏迷"被诟病的一大原因。

玩家可以通过团队进行个体间的互动。团队是一种小规模的、临时性的玩家组织。玩家可以通过组团配对形成团队，成员可以是自己的线下好友，也可以是毫不相识的陌生人。成员们为了共同的目标，各自选择角色，为共同荣誉而战。待游戏结束，团队就会解散，有些团队成员可能永远不会在现实世界里相识，但网络游戏给了他们并肩作战、互相认识的机会。玩家个体间的互动关系包括师徒、情缘这种特定的玩家关系。互为师徒的玩家通过拜师任务获得师徒奖励与一系列绑定符号，师父作为徒弟的传教者，完成游戏信息、规则指南、手法技巧、现有资源的传承。而通过"游戏网恋"结识的

1　朱丽丽，何珂.网络游戏迷的个体心理机制、投射与补偿[J].当代传播，2015（7）：45-48.

2　连麦，指在网络游戏中，两位玩家同时开启麦克风进行交流和互动，最初在YY语音中出现的。

3　关萍萍.互动媒介论——电子游戏多重互动与叙事模式[D].杭州：浙江大学，2010：147.

关系会比普通的游戏好友有更大的概率"奔现"，将情感延续至现实生活。一方面，玩家经过长期的深入互动，逐渐掌握了对方的现实资料，建立了信任；另一方面，由于脱离现实的社会环境，玩家可以自由选择与谁互动，以及互动频率和时长，发自内心地主动建立联系。在玩家建立对群体的认同后，玩家会参与集体互动，包括游戏、线上聊天、在线语音甚至线下组织见面会等。总之，互动会朝正向发展，这种强关系维系不仅可以使得玩家之间的关系进一步亲密和稳固，同时也有利于游戏资源的获取。

玩家群体内互动，是指一群"熟悉的陌生人"之间的互动。玩家会组成线上之"家"，拥有独立于游戏的玩家组织。其中"公会"是一种很受欢迎的玩家组织。在公会中，领袖有自身的管理机制，领袖的主要任务是扩大团队、管理成员、召集成员、分发战利品，并惩戒不合作的成员。公会领袖有时也会组织发起集体活动，如组织大型的集体战役，来一起挑战游戏副本或获取关键装备。任何一个成员在公会都有各自的责任和义务，在战斗胜利后，领袖会按照每人的贡献程度分发战利品。在这个层面上，游戏公会是许多游戏用户创建人际关系的重要场所。虽然网络游戏有单人游戏和集体游戏，但在这个虚拟的游戏世界中，玩家还是渴望与别人产生交集，单人游戏的玩家只是少数，这一类型的玩家主要是消磨日常碎片化时间。更多情况下，游戏的设计和结构化特点会促使玩家们选择集体游戏。很多网络游戏都鼓励玩家之间进行协作，仅靠个体的力量是很难获胜的，抱团取暖成为主流。因此，游戏玩家通过公会相互帮助、协同合作，从而获得虚拟装备、完成比赛。

游戏玩家在现实世界与虚拟世界中来回穿梭，不停地变换社会互动的情境，在某种程度上减轻了一成不变的生活对玩家积极情绪体验的束缚。正是因为游戏一定程度地打破了现实中的定势习惯，构建了陌生新奇的情境，所以能够对玩家产生巨大的吸引力。以互动仪式为主要机制的游戏社群活动不仅可以让玩家在不同情境中穿梭以塑造自我，有利于促进自身社会化成长，还能够促进社会文化的多样性以及促进社会结构多元化。[1] 社交网络游戏是增加情感交流的重要手段，通过多元的玩法和合作的理念，帮助玩家满足平常

1　文亮淳.网络游戏玩家的自我认同研究[D].贵阳：贵州大学，2018：35.

难以实现的愿望，和家人与朋友多多联系。

◉ 案 例

在Facebook上，在线填字游戏Lexulous非常火，它吸引了许多青少年和一群特殊的玩家群体——家人。对很多玩家来说，玩Lexulous意味着每天能找个理由跟妈妈聊天。这种猜测不仅有网上评论，还有照片为证。玩家们经常会把自己最得意的游戏时刻截屏发到分享网站上。

从共享的截图来看，玩家通过Lexulous保持日常联系的人不只母亲，与父亲、堂兄弟姐妹、兄弟姐妹、连襟、前同事、外地友人、出差在外的配偶等联机玩游戏的同样很多。

案例来源：虎嗅网2012年11月27日

因为不用同时在线玩，很容易和其他人组织游戏。每天玩上几分钟，就能轻松地维持游戏进度。而且这款游戏让玩家与朋友、家人联系更加紧密，通过游戏体会到不一样的亲密关系。Lexulous让人上瘾的秘密在于其非同步性，玩家不必同时上线，什么时候玩都可以。异步网络游戏不可预知的节奏，成为一种让人保持期待的手段。

游戏的上瘾性促使玩家主动扩展社交网络，与游戏成员展开社会交往，若不通过游戏，在网上可能会不知如何跟对方联系。有了社交平台网络游戏的帮助，玩家可以与关心但不常见或交谈甚少的朋友，保持紧密而活跃的联系，而且联系变得更容易和有趣。

有学者的研究表明，人的幸福是和其他人交织在一起，如家人、朋友、邻居……幸福既不是名词，也不是动词，而是一个连词，是结缔组织。网络游戏Lexulous通过有意识地设计来强化社交网络内的结缔组织，玩家在游戏里的每一个举动，都是在结合与联系。

四、自我价值感实现的认同

随着生活水平的提高，人们在物质生活得到满足之后，开始追求精神世界的满足。游戏对玩家的积极影响之一就是能带给玩家精神上的满足，能够让玩家产生自我认同。玩家通过玩游戏释放自我，并在游戏中通过游戏角色建构自我，从而实现自我认同。

弗洛伊德建构了人格模型，他认为人格模型包括本我、自我和超我，一个完整的人应该是由这三元人格模型组成的。在他看来，本我指的是一种最原始的、具有潜意识的心理结构，从自己本身出发以实现各种欲望。自我遵循的是"现实原则"，自我是理性的、社会性的，它同时也会修正本我的一些非理性的冲动。超我是人格中具有道德的、超自我的心理结构，由价值、理想和规范构成，并通过自我的理想、良心等来规范、克制自我。[1]安东尼·吉登斯（Anthony Giddens）着眼于现代性问题来探讨自我（self）和自我认同（self-identity）。"自我指的是个体负责的一个反身型规划"[2]，每个人都在通过自我规范来重塑自我，这与最开始的自己是不同的，这种不同是自我形塑的结果。吉登斯认为，自我认同是"个体根据自己的经历和思考来理解现在的自己"[3]，即自我认同需要从个体内心出发，再结合个体的社会经验、社会角色来反思自己的身份和社会行为。吉登斯认为，自我认同是具有两重性的，两重性体现在它既来自个体，也来自社会，是个体建构和社会塑造互动的过程和产物。[4]

网络游戏对玩家的自我认同建构主要体现在两个方面，一方面是个体建构，玩家通过与其他玩家的互动来完成自我的建构；另一方面是社会塑造，游戏商家通过制定游戏难度、荣誉机制、视听内容等这样的外部环境来让玩家完成自我的建构。玩家通过以上两方面来形塑自我，并最后实现构建统一整体自我的过程，产生自我认同。

游戏商家越来越懂玩家的需求，游戏环境的设计、难度的设计、目标的获取等都让玩家感受到了自我效能感，玩家通过选择游戏角色在竞技中不断得分、获得荣誉，同时游戏人物具备的超能力的表现也让玩家们越来越满足

1　弗洛伊德.自我与本我[M].杨韶刚，译.北京：九州出版社，2014：142.
2　安东尼·吉登斯.现代性与自我认同：现代晚期的自我与社会[M].赵旭东，方文，王铭铭，译.北京：三联书店，1998：70.
3　安东尼·吉登斯.现代性与自我认同：现代晚期的自我与社会[M].赵旭东，方文，王铭铭，译.北京：三联书店，1998：275.
4　吴自强.网络游戏互动对玩家自我认同的影响[D].兰州：兰州大学，2013：8.

于这个被构建的虚拟世界。不同年龄阶段的玩家都会面临大大小小的现实问题和各种压力，网络游戏成了一个避风港。游戏能让玩家体会到不一样的个人感受，在这个虚拟世界，获得一个全新的称呼能成为其日常社交的重要内容，在现实生活中缺失的自信感和成就感可以轻松在游戏中获得。对于一些在生活中缺少自我价值感的玩家来说，游戏尊重每一个玩家，这对玩家本身就是极大的获得感。在游戏中的角色和自我认同，不必再纠结于现实生活中的那套社会准则，谁能赢下比赛、成为MVP[1]、成为纪录保持者等变成了玩家实现自我价值的全新方式。

案 例

玩家小李是广州的一名初中生，由于在班上成绩很差，他很难同别的同学玩在一块，因为他觉得自己成绩不如别人，别人会看不起他。正是因为这样的心理作怪，他开始在游戏中寻找慰藉，企图在游戏中产生对自我的认同。

"只有玩游戏的时候我才觉得我比别人厉害，平时在班上我学习比不过别人，回家也会受到爸爸妈妈的唠叨，他们这样反而会让我越发觉得自己比不过别人。但是在游戏中没人会在意你是谁，也没人知道你只是个初中生，所有玩家都是平等的，在游戏中我们只看游戏排名。即便有段时间我的游戏排名也不高，但我同样也比我的同学们玩得好多了，我经常带他们赢下比赛，他们逐渐改变了对我的看法。"

案例来源：新华网 2021 年 10 月 08 日

在现实环境中，每个人都要扮演社会赋予的角色，在重新塑造自我时会存在很大的困难。但在网络游戏中，玩家可以不受现实约束，可以重新选择角色，可以在游戏的虚拟世界里做自己。游戏角色是自由多变的，玩家可以通过对游戏角色的塑造从而塑造全新的自我。

1　MVP是"Most Valuable Player"缩写，意为最有价值团队成员。

📍 **案 例**

正在上高中的女生婷婷，平时玩游戏最喜欢做的事情就是买英雄和皮肤，因为她特别喜欢自己的游戏角色，希望给自己的角色最好的皮肤。她的这些英雄和皮肤有的是系统送的，有的是节日的时候抢的，有的是自己花钱买的。为了购买英雄和皮肤，婷婷将自己大部分的零花钱花在了这上面。"有些英雄技能特别强，并且有特别的含义，所以我会买自己喜欢的英雄，买了英雄当然还要最好的皮肤啦，因为我希望我的英雄是最好看的，打游戏的时候我也能打得心情愉快一些。"

案例来源："鹏哥解读"百家号 2019 年 01 月 16 日

玩家喜欢直观化、形象化地看到自身努力的结果，好的结果反映了玩家的游戏能力及其所做的努力。人们喜欢高效的工作，因为能快速产生一种自我价值感。关注虚拟化身，看到游戏中自我不断完善，随着时间的积累，游戏人物佩戴更奢华的珠宝，穿上更豪华的盔甲，操控更有力的武器。而且游戏不仅仅是玩家的自我完善，在完成协作性最强的游戏任务团战期间，游戏的焦点变为集体完善。玩家可以加入公会，或与其他玩家长期结盟，完成最困难的团战，公会的团战统计和成就统计都可以提高，与众多其他玩家的合作，放大了资源建设带来的满足感。

在虚拟游戏世界中，只要玩家足够努力，就可以直接而迅速地看到结果。若付出的努力没有获得明显的成就感，会打击玩家玩游戏的积极性。现实生活中大部分人不会对自己工作真正满意。学者马修·克劳福德（Matthew B. Crawford）思考了体力劳动和日常文职工作之间的心理差异，认为："不少人做着感觉不真实的工作，在办公室里常常发现很难看到自己的努力产生任何有形的结果。每一天结束时究竟做了些什么呢？因果链不透明、责任分散、个体能动性体验模糊……有更'真实'的替代品吗？"尽管《魔兽世界》这类网络游戏并非他所指的解决办法，但它能更真实地替代了一些"模糊"的日常工作。

游戏是虚拟体验，但给了玩家真实的能动性，给予了做结果可衡量的具体事情的机会，以及直接作用于虚拟世界的力量。此外，玩家们还用他们的双手劳动，尽管他们操纵的是数字数据和虚拟对象。当真实世界的工作不尽如人意，那么网络游戏满足了人类的一大基本需求，即感受生产力，体验到自我价值感。

五、对现实的延伸和弥补

"休闲游戏"是行业术语，指的是简单易学、上手快的游戏，所需电脑内存和处理能力比其他电脑和视频游戏低得多，大多都可以在浏览器上玩，或在手机上玩。"休闲游戏"可以在很短的时间（几分钟到1小时）里提供满意的工作。如果在日常工作中穿插着来上几局，休闲游戏能惊人地提高日常生活满意度。这些游戏也不像大多数视频游戏那样要求强烈的承诺感，休闲游戏玩家每天只玩15分钟，每个星期只玩几次。大多数休闲游戏是单人游戏，只要玩家有需要，偷偷找个几分钟的时间就能玩。办公室是一个最需要用游戏来推动的地方，一项针对高层管理人员的调查表明，70%的高层管理人员每天平均会花15分钟到1个小时的时间，抽空在电脑上玩网络游戏，他们经常一边工作一边玩电脑休闲游戏。玩网络游戏让他们觉得"没有那么筋疲力尽"。较之浏览网页等被动减缓工作压力的方式，休闲游戏无疑更加有效，并使这些高管触发了自我激励意识。这些人将真实世界中碰到的困难和感受到的压力转移到了游戏中，通过游戏来排毒和释放压力。在快速玩完一局电脑游戏后，高管们感觉"更自信、更有活力、精神更集中了"，这些全都是良性压力的标志。而半数以上爱玩网络游戏的高管认为，在工作中玩是为了"感觉更富生产力"。人们渴望从事让人感觉真正在生产的简单动手工作。在实际生活和工作中，毫无进展的工作会使人感受到沮丧，可以借助游戏缓解这种沮丧，并在另一个地方实现生产力。

在游戏的世界里，玩家忘掉现实中的烦恼，不将功利的目的带进游戏，只是单纯地体会愉悦的感受和享受自身游戏的效能感。不管是单纯、短暂地在视频游戏里体验一番生产力，还是进入一个让玩家投入无尽满意活动的虚拟世界，玩游戏都会使其感受到与现实世界不一样的体验。现实世界的工作或许充满挑战，但个体能动性模糊、对周围的影响不甚分明，而且努力常常无果而终。

一方面，游戏设计者通过精心的游戏设计让玩家能够在游戏里自我挑战，游戏真实的反馈提供了真正的奖励和满足感；另一方面，积累成就、完成工作固然让人欣喜，但一次次的失败也同样能让人活力百倍，并使人渴求成功的内在奖励。

案 例

2016 年 8 月，支付宝公益板块正式发布"蚂蚁森林"游戏，用户通过线上缴纳水电煤气费、线下步行代替自驾等绿色行为减少碳排放量，通过计算转变成虚拟的"绿色能量"圆球，用户以圆球为锚点，将收取的能量种成一棵棵虚拟树。当虚拟树种成之后，蚂蚁金服会与公益合作者在阿拉善、库布齐等荒漠地区种上一棵真树。"蚂蚁森林"中收取好友能量其实就是一个带公益性质的"偷菜行为"，里面很多玩法与"线上种菜线下送菜"模式有异曲同工之妙，它利用了人性中不劳而获的心理，再次复现当年QQ空间全民偷菜的热潮。这种"偷菜"行为的背后是参与者构成一个网络互联区域，这一社区的设立基于虚拟世界。对于蚂蚁用户而言，首先加入这个群体活动，通过每日步行数及线上交易的低碳行为代替实物捐赠，其本身的公益理念就很有价值，付诸实践满足用户不花钱做公益的心理；其次，为了提高好友之间的互动趣味，蚂蚁森林增设了"加好友收能量"功能，这种行为就是在"自种自收""偷采别家"的原则上建构起"你偷我""我偷你"的循环模式，只要你是支付宝用户，就有机会成为蚂蚁森林的一员，当用户觉得好友太少而每天只能偷取到很少的能量时，许多用户就会鼓动身边的亲朋好友加入"种树"行列。

案例来源：搜狐网 2019 年 06 月 04 日

多年前的"QQ农场"游戏和"蚂蚁森林"有着异曲同工之处，两者都是利用虚拟种植的方式加入好友互动机制，用相互偷菜或者偷能量的方式尽情享受娱乐的快感。"蚂蚁森林"迎合了用户在虚拟世界中的攀比心理，在界面下方设置了以好友的总能量进行高低排名，榜单排名在一定程度上引发了用户的"好胜"心理，提升了用户的参与度和活跃度，促使用户更加积极地收取能量以此赢得更高的排名，而帮助好友收取即将消失的能量也增加了好友间的双向互动。"蚂蚁森林"作为社交的助燃剂，推动了人与人之间的交往。从卡茨提出的"使用与满足"理论来看，"蚂蚁森林"属于大众传播媒介，用户选择接触与使用它的目的，是满足其自身渴望寻求存在感、期待与人互动的需要，而这种需要与社会因素和个人的心理因素有关。

随着科技的发展，人们逐渐进入一种快生活的状态，而在这样的快生活中极容易产生社会焦虑、群体性孤独等现象。"蚂蚁森林"是基于支付宝平台的应用，用户使用可能性大大增加；而其公益性、趣味性使支付宝用户产生较大的媒介期待；因支付宝树立的良好品牌形象，用户因信任而形成媒介使用惯性，从而增加了"蚂蚁森林"的可信度，塑造了较好的媒介印象。通过此媒介，用户增加了好友之间互动，在一定程度上缓解了群体性孤独的症状。"蚂蚁森林"作为游戏的结果，一种是满足用户需求，另一种则是未满足需求。用户会根据满足的结果修正既有的媒介印象，也会在不同程度上影响用户的媒介期待。"蚂蚁森林"中的"种树"行为作为现实生活场景的延伸，用户将情感贯通于虚拟世界中，而且借助网络游戏构建的虚拟场景来弥补和改善现实。偷能量的过程增添了许多未知的刺激和愉悦，偷能量的行为虽然没有冒险的刺激，却满足了不劳而获的喜悦和投机主义的本性。同时用户也在虚拟游戏中体验到与他人一起种树的满足感，可以说"蚂蚁森林"实现了人际交往的网络在场化[1]。其实越是无需技巧的互动，越是集体无意识的映射。偷能量除了满足人际互动时的认同感，同时也是一种减压的良方，将现实中的焦虑、压力和愤怒等负面情绪，在看似简单的游戏中合理宣泄，既填满了精神生活的空虚，又在短暂的游戏兴奋中得到久违的轻松感。

1　马亚男.支付宝"蚂蚁森林"公益行动的受众行为和心理分析[J].采写编.2020（2）：104-106.

第七章

新媒体时代用户跨文化传播心理分析————————●

　　身为传教士和学者的奥伯格（Kalervo Oberg）于1960年提出"文化休克/震荡"（culture shock）成为跨文化传播研究的先声。1959年，爱德华·霍尔（Edward T. Hal）在其出版的著作《无声的语言》中首次提出"跨文化传播"一词。20世纪80年代传播学引入中国之后，跨文化传播学的发展开始崭露头角，最开始主要以翻译、引进西方相关论著为主，其后出现一批学者对跨文化传播进行深入的自主研究，不少著作出版，如关世杰《跨文化交流学》、王志章《对外文化传播学引论》，等。约翰·贝理（John W. Berry）等学者合著的《跨文化心理学：研究与应用》。

　　跨文化传播是指归属于不同文化体系，拥有不一样的行为观念、价值取向，不同国家地区的人进行信息的传播和交流。跨文化传播双方不仅拥有自身独特的观念体系和符号代码，也要尝试理解对方的观念体系、符号代码。从一般意义上讲，跨文化传播也可以理解为是触及心理的一种社会行为。传播学研究的是传者与受者如何进行沟通交流的问题，跨文化传播则关注具有不同文化背景的用户如何沟通的问题，如"文化休克""跨文化敏感性""文化折扣"等理论探讨的都是跨文化交流过程中个体所具有的独特心理，但在传播过程中外化为可见的信息接收与否、感知度高低、接收效果好坏等反应。

　　国内对于跨文化传播的研究主要集中于文本与传播理论研究、传播策略和创新手段的实践研究两个大方向，其中对跨文化传播心理的研究多集中于以用户为中心，结合传播学、心理学、社会学等学科为基础，分析不同文化系统下的成员的文化选择动机和解码逻辑。新媒体传播环境下技术赋权，用户不仅是主动的信息接收者，还享有信息传播的权利，在跨文化传播过程中不同的传播语境和传播策略下，用户接收信息会呈现复杂的心理动态过程。

第一节　新媒体时代的跨文化传播

一、新媒体时代的文化休克

文化休克（culture shock），又被称为文化震荡，这一现象广泛存在于跨文化传播过程中。1960年，美国人类学家卡尔维罗·奥伯格（Kalvero Oberg）首次归纳总结，认为文化休克是指一个人脱离原有的文化系统进入完全陌生的环境中所产生的生理、心理上的不适应感，是因为突然远离了熟悉的社会交往符号和标志而产生的一种精神焦虑。[1]生活在不同人种、种族、国家、地区的人，其文化系统有着各自发展规律和秩序规范，所以文化系统中的语言符号、交往准则、认知体系和行为模式的含义都千差万别，以至于不同文化系统下人的价值信仰、思维模式存在不同。在奥伯格的理论基础上，弗恩海姆（Furnheim）和博奇纳（Bochner）在1986年对文化休克现象做了不同研究，试图从不同角度详细解释文化休克的原因及特征，如"research in migration"（迁徙研究）。弗恩海姆和博奇纳将迁移过程中的文化休克现象作为研究对象，通过利用悲伤和丧亲之痛的心理、个人控制环境的理论以及选择性迁移的理论方法进行实验。[2]此外，两位学者还进行了"life events and illness approach"（生命事件与疾病研究）、"social support approach"（社会支持理论）、"value differences apporach"（价值差异法）研究。学者保罗·彼得森（Paul Pedersen）于1995年提出培养休克疾病模型、文化休克成长模型、文化冲击的阶段理论。

1　Oberg K.Culture Shock：Adjustment to New Cultural Environments[J]. Practical Anthropology, 1960(4): 177−182.

2　林海.文化休克的社会学和社会心理学观[D]. 重庆：西南师范大学，2002：22−23.

从宏观层面来看，文化休克主要体现为个体来到完全陌生的语言环境中，对于生活、工作、学习中接收到的大量信息符号难以识别，因而产生焦虑、不安的心理，严重的甚至引起自杀行为。从微观层面来看，文化休克是指在异文化环境中呈现出递进的、动态的心理变化。文化休克的主要症状可归结为以下六点：其一，心理压力过大，面对新环境时心理调适能力未能同步运作，导致心理压力随着文化差异的增大而正比增大；其二，失落感，到了异国他乡，失去了熟悉的人际交往关系和生活方式，这种被剥夺感造成了个体严重的心理失落；其三，排斥感，排斥他人和被他人排斥，排斥他人的个体往往带有文化中心主义的思想，对外来文化传播的内容带有偏见甚至歧视，被他人排斥一方面出于文化优越性的心理动因，另一方面出于自卑心理，这两者都给个体造成他人不愿意与自己进行沟通的心理暗示；其四，错乱感，主要是指个体在跨文化传播过程中原有价值观、世界观与异国文化产生冲突而产生的心理；其五，异常的情感反应，个体在真正感受到文化交流中的差异后，引发焦虑、抑郁等一系列负面的心理反应；其六，丧失面对新环境的能力，在心理和生理上表现出来的无能感，对一切丧失信心和期待。[1]

在异国他乡产生的情感孤立、行为隔阂、认知差异，既是文化休克的表现形式，又是促进文化休克心理动态演化过程不断深入的动因。文化接触最重要的三个要素包括情感、行为和认知，这些都受到原有文化环境的惯性影响。近年来，跨文化过程中的文化休克现象引起学者关注和学界讨论。

学者奥伯格提出将文化休克现象放在两种不同状态下理解：其一，个体从自身所熟悉的文化环境去另一个文化环境时所产生的文化休克；其二，当身处异文化环境下的个体在回归本土文化时所产生的文化休克。这两种类型的文化休克现象，分别对应"U形曲线模型"和"W形曲线模型"，这两种理论模型也成为研究文化休克现象的基础理论。

随着新媒体传播时代各大国际性的社交平台（Facebook、TikTok等）不断发展，网络扩展了个体交往的时空范围，通过多元渠道加深对异国文化的了解和认知，是否能使用户降低期待从而缓解文化休克心理，成为学界研究的

1　Oberg K.Culture Shock：Adjustment to New Cultural Environments[J]. Practical Anthropology, 1960(4): 177−182.

一个关注点。

（一）外出文化休克模式下用户心理

在20世纪50年代，奥伯格通过对500位挪威学者在他国的心理发展变化的记录，提出"U形曲线模型"，即去到陌生文化系统当中的个体心理往往会经历由兴奋到休克最后变为适应，这一过程在每个个体身上的具体时长和表现都各有不同，大致分为三个阶段。

第一阶段，兴奋阶段（蜜月阶段）：初次来到新的文化环境下产生的好奇和兴奋心理。这一阶段指刚开始对新的文化环境抱有憧憬和极大热情时，刚进入异文化环境中，对于当地的人文、历史、建筑等怀有极大兴趣的心理阶段，带着家人的期盼、朋友的羡慕、自身的理想开启一段崭新的生活，十分兴奋。个体在刚接触到异国文化时通常都会表现出对事物的好奇和新鲜感，对所有看到的人和事物表现出极高的热情，对异国生活抱有较高的预期，沉浸在刺激、新奇之中，这个阶段被形象地称为"蜜月期"，这一阶段情绪稳定且积极向上，通常会持续几周到几个月不等的时间。

第二阶段，休克阶段：失去熟悉环境，面对文化交流障碍产生不安和焦虑心理，自我构建的心理防线全面崩塌，原有价值观和认知遭到颠覆，产生极端心理。第一阶段的兴奋心理被迷失、焦虑所取代，转而产生文化休克，特别是本土文化与异国文化差异大，较难产生文化认同的人，极度容易感到失落无助。这一阶段个体通过人际交往真正与异国文化体系进行接触，现实中陌生的交往符号和标志所造成的孤独感往往超出其心理预期，造成强烈的不适感，甚至使个体感到原有的个人价值被解构，原有环境中的身份认同感被文化差异所剥离，对周围环境产生距离感和恐惧感，陷入自我怀疑。这一阶段严格来说是文化休克现象的代表性时期，个体经过蜜月期后，面对现实的冲击，特别是原有的价值观、人际关系、饮食文化等方面的认知和异国文化发生冲突，所产生的失落感、排斥感、错乱感等爆发出来，产生身份危机感和紧张、焦虑心理。这一阶段的持续时间依据个体的性格、跨文化交流具体场景的不同而有所变化，从几周到几个月甚至几年。

第三阶段，适应阶段：经过一段时间的熟悉和适应，个体能够适应当地的风土人情，正确看待异国文化，拥有客观、平和的心理。通过接触的深入，原有的心理预期不断调整，个体的行为模式也逐渐受到影响，从而能够保持日常生活的顺利运转，这一阶段往往根据个体心理接受程度以及环境作用来决定，过渡时长受到主观因素影响较大，较难准确量化。个体在面对问题时，调动以往的知识经验进行解决，在这个过程中新的信息和感知与已经形成的认知框架相互作用，产生不同结果。个体通过对自我认知的不断调整，不仅可以使自身在跨文化传播中持有更加积极的态度，其原有的认知框架也会产生影响，新的认知结构与个体的心理系统不断磨合。当下一次心理系统接收到类似信息的信号时能迅速做出反应，灵活解决跨文化传播中的心理不适。

随着移动互联网的普及，网络已经渗透进生活的方方面面，嵌入人们的衣食住行，各类视频网站、论坛、客户端的崛起满足了用户对多元化信息的需求。网络时代，人人都是传播节点上的传播中心，用户不仅能够享受信息渠道多元化的好处，还可以通过社交媒体进行信息的交互。跨文化传播在新媒体时代也迎来新的挑战，如通过网络大V的社交账号、跨国交流的网络社群、生活服务类APP，实现对异国文化的超前体验，通过网上租房APP，利用在线实景地图、跨国网站，提前了解异国饮食、交通、住房、习俗等方面的最新资讯。

📍 案　例

"歪果仁研究协会"是由以色列小伙高佑思以及他的三个中国朋友合作创办的自媒体。毕业于北京大学国际关系学院的高佑思，作为一名外国人，在中国学习、生活的过程中，他非常好奇中国经济为什么发展这么快，各行各业的中国人都过着怎样的生活，外国人在中国是怎样生活的。不同于其他外国人创建的普通社交账号，高佑思创建

歪果仁
研究协会

的"歪果仁研究协会"更加侧重于用短视频展示外国人吃中国菜、读中文、融入当地人的生活。自2017年1月推出短视频，这个账号在B站上拥有405.6万粉丝，在YouTube上其发布的视频播放量已经接近400万。"歪国仁研究协会"在2022年获中国网络文明大会"青年网络文明使者"，目前拥有超过40万海外粉丝，以亚非国家用户为主，包括巴基斯坦、新加坡和马来西亚等。高佑思希望把这个自媒

体做成中外交流沟通的平台，通过跨文化传播向外国人介绍中国的变化，也让外国人能够真正了解中国，为其来中国生活做准备。

其在2018年10月7日发布了《你可以讲一下点外卖的故事吗》，其中采访了几位外国人在中国生活由于语言、饮食习惯的不同在点外卖时发生的趣事。第一位采访对象因语言障碍，在点餐时主要参考图片或看"肉"点单；第二位采访对象因为第一次尝试"汤面"，以为外卖送来的独立包装的汤和面应该分开吃。这类视频的发布和传播有助于海外用户更加了解中国文化，对即将体验的异国生活有更全面的认识，适当调整预期，提前做好心理建设，以平稳过渡异国生活的兴奋期。

案例来源：歪果仁研究协会

📍 案 例

"北美省钱快报"是华人第一大折扣信息网站DealMoon的官方微博，也是新浪折扣频道独家合作伙伴，极具人气。以"海外华人导购社区"为标签，每天24小时以中英双语滚动形式来更新美国最火热的折扣信息。微博账号创立于2011年5月，有782.3万粉丝，发布了52万多条微博。微信公众号已经发布2981篇原创文章，在微信公众号内设有"最热折扣""亚马逊""最新折扣""时尚穿搭""护肤美妆"等详细分类，除了商品的折扣信息外，还设有"周边优惠"展示亚洲美食以及生活娱乐所需的服务。不仅如此，还发布漫画，幽默地将中国人在国外的生活经历展示出来。通过关注微博、微信公众号，不但能第一时间获知北美折扣资讯，使在美华人更好地融入海外生活，还可以借此话题建立新的社交圈子，在一定程度上缓解个体在异国他乡的孤立感，加快适应国外生活的进度，减少文化休克阶段带来的心理冲击。

案例来源：北美省钱快报

诚然，文化休克现象并不会随着网络社会的出现而消失，身心共同在场是人获得感官体验的重要途径，在此基础上才能拥有进一步的情感和情绪体验，媒介技术带来的丰富信息和可视化呈现并不足以代替亲身经历，然而通过多元信息的接收降低内心期待，从而缓冲文化休克对个体的影响，这是新媒体时代带来的新"药方"。

（二）回归文化休克模式下的用户心理

回归文化休克"W形曲线模型"是基于对5300名回归学者的调查访谈。学者奥伯格发现对于将要进入新文化环境的个体而言，面对未知会具备一些心理建设，但是对于即将回归本土文化的人来说，渴望熟知文化环境的美好期待与现实隔阂产生的碰撞是个体容易忽视的状况，从而导致一定程度的文化休克现象产生。日积月累且潜移默化的海外生活削弱了本土文化对个体的强影响，再加之时空的距离感，个体对本土文化产生差异感和不适感。

📍 案　例

一些海归人士表示归国后在生活节奏与学习压力等方面有不适应感。周孟博曾在意大利留学，回国后选择在北京继续读书。她说："在生活节奏上会有些不适应。因为意大利的生活节奏比较慢，人们可能更多的是在享受生活。感觉国内的生活节奏很快，尤其是北京这样的一线城市。再加上国内年轻人多，大家都很努力工作、都很忙，于是压力也就大得多。在学业上有时也会有一些不适应。在意大利，考试是有3次机会的，这一次发挥不好可以有下一次。而国内只有一次机会，所以在国内考试的时候，压力会比较大。"

向闻则认为："不适应感主要是生活方式不同造成的小改变吧。"在周孟博看来，"留学让我认识了很多国外朋友，有机会体验国外的氛围和生活方式。也可以让我跳出自己在国内的圈子，重新思考自己的生活"。她觉得产生不适应恰是因为在国外生活过这一段时间，渐渐习惯了那里的生活方式。"国内外人们生活理念不同。在国内，大家可能更注重在事业上的成功；而在国外，大家更注重自己的生活质量。还有就是国内外一些日常规矩不同，比如考试制度就很不一样。"周孟博说。[1]

案例来源：光明网 2018年03月24日

1　宋晨辉. 海归归国如何克服不适应？[EB/OL].（2018-03-24）[2023-06-08]. http://world.people.com.cn/n1/2018/0324/c1002-29886312.html.

　　许多海归学子学成归来后，最大的感触就是祖国日益强大、城市面貌焕然一新。特别是国内的移动支付平台、共享经济等产业发展迅速，改变了人们日常生活的行为模式，对衣食住行等各个方面产生很大影响，而对于在国外生活的留学生来说，归国后往往是一个新挑战，在这个曾经熟悉却变得陌生的文化符号系统中，不但环境变化带来预期值的降低，而且人际交往中对信息的编码和解码环节也因时间变化而产生疏离感，因此在短时间内容易产生文化休克。

　　造成个体产生回归文化休克心理的原因主要有两点：其一，个人因素，包括个体的年龄、阅历、性格以及受教育水平等多方面的综合影响。一般来说，教育水平高且出国年龄大的个体接受异国文化的程度低，相对的回归文化休克心理产生的可能性也小。年龄越小的个体，越不具备完整的认知能力，其人生观和世界观还未成形，极易受到异国文化价值的冲击。如越来越多的明星从小就去韩国当训练生，不仅习得说唱表演的技能，更是被国外的审美情趣、文化习俗、语言表达影响着。新闻曾报道归国明星发展转型遇到瓶颈，这背后实际是明星在归国发展时，自身定位与国内主流市场不相符，在跨文化传播过程中引起冲突造成的隔阂。其二，环境因素，个体在异国长期生活中，已经适应了异国的饮食、交通、作息等习惯，回国之后对国内信息理解产生隔阂。如欧美国家的交通工具的驾驶座通常在右侧，某些国家地区的饮食口味偏清淡而本土饮食却截然相反，对异国文化的习惯程度使个体潜意识里会产生不适感。除了客观环境的变化，主观感受营造的环境氛围也发生了改变，如个体原有的稳定关系被颠覆，朋友的搬迁、升职等，原有的社会关系被重置，往往使其产生物是人非的疏离感，进而加重文化休克心理。

　　个体受到回归文化休克模式的影响会经历几个阶段的心理变化，与"U形文化休克模式"十分相似。在初始阶段，个体回归到阔别已久的祖国后会产生异常激动和兴奋的心情，即所谓的"蜜月阶段"，迫切希望回归到原有的生活状态中，充满轻松愉悦之情。随后逐渐步入了休克阶段，由于自身原因和环境的间接影响，个体的期许很快被打破，回国后的感受差异让其感到沮丧和压抑。最后，随着适应阶段的不断推进，个体又能够适应国内生活，恢复期许。

📍 案 例

海归集团始创于2009年5月10日，前身为海归协会，由广大海归留学生自发建立的组织。作为国内海归和国外华人华侨留学生交流和沟通的平台，海归协会也是国家重要的招才引智机构，并在中国香港建立了平台全球总部，下设美洲事业部、欧洲事业部、大洋洲事业部、非洲事业部、亚太事业部、中国事业部。为了运营受海归留学生喜爱的社交载体，海归协会在全球各地共有管理人员900多人，实行淘汰制会员制度，成员已有60多万人，目前累计组织各种聚会活动800多次，投资论坛50多场，提供了40000多条政府、企业等各类招聘信息，为很多会员提供了实质性的帮助。海归网旗下海归协会APP致力于打造全球华人高端人脉网络，在全球近100个城市设有分会。[1]

案例来源：海归协会官网

海归协会网站以让每一位会员感受到集体力量，享受社团带给会员的巨大利益为愿景，在海归圈内拥有至高的荣誉与地位。2015年9月，作为留学生代表的西雅图分会在习近平访美时参与了接待工作。在海归协会网站上通过注册就可以发布动态，进行提问互动或分享资讯。网站上还设有求职招聘、海归创业、相亲交友等为海归人员提供实质性帮助的版块，以及新闻资讯版块实时跟踪发布国家关于海归学子的最新政策。通过网络信息的获取和交流，大大降低了海归人员长期在海外导致的对国内生活的不适感，帮助海归人员在最短时间内实现信息协调，重新回归到熟悉的生活状态中，降低回归文化休克的负面影响，对其心理建设具有积极作用。

此外，身处互联网时代，使得跨文化传播中的个体在回归前可通过网络新闻了解本土资讯；通过社交媒体平台与朋友、家人保持密切联络；通过在线影视作品、网络文学等与国内意识形态、文化潮流保持同步。在"知乎"上的一条"作为海归，回国后最不适应的有哪些方面？"的提问引起60万人次浏览。通过对问题的交流讨论，帮助海归人员找到情绪的宣泄途径，通过

1　海归协会官网的简介.http://globalhaigui.com/gywm/.

平台强大的聚集能力，将个人的负面情绪在网络交流中借助群体共鸣转变为积极的心理建设。但由于缺乏身体在场的因素，网络信息在提供人际交往的真实感、情绪的直观体验等方面作用有限，不能完全消除文化休克的影响。

但是，无论是"U形曲线模式"还是"W形曲线模式"，在实际跨文化传播中都应根据具体情况具体分析，出于对个体性差异的考量，用户心理是复杂多变的，也并不是每一位个体在接触异国文化时都会产生兴奋和好奇的心理，不是每一位回归到本土文化的个体都会产生落差，产生文化休克和再社会化的问题，新媒体传播时代跨文化传播心理呈现更微妙也更复杂的状态。

二、新媒体时代的跨文化敏感性

跨文化心理的典型表现为跨文化敏感性（intercultural sensitivity，ICS），跨文化敏感性最早的研究源于学者达姆·巴胡克（Dharm P.S. Bhawuk）和理查德·布兰森（Richard Brislin）对于"敏感性"的讨论，他们认为敏感性分为对本国文化的敏感性和个体差异的敏感性。之后，学者罗德里克·哈特（Roderick P. Hart）、罗伯特·卡尔森（Robert E. Carlson）和威廉·伊迪（William F. Eadie）从文化接触三要素（情感、认知和行为）的维度对敏感性做进一步研究。跨文化敏感性的研究是提高"跨文化胜任能力"的有效途径，指的是能够在异文化交流中使用灵活的方法应对文化差异的能力。学者从不同角度提出理论模型来论述跨文化敏感性的定义、类型及特征，如1976年学者布伦特·鲁本（Brent D. Ruben）提出"ICS的沟通胜任力模型"，从表达尊重、同情心、知识层次、角色行为、相互作用的姿势、相互作用管理和对模糊性的忍受七个维度判断跨文化胜任力；学者哈里·特里安迪斯（Harry C. Triandis）和罗伯特·阿尔伯特（Robert D. Albert）将归因理论引入跨文化敏感性，提出"ICS的归因理论模型"；多位学者提出"ICS的胜任力特征理论模型"。以米尔顿·贝内特（Milton J. Bennett）为代表的一些心理学家提出"ICS的学习发展理论模型"，认为个体的跨文化敏感性有六个成长阶段：第一，否认阶段，即民族中心主义的体现下未将其他文化纳入考虑范围，因此未意识到文化差异；第二，防守阶段，个体意识到文化差异并持谨慎的审批态度，倾向支持自身的文化体系；第三，最小化阶段，通过将自身的文化价值观视为普遍化的方式寻找与异文化之间的共同点，文化差异可忽略；第四，接受阶段，个体开始意识到世界文化的多元性，并做到以平等态度和眼光看待不同文化，此时文化差异持中性；第五，调适阶段，个体能够向异文化框架体系靠拢，文化差异呈积极状态；第六，融合阶段，个体将文化差异视为自身的一部分，能够在不同文化交流中构建合理的身份。此模型可以观察跨文化敏感性发挥作用的详细心理动态，对个体适应文化差异起到重要作用，可见发挥个体跨文化敏感性能够有效降低文化差异带来的心理压力。

综上所述，跨文化敏感性可定义为个体能否感受到文化差异，能否对文化差异有正确认识，并且充分体会到这一认识的重要性。结合罗德里克·哈特（Roderick Hart）等学者提出的"认知—情感—行为"三个要素进行分析，具体体现为由正确认知到具备正面态度和情感，最后促成行为的发起。大量研究表明，个体的文化敏感性越强，越能与文化的适应能力呈正比，从而有效减少文化休克、文化中心主义等负面现象的发生，有助于个体的身心健康。要正确认识文化差异的形成，从而提升跨文化敏感性，以此减少"文化中心主义"给个体带来的心理压力，通过"文化接近性"寻找跨文化传播中的心理平衡点。

（一）跨文化敏感性与"文化中心主义"

文化中心主义，也称"种族中心主义"，指特定的国家、民族或种族将本群体的价值观念、文化信仰、社会体制等视为最优文化的倾向或主张，以本群体的文化为中心或标准，以此来评价衡量其他文化，甚至怀疑、敌视、贬低其他群体文化，极端的文化中心主义盲目地排斥、反对一切外来文化，对外来文化持苛刻态度。"文化中心主义"主要产生在不同民族之间，其极端表现会发展至"文化沙文主义"。跨文化传播过程中，个体以国家民族为身份认知，文化中心主义的出现具有倾向性，个体有维护自身民族文化的强烈爱国心，人们常用本国人和外国人这样抽象的词代替具象的人，潜意识里划分本我与他者，心中怀有戒备和疑虑，对于同一文化体系下的人自然而然产生好感，对于异邦文化常常存有刻板印象，以偏概全，这与文化中心主义心理有着密不可分的关联。跨文化传播中要强调积极心理，提倡和平与发展，以构建人类命运共同体，在跨文化合作中不可片面以本国文化作为行为准则和框架，在文化互动中切忌预设认知或盲目自大等心理的出现。

20世纪60年代，美国社会学家穆扎弗·谢里夫（Muzafer Sherif）以实验证明：只要将人划分成不同的群体，产生冲突和竞争的可能性就更大。将这一理论与文化中心主义相结合，可见文化中心主义是以社会群体的形式，将他人与自己所认可的群体区分开，对他人产生排斥甚至是敌视的心理。所以，在跨文化传播过程中，文化中心主义盛行的国家民族之间由于目标和意识形态的差别，容易产生冲突和竞争，成员也相互持歧视的态度和抵抗的心理；反之，文化中心主义思潮弱的群体之间更加容易形成友好、和平的交流沟通。了解这一点对跨文化传播中的受传者具有重大意义。

值得一提的是，文化中心主义在西方发达国家、发展中国家和落后国家都同时存在。在我国古代流传的"诗文斗智"的传说中就存在着明显的文化中心主义，《左传》中"内其国而外诸夏，内诸夏而外夷狄"，《孟子》中的"吾闻用夏变夷者，未闻变于夷者也"等，也都体现了对本民族文化的强烈优越感，排斥外来文化。自第二次世界大战以来，世界政治、经济格局都发生了重大变化，西方国家长期占据世界主导地位，一些西方学者认为，西方文化是引领人类文明发展的旗帜，是人类至今为止发展出的最优秀的文明，西方国家理应成为世界的文化中心，"西方文明优越论""西方文化中心论"等思潮不断涌现。但随着世界多极化发展趋势不断加深，西方国家公开宣扬文化中心主义的声音减弱，但在对待其他国家和民族的立场倾向时，一直以本民族文化为中心的优越感依旧突出。

西方的影视作品中，白种人的形象往往具有强健的体型、迷人的魅力，亚洲人的形象却被刻画得尖嘴猴腮，言行举止还停留在旧时代，展现出明显的体能、智力等各方面的悬殊对比。从心理层面分析，西方国家尤其是美国长时期处于世界霸主的地位，享受着超级大国的称号，妄图成为世界经济、政治、文化的中心，从而操控整个世界的运转，随之而来的是整个国民思潮也朝着"霸权主义""中心论"集聚，通过影视作品等文化产品的对外输出，直白彰显其狂妄自大，对他国文化敌视甚至蔑视。随着新媒体传播时代移动社交媒体的发展，个体在接收到此类文化信息时，会通过社交媒体平台发表看法进行抵制，甚至是发起自觉抵制的网络集体行动，如在微博、知乎发起话题，美剧论坛进行讨论等，对文化中心主义思潮进行反思和批判，并非一味地被动接受。

　　具备文化中心主义思想特质的个体通常倾向于将自己划分成不同群体，并在心理上高估自我或自我所归属的群体，由此导致传播主体地位不平等、传播内容刻板化。在跨文化传播中，倾向文化中心主义的个体往往容易与其他文化在互动过程中产生心理隔阂，而跨文化敏感性的提高有助于单一的文化中心主义的解构，打破以自我为中心的个体心理。在跨文化传播过程中应看到世界文化多样性的客观存在，消除文化中心主义带来的优越感和对他国文化的盲目蔑视心理。

　　（二）跨文化敏感性下用户心理构建

　　文化适应（acculturation）于1880年被美国民族事务局的约翰·鲍威尔（John W. Powell）提出，是减少跨文化传播过程中摩擦产生的重要理论，它指由个体组成，且具有不同文化背景的两个群体之间，发生持续的、直接的文化接触，从而改变一方或双方原有文化模式的现象。[1]在移动互联的现代社会，跨文化交流的频率和范围大幅扩张。在与异文化的交流接触中，个体为了适应变更的环境，使自身的言行举止符合社会预期从而减少被排斥的风险，降低文化价值观差异大、文化身份认同不一、文化信仰紊乱带来的心理压力。20世纪初期，心理学家开始对土著、移民等群体的心理状况进行研究，进一步揭示"文化适应"中的心理类型。1980年，心理学家南希·贝利（Nancy Bayley）在保持传统文化及身份、同其他文化群体交往的倾向性这两个维度的研究中提出四种文化适应策略：整合（integration）、同化（assimilation）、分离（separation）和边缘化（marginalization）。[2]学者关世杰在此基础上进一步阐述了四种策略所引发的心理动态，在跨文化传播中个体在接收到异国文化信息时的心理状态可归纳为"同化型""排斥型""边缘型""整合型"四种心理。[3]同化型心理主要指个体经过一段时间后对本土文化持完全否定的态度，

1　Redfield R, Linton R, Herskovits M. Memorandum for the Study of Acculturation[J]. American Anthropologist, 1936, 38(1)：149-152.

2　Berry J W. Acculturation as Varieties of Adaptation. Padilla A.M. (Ed.), Acculturation：Theory, Models and Some New Findings[M]. Boulder：Westview, 1980: 9-25.

3　关世杰. 跨文化交流学[M]. 北京：北京大学出版社，1995：349-350.

一味拥护异国文化，对其价值观全盘接受；排斥型心理则与同化型心理相反，个体不仅对异国文化以偏概全，存在刻板印象，统统持怀疑、批判的态度，甚至其心理不断向文化中心主义靠拢；具有边缘型心理的个体多数呈现迷茫、不知所措的心理冲突，在两种文化之间游离不定，无法做出选择；整合型心理的个体能够在保持本土文化核心的前提下，自如面对异国文化的挑战。具备整合心理的个体较少，通过自我心理构建，抵消同化型、排斥型、边缘型这三种心理的消极影响成为跨文化传播中个体的常态。

个体可以通过提高认知文化差异的能力，使信息传播符合本地文化、语言、风俗，尽量接近用户的文化和语言表达习惯，从而消解跨文化传播中负面心理的影响。文化接近性理论在1991年由学者约瑟夫·斯特劳哈尔（Joseph D. Straubhaar）提出，他通过田野考察和民族志访谈，对大量的巴西电视观众进行访问，了解其电视节目选择倾向，最终得出结论，观众基于对本地风俗、语言、文化等熟悉，更倾向于接受风俗、语言、文化接近的节目。[1]新媒体传播时代，通过提升跨文化敏感性，在政治理念、经济模式、地理位置等相近的国家或地区间进行跨文化传播会更有效，不仅有助于用户进行文化信息的交流传播，减少文化摩擦，也有助于帮助用户增强自信、构建积极心态。

📍 案　例

大型古装仙侠剧《陈情令》改编自墨香铜臭小说《魔道祖师》，获得大量关注，该剧以五大家族的爱恨情仇为背景，讲述了云梦江氏故人之子魏无羡和姑苏蓝氏含光君蓝忘机十六年后重逢，共同探寻旧时真相的故事。2019年7月，该剧在国内播出后，曾在腾讯视频海外站WeTV（泰国、印尼等国家和地区）同步播出，话题成功登顶泰国推特热搜第一。不仅如此，两位主演魏无羡和蓝忘机瞬间成了泰国、韩国、日本粉丝们的偶像，引起热议。[2]

1　Straubhaar J. Beyond Media Imperialism：Asymmetrical Interdependencece and Cultural Proximity[J].Critical Studies in Mass Communication, 1991, 8(1)：39-59.
2　艾木子. 日语版《陈情令》、缅甸版《延禧攻略》，国产剧"出海"后记[EB/OL]. （2019-09-27）[2023-08-02]. https://mf.mbd.baidu.com/mlxpivc?f=cp&u=0d455be43fa0ff7f.

　　《陈情令》在亚洲国家尤其在越南火爆，正是因为越南与我国有着相似的历史渊源和风俗习惯，越南地区的用户不仅能在电视剧观看中产生共鸣，并且在社交网络上主动传播该剧，还能与中国粉丝围绕剧情、角色进行交流探讨。不仅如此，越南两大视频网站ZingTV和BiluTV首页的主推长期是中国影视作品占据多数，内容从古装剧到现代剧、从言情剧到武侠剧、从修仙剧到反腐剧，中国热播影视剧中的元素大多都在越南得到广泛回应和支持，就连国内暑期档必播剧目《西游记》和《还珠格格》也成为越南电视台的内容选择，网友戏称中越两国的"90后"有着相似的童年记忆。

　　在跨文化传播过程中，可以对语言、习俗和价值观等因素进行适当的修饰，使文化信息在交流传播过程中更加符合海外民众的接收习惯。除了影视作品，网络文学出海近几年也获得了大量关注，尤其是武侠类作品受到海外读者热捧，甚至有人将中国网络文学与美国"好莱坞"大片、日本动漫、韩剧并称为"世界四大文化奇观"。文学作品中蕴含的中国独特的精神内核在价值观接近的国家能得到共鸣。海外的中国网络文学翻译网站不计其数，读者分布在英国、美国、法国、俄罗斯、东南亚、日韩等国家，被翻译成数十种语言文字进行传播，甚至有些海外读者为了看中国网络文学，主动学习中文。

　　海外读者不仅看中国网络小说，更在此基础上进行积极创作，并取得良好的传播效果。2016年，一位名叫Daman Dasi的土耳其伊斯坦布尔工程专业的22岁大学生开始了属于他的"仙侠写作"，完成作品 *The Divine Elements*（《天赐元素》），讲述了一个父母双亡的小男孩，由于偶然间在8岁生日唤起了神秘力量，从此不断变得强大，为家人报仇的故事，小说发表在Gravity Tales等网站并收获了大量粉丝。一位来自丹麦的作家蒂娜·林奇（Tina Lynge），对中国网络文学拥有热情，在一段时间的沉淀后，创作出小说 *Blue Phoenix*（《蓝凤凰》）也包含了中国网络小说中"修仙"的概念，甚至情节与中国仙侠小说的设定都十分相似，在发行的三个月时间内，卖出约9000册书。[1]

　　新媒体传播时代互联网为影视作品和文学作品出海提供了机会，通过网

1　儒森汉语公众号. 中国网文在国外有多火？ 老外都开始自己写仙侠修真玄幻小说了[EB/OL].（2020-08-21）[2023-08-07]. https://www.sohu.com/a/335317123_257124.

站论坛、社交媒体平台等多渠道传播，最大程度上突破了地域的束缚、语言的隔阂、文化的差异。文化接近性因为"地球村"的出现有了新的呈现，如传统意义上的地理位置使文化交流更有效这一影响因素得到突破，语言隔阂被翻译软件和自组织的字幕组所解构；海外用户通过网络对跨文化信息传播产生新的感受。跨文化传播中的一些隔阂借助新媒体技术手段已不再成为用户间的障碍。

所以，要善用文化接近性，对文化信息进行选择性传播，缓冲跨文化交流中对个体的负面影响。跨文化传播中的用户应积极进行心理建设，具备同理心、同情心和包容心等心理素质，在进行跨文化交流过程中充分认识到不同民族、地区之间客观存在的文化差异，并能够在产生文化冲击时化解消极情绪，持以客观的态度；认识到文化与一个区域的政治体制、历史传统、地理气候等多重原因有着密不可分的联系，并能够发挥主观能动性，从不同文化体系中寻求共鸣；认识到无论是哪一种文化形式，都是促进世界文化多样性的助推器，欣赏、理解并促进文化多元发展。

三、新媒体时代的文化折扣

文化折扣（cultural discount）的概念首次出现，是被学者希尔曼·埃格伯特（Seelmann Eggbert）用于指向少数派语言和文化版图的文化特性的保护中，认为少数派语言和文化版图应当得到更多的关注。经济学也可以找到"文化折扣"的概念起源，指在确定娱乐产品的经济价值时必须被考虑到的文化差异因素。[1]"文化折扣"也被一些学者翻译为"文化贴现"，"贴现"作为金融业术语，指拿没有到期的票据到银行兑现或做支付手段，并由银行扣除从交付日至到期日这段时间内的利息。[2]

1988年，"文化折扣"这一概念被加拿大学者霍斯金斯和米卢斯运用于影视节目贸易研究中，他们认为电视节目、电影或录像之所以在国内市场能够吸引大量观众，是因为其中所包含的价值观、历史、信仰、风格、神话、行

---

1 薛华.中美电影贸易中的文化折扣研究[D]. 北京：中国传媒大学，2009：16.
2 何建平，赵毅岗.中西方纪录片的"文化折扣"现象研究[J]. 现代传播，2007（3）：100-103.

为模式、社会制度和自然环境与本国观众的文化取向相同。[1] 每一种文化产品都植根于特定的文化背景，跨文化传播过程由于个体的认知不同会发生文化隔阂现象，使得信息传播的有效性大大降低。

跨文化传播过程中，导致"文化折扣"的因素很多，主要集中于文化价值观、文化背景、语言几个维度。文化价值观体现在个体对于事物的判断和主观看法，影响其对于信息的认可度和接受度；文化背景是影响个体进行信息解码的主观因素之一，不同文化背景的个体对于符号及其意义的解读各不相同。在意大利、西班牙等欧洲国家，两个人打招呼的方式都是走上前快速地亲吻彼此脸颊，先是右侧，然后是左侧，如果彼此之间不够熟悉，也可以选择握手的方式以示友好，而这种打招呼的方式在较为保守的东方国家容易引起误会。语言是最直接、也最突出的影响因素之一，随着新媒体技术的不断更迭，多元化的信息呈现形式突破了文字符号的局限，各类翻译软件如Google翻译、有道词典的出现也为用户提供了便捷通道，但这一因素的影响仍然客观存在。

📍 案　例

2019年7月26日，《哪吒之魔童降世》在国内上映，8月5日其票房突破23亿，成为2019年度内地票房的第三名。8月13日16时12分累计票房正式突破36.51亿，位列内地影史票房榜第四名。8月17日22时，《哪吒之魔童降世》累计票房迈过了40亿，是中国内地电影历史票房榜上第一部达到40亿＋的动画电影。8月21日，《哪吒之魔童降世》超越《复仇者联盟4》，票房突破42.40亿元，正式晋升中国电影票房总榜第三名。8月31日，《哪吒之魔童降世》票房达46.55亿，超过《流浪地球》的46.54亿，位列中国影史票房第二位。

然而《哪吒之魔童降世》在北美上映两周多的时间里，票房不到300万美元，只到该片中国票房的1/250。据权威票房网站Box Office Mojo的数据统计，截至2019年9月12日，《哪吒之魔童降世》的北美票房是294.4万美元，预计总票房将在350万美元以内，约为中国内地票房的1/250。《哪吒之魔童降世》的烂番茄新

1　考林·霍斯金斯. 全球电视和电影产业经济学导论[M]. 刘丰海，张慧宇，译.北京：新华出版社，2004：45.

鲜度高达80%，爆米花指数也高达98%，但是评分人数却不多。[1]

案例来源：环球网 2019 年 9 月 16 日

《哪吒之魔童降世》的票房在国内创下新高，但是在北美的影响力却大打折扣，虽然哪吒票房在澳大利亚和新西兰均创下了华语片近10年的最佳成绩，但从数据上看，澳大利亚的票房只有124万美元，新西兰票房仅仅达22万美元。在海外宣传过程中，其官方社交账号发布视频预告、制作电子海报，国内明星也在Facebook等社交账号上进行宣传造势，知名电影解说账号为电影点赞转发，很大程度上拓展了电影的知名度，但是这部电影由于文化折扣的影响，海外传播效果不佳。

哪吒是中国古代神话中的经典人物形象，在国内用户中有着浓厚的文化认同感。但对于北美用户而言，无论是动画人物形象的塑造、剧情桥段的设置，还是场景的构建都与原有的认知不相符，缺乏价值观和文化背景的支撑，难以与剧中人物产生共鸣。其次，在北美上映的《哪吒之魔童降世》仅仅配备了英文字幕，没有做配音工作，翻译过程中对于语言中的文字梗、谐音梗未能更好地表达，产生很大的传播隔阂，以至于在国内大火却在海外传播的过程中出现水土不服的现象。

在跨文化传播过程中，受文化折扣影响的海外用户出于文化价值观、语言、地理位置、历史背景等因素的影响，在面对异国文化时心理呈现出不活跃甚至反感的反应。如美剧《绝望主妇》在北美受到广泛好评，但是在中国的收视率只有0.4%，由于翻译过程中的语言障碍以及东西方文化的差异，使得剧中人物形象难入人心，剧中宣扬的价值观、展现的人物日常生活都与国内用户的认知大相径庭，以至于当时上映的评价并不高。国内用户不仅无法接受剧情的转折变化，更有人因为文化差异而进一步产生抵触和抗拒心理。

特别是在新媒体环境下，各大电影网站的评分指数以及网友评论，都在很大程度上影响着海外用户对影视作品的观感，网上大量重复的片面言论容易使海外用户产生从众心理，还未观影就降低了对影视作品的期待感和第一印象，加重文化折扣产生的负面影响。

1　李婷.不到300万美元，《哪吒》北美上映为何这么冷[N].环球时报.2019-09-16.

第二节　跨文化传播视域下的认同感分析

认同（identity）一词最早源于拉丁文"idem"，主要包括两层含义：一是逻辑学意义上的同一性；二是在时间跨度中所呈现出来的一贯性和连续性；三是使等同于；四是身份认同。[1]

一、跨文化传播视域下的国家形象认同

国家形象是指"对某一国家认知和感受的评估总和，基于这个国家所有变量因素下，个人对其形成的总体印象"[2]。国家形象体现了一个国家的经济、政治、军事、人文、地理等各个方面的综合印象，它不仅是一个国家综合国力的重要体现，也是国家发展战略当中的重要组成部分，它作为"软实力"的象征和核心组成部分，更是推动国家发展、增强国际地位、掌握话语权的关键，构建一个良好的国家形象意味着对外交流和国际传播中拥有可信度更高、包容度更强、合作更广泛的发展空间。随着全球传播趋势愈加深入，国家形象的构建和传播，在国家竞争中的地位和作用不断凸显。

传统的国家形象的传播大多以正面宣传为主，目的性较强，蕴含了浓厚的国家意识形态。如2011年1月17日，由国务院新闻办筹拍的60秒《中国国家形象片——人物篇》在美国纽约时报广场六块电子屏上同时播放，显示屏侧面还有"感受中国"的英文呈现，宣传片主要介绍了中国各领域杰出代表如姚明、袁隆平、郎朗、谭盾、杨利伟、邓亚萍等，目的是呈现一个更加立体多元的中国形象。宣传片的风格庄重、严肃，在信息传播过程中很容易被误认为是政治输出，引发海外受众的心理防备。

在新媒体传播时代，除了以国家为主体的官方宣传，还有各个国家民众

1　Richard Jenkins. Social Identity[M]. London：Routledge，1996: 3-4.
2　Seyhmus Baloglu, Ken W McCleary. A Model of Destination Image Formation[J]. Annals of Tourism Research, 1999, 26(4): 868-897.

在网络空间进行的跨国信息传播和互动，如通过Facebook、Twitter、TikTok等社交媒体进行自我展示时融合美食、风景、人文情怀的软输出，而用户的心理系统对于这两类不同的信息，其选择、反应和态度是不同的。在以往信息匮乏的传播环境中，人们的心理系统对所接收到的信息容易全盘吸收，因选择性太少而压抑了主观能动性。而在互联网时代，信息爆炸带来的"用户至上"思想的崛起，赋予了用户更强的能动性。网络时代下受传者的心理系统更具主动性，变单一的制约因素为多元的信息衡量，即改变了以往信息来源单一、信息接收被动的局限，面对海量信息时其心理选择机制更加积极，从不同角度对信息选择进行衡量。因用户心理选择机制不同，其在接收不同信息时产生的心理反应也会不同。

（一）网络民族主义视域下的用户心理

1991年，学者本尼迪克特·安德森（Benedict Andersan）所著《想象的共同体》中对于民族的定义成为学界的共识，书中提到民族实际上是一个"想象的共同体"，之所以称其为"想象的"，是因为即使在同一个民族内，成员认识、遇见甚至是听说过民族内其他成员的可能性极小，而是通过大众传媒营造一种共同的情感和经历，以此维系共同体内成员的亲密关系。简单来说，生活在同一民族内的成员会因为信仰、价值在彼此之间形成紧密的联系，特别是在面对民族问题时，会产生极强的爱国情怀和国家意识。"网络民族主义"是民族主义与网络结合演变而来的新名词，这一概念最早出现在2003年的《国际先驱导报》的一篇报道中。网络民族主义的出现主要依托网络技术的发展，从而使民族主义思潮得以全新诠释，提供民族主义情绪得以宣泄的新平台。麦克卢汉曾认为随着互联网的不断发展，极大程度上打破了人类交往的时空限制，"地球村"顺应时代变迁应运而生，但实际上各个国家的成员在跨文化传播过程中，对于他国的经济、政治等综合形象的认知，反而加剧了彼此之间身份的差异，从而更加忠实于自己的国家，在这个过程中民族主义不断涌现。也正是由于互联网的无界性、无限性等特点，给民族主义的表达、凝聚提供了快速实现的途径。

网络民族主义现象的兴起一般来说有三个特点：诱因事件具有突发性；参与人员具有自发性；强调网络上大规模的人员聚集、发表舆论。所以，网络民族主义一般是通过网络社群对突发事件的反应得到凸显，引起社会关注。国家形象在此过程中的展示往往具有极强的情感倾向，也拥有多元化、立体化信息的呈现方式。在网络民族主义盛行的传播空间内，用户所呈现的心理选择机制，也由于信息传播主体和信息传播方式的不同受到较大影响。

📍 案　例

2019 年帝吧出征 Facebook 事件

日期	发起人	出征宗旨	出征战场	出征目的
7.22	Facebook帝吧中央集团军；Facebook中美博弈	爱国（无需理由）、文明（拒绝谩骂）、理性（兼听则明）、求真（去伪求真）	香港民族阵线	科普香港历史；针对乱港暴民侮辱国旗发声
8.17	帝吧（联合饭圈女孩、网络义勇军）		主战场：ins 分战场：用户pinkray_official、wujinyan816、afterjourney、zyzxzjs；话题黑警、Hongkong、撑港警；爱国明星ins	力挺香港警察、维护香港法制
8.18	帝吧（联合饭圈女孩）		YY直播频道990001（原4489886）	对香港《苹果日报》辱华行为下战书
8.31	帝吧（联合饭圈女孩）		香港《苹果日报》ins；香港警察撑警活动ins	唤醒良知、关爱同胞、抵制毒媒、正义发声
9.30	帝吧、饭圈女孩、网络义勇军、兔联、China后援团		香港《苹果日报》ins；Washington Post；CNN；ins话题#我和国旗合个影#	展示中国形象，为新中国成立70周年大庆喝彩，正面怼乱港废青等不义之徒，支持香港警察和正义人士

2019年帝吧出征Facebook事件的诱因与爱国情怀相关联，不实言论和突发事件伤害到网民的民族信仰和情感，从而引发网络民族主义色彩浓厚的大规模信息传播行为。其主要传播目的是在外媒上展示真正的中国形象，通过表情包、图片、短视频等方式进行跨文化传播。

针对网络用户的社群媒体偏好与行为的相关调查显示，美国人最常用的社群媒体是：Twitter、Instagram、Facebook及Snapchat；德国排在第一位的则是WhatsApp，日本人主要使用Twitter，俄语系国家更倾向于Odnoklassniki和VKontakte等。此次帝吧出征将海外交流传播的主平台设置为Facebook和

Instagram，符合海外用户的社交媒体使用习惯。在跨文化传播过程中，传播主体多为社交媒体用户，大部分一直活跃在海外社交媒体上进行信息传播，与海外用户拥有相似的在线交往方式以及话语使用习惯，甚至拥有人际传播的亲密度。在传播主体可信度较高、关系更为紧密的基础上，跨文化传播更易被海外用户接受，也更容易在这个过程中产生"自己人"心理，容易受年龄相仿、话语表达相似的"自己人"影响，从而消解海外用户对信息的防备心理和抵触心理。

跨文化传播中所运用的话语表达方式和所借助的传播形式更贴近海外用户的心理意向，多元立体的信息传播方式更易被海外用户接收。抛开硬性宣传，用美食、美景、人文符号更能勾起情感上的吸引力，用户会更倾向于选择与自身兴趣、爱好、态度相符合的信息。此外，利用解构传统严肃话语的方式，如利用海外知名的影视人物、卡通素材制作戏谑效果十足的表情包，以贴近海外用户的信息接收偏好。海外用户在接收信息时由于语言、文化、生活经验等多元素的影响，沟通交流的有效传达度低，往往对情感氛围强的图片及视频信息更容易产生兴趣，这也能减少信息隔阂。

受网络民族主义中强烈的爱国主义情绪的感染，具有双重角色的用户在同理心作用下对接收内容产生共鸣，从而转换为内在传播动力、促成传播行为，实现从受众到传者身份的转换，激发用户从感性角度积极了解，主动发声。因此，用户的心理机制对于信息是否符合其喜好、意向会做出不同的反应。网络民族主义下的大规模自发的信息传播行为，无论是从传播主体的可信度和其所产生的"自己人"心理，还是从传播内容的趣味性、传播方式的贴近性而言，都有助于用户心理系统更加积极地选择信息，从而实现信息有效接收和传播，在助力国家形象的构建方面起到关键作用。

（二）文化外交策略下的用户心理

"外交"一词最早源自希腊语diploun，原指"折叠""证书"，主要指国家依照自身一定时期的发展战略，立足本国利益而制定的与他国交流、交往的方针路线。外交活动的政治性和策略性极强，本质上是以本国内政为主导的，受经济影响，以军事力量为后盾的国与国之间沟通交流的手段，其形式涵盖政治、经济、军事、文化等各方面，与国家形象的塑造和宣传有着紧密的联系。

伴随信息全球化的不断发展，国家形象的竞争越来越突破原有的政治、军事、制度等硬性竞争因素，文化输出逐渐成为各个国家对外争夺话语权的主要方式，是外交中的软权利。与此同时，文化外交策略受到越来越多的关注。文化外交依托文化内容的传播进行对外交往，它不同于一般的文化传播活动，突出强调政府官方在文化传播中的关系作用，以实现本国外交政策目标和意图为主要目的，服务于本国内政和整体外交策略，而以此为背景的对外传播普遍都具有鲜明的政治和意识形态色彩。

文化外交依托的传播载体有报纸、广播、电视、互联网等传播工具；依托的文化产品形式有影视作品、音乐、书籍、舞蹈、绘画等；依托的策略有签订国际缔结文化条约、文化交流官方协定、参与国际文化会议、组建或参加对外文化展览、国际文化组织、保障文化人员互访等。[1]个体对于多种形式文化外交下的国家形象的评价受到多重因素影响，如个人的教育水平、既有意识观念和认知、个人经历等，面对外交策略下各类文化传播形式，个体一般会产生抵抗心理和认同心理。

美国是最早意识到文化外交策略的重要性且灵活运用的国家，一直凭借其数字经济等优势进行文化输出。电影作为文化外交策略下的输出手段之一，也是影响海外用户最广泛的途径之一，既具有明显的意识形态和国家信仰，又不易引起受众心理戒备且符合大众消费习惯。中国2017年引进排名前20名的国外影片都来自美国电影公司，在全球票房中占比较高，美国的"好莱坞"大片成为电影界的代表性名词。但随着社交媒体的不断发展，豆瓣电影、知乎问答、淘票票打分、新浪微博等平台成为用户进行信息筛选的辅助工具，通过新媒体平台上的信息传播，用户对待文化产品的态度在网络上呈现出两极分化，即抵抗心理和认同心理。

好莱坞影片《神奇女侠》在豆瓣上的评价不高，这部电影首次以女性为主体塑造了一个战士的形象，具有浓厚的个人主义色彩和典型的美式英雄主义意识。美式价值观是好莱坞电影的基调，通过人物形象和性格的塑造所展

1　李新华.美国文化外交浅析[J].思想理论教育导刊，2004（11）：38.

现的力量感，通过特效和场景的调度所展现的科技感，都在向用户灌输美国拥有维护世界和平与发展的实力和责任，塑造美国超级大国的国家形象。而国内用户基于本土文化、意识形态、生活经历等，在与持这种美式价值观的文化产品的接触过程中很容易产生抵抗心理。在信息传播过程中，抵抗心理主要通过个体的情感、个性，在心理系统运行中起到强把关作用。一是把对本国的强烈情感和归属感作为支撑。感性压倒理性，用户在内容判断上受到爱国情感的支配，从而对电影里的美式个人英雄情结感到反感。二是以用户的个性为支撑。个性在心理学上分为个性心理倾向和个性心理特征，分别对应人的动机、世界观、信念，以及性格和能力，用户自身的个性与传播内容的价值观产生冲突无法协调时，用户会倾向自身的认知框架，对传播内容持批判态度，从而产生抵抗心理，又通过社交媒体平台的分享，在对外传播过程中外露。这既是用户的心理体现，也是传播行为的动力。

认同心理与抵抗心理相对立，其构成因素也很复杂。其一，从用户自身来看，部分用户在接触到宣传导向强烈的文化产品时，识别能力较弱，缺乏自主判断的能动性，盲目跟风和从众心理，使其为适应群体交往而对文化产品的内容全盘吸收，从而产生认同心理；其二，从文化产品来看，美国电影的大制片厂制、明星制满足了用户对于影视作品的视听需求，对于文化产品的欣赏和喜爱之情，会提升其所蕴含的价值观的分量，由此产生认同心理；其三，文化产品中对于善恶、美丑、是非的描述往往具备普遍吸引力，始终是全人类关注和争辩的焦点话题之一，美国好莱坞大片立足具有普遍意义的思想观念，对自身价值观进行包装宣传，用户的接受更为主动，认同心理的倾向更为明显。

新媒体时代网络赋权使各种声音得以呈现，使具有强烈国家意识形态的作品更容易因关注而引起争议，但是由于用户自身的经历和心理衡量标准不同，抵抗心理和认同心理兼而有之且并存的现象较为普遍。

二、跨文化传播视域下的组织认同

组织认同是社会认同的一种特殊形式，是20世纪50年代以来在社会认同的基础上逐渐独立出来的概念。自1958年学者玛驰（March）和西蒙（Simon）

提出详尽的组织认同模型，部分学者将组织认同的研究与组织承诺联系起来，认为二者在情感部分有所重合，但实际上组织认同涉及的对自我的定义，是组织承诺难以体现的。学者戈登·比德尔（Golden Biddle）和拉奥（Rao）指出，组织认定回答了"我们是谁？""我们象征着什么？"等问题，帮助成员形成自我概念和自我归类；组织认同则侧重于组织帮助个体进行自我概念的构建，以组织成员的身份进行自我定义。[1]学者瑞卡塔（Riketta）对不同学者关于组织认同的定义做了归纳：从认知角度出发，学者布莱克·阿什福斯（Black E. Ashforth）将组织认同定义为个体对于组织成员感、归属感的认知过程，它体现了个人与组织在价值观上的一致性（congruence）[2]；从情感角度出发，学者查尔斯·赖利（Charles A. O'Reilly）认为组织认同是成员出于对组织有吸引和预期，进而保持在情感上的某种自我定义；从社会学角度出发，学者亨利·塔杰夫（Henri Tajfel）把组织认同定义为个体由于具有组织成员身份产生的一种自我定义，由于这种成员身份，产生了价值观上的一致和情感上的归属。[3]

通过学者研究，组织认同具有多重性和持久性两个主要特征。多重性主要包括两个方面：一是由大卫·斯卢斯（David M. Sluss）和阿什福斯（Ashforth）提出的组织认同的多个层面，包括角色层面（role-based）、个人层面（person-based）、人际层面（interpersonal level），又称关系认同（relation identificition）；二是指拥有多个层面认同的组织，一个组织内部往往具有经济、道德等多种认同。持久性主要是指组织认同对于个人的影响力具有长期作用，具体表现为与组织形成一致认同的个人自愿在组织中延续认同，或离开组织后仍受组织认同影响。

组织认同的基础理论主要包括差异论、资源论和信息论。差异论认为，组织认同是一个从"我"到"我们"的动态心理过程，是个体通过与组织中他人做对比、找差异、产生冲突摩擦，在心理上不断清晰组织的概

1　Golden.Biddle K, Rao H. Breaches in the Boardroom: Organizational Identity and Conflicts of Commitment in A Nonprofit Organization[J]. Organization Science, 1997, 8（6）: 593-609.

2　Ashforth B E, Mael F A. Social Identity Theory and the Organization[J]. Academy of Management Review, 1989, 14（1）: 20-39.

3　Riketta M. Organizational Identification: A Meta-Analysis[J]. Journal of Vocational Behavior, 2005, 66: 358-384.

念，最后走向认同，包括比较（comparison）、类属（categorization）、辨别（distinctiveness）、定位（definition）四个基本过程。资源论认为，组织具备有形资源和无形资源两种独特的资源，有形资源是组织外化成物质形式的总体概括，包括组织所拥有的硬件设备、实际人员数量等具体化的东西；无形资源强调的是组织所拥有的声誉，贯穿在组织的每一次对外交往和活动中。信息论认为，组织成员沟通交流的信息，在构建组织认同中起关键作用，传递的信息可以分为两类：一是说服性信息，即传递有关组织方针、纲领、目标等具有较强宣传性质的信息，加强组织成员对组织的凝聚力，以此降低其不确定性；二是形象性信息，包括组织内部及外部对其评价信息，也可以看作是组织整体形象在组织成员心中的体现。

组织认同相关的理论都是在分析如何使组织成员产生心理认同，从无视、抵抗组织转换为依赖、支持心理，以及认同心理的持续时长等。可见，组织认同本身就是一个心理转变的过程。组织认同下的个体受组织内部成员、组织所拥有的资源以及组织信息宣传的影响，会与组织保持趋同性，具有鲜明的身份特性，并对组织认同的作用产生长期反应。因此，组织成员在跨文化传播中与异文化组织接触中，出于对组织忠诚度心理的影响，组织成员会开启自我保护心理机制，呈排斥反应，或接触到拥有同质文化准则的组织，心理接受能力会更强。

随着全球化的进程不断推进，世界范围内的信息流动性增强，媒介搭建的社区景观趋同性增强，民族主义和世界主义之间的关系也有了新的变化。两者之间二元对立的针对性被共同体的相似性消融着，传统社会中以国家民族为基本单位的划分方式遭到质疑，国家民族之间的界限正在逐渐模糊，世界主义逐渐从理论走向现实。世界主义起源于公元前4世纪的犬儒主义学派，用以表达"宇宙公民"（citizen of the cosmos），公民和宇宙实际包含对立的理念，公民归属于特定的国家民族，而宇宙则具有普遍意义，所以世界主义也可以看作是"普遍宇宙"（cosmos）和"地方性政体"（polis）相互结合的。世界主义的目标超出国家主权或特定民族利益的范畴，它更注重追求对世界和全人类具有普遍意义的道德关怀和价值目标。

虚拟世界主义则沿袭了世界主义开放性的解释框架，基于新的技术结构和传播语境，为理解国家民族间的关系提供了新的尺度，为阐释身份认同、国家政治以及共同体建构等问题拓展了新的路径。媒介技术改变了世界与国家的关系，虚拟世界主义则是在此背景下应运而生的心理效应。布里·麦克尤恩（Bree McEwan）和索夫雷·丹顿（Sobré Denton）在一项有关虚拟社区的研究中提出了虚拟世界主义，该理论主要研究了跨国、跨文化的群体如何借助社会化媒体创造"虚拟的第三种文化"。[1]之后，索夫雷·丹顿和娜塔莉亚·巴尔丹（Natalia Bardhan）对虚拟世界主义做出明确界定，认为虚拟世界主义由可调解的社会网络空间促成，在这一空间中，文化和社会资本利用社交媒体整合联结，从而使世界主义在跨国传播中实现。[2]

　　虚拟世界主义往往将人类看作是一个整体，拥有精神共同体，在信息传播过程中，身份认同定位于全球公民的角色，对不同国家的政治、经济、文化具有极强的包容性，致力于建设和谐稳定的全球社区共同体，以世界主义为核心的个体往往具备强烈的责任感、道德感和使命感，注重人本关怀，在信息传播过程中始终立足于世界公民的身份，以维护世界和平发展、构建国际正义为目标，推动建设全球伦理新秩序。

📍 案　例

　　红十字国际委员会（International Committee of the Red Cross）于1863年在日内瓦创立，红十字国际委员会是一个以公道、公正、中立、独立、志愿服务、统一和普遍为宗旨的组织，大约1.3万名员工分布在全球80多个地区和国家；其核心功能是为战争和武装暴力的受害者提供人道保护和援助，并且还指导和协调国际援助工作，以及推广和巩固人道法和普遍人道原则的工作。红十字国际委员会在中国的官方微博的粉丝数量截至2024年8月底有63.8万，发布微博数量达7422条，多次参与微博热门话题互动，通过转发、点赞、评论的方式给予国

1　McEwan B, Sobré Denton. Virtual Third Cultures：Social Media, Cultural Capital, and the Creation of Cultural Spaces[J]. Intercultural New Media Forum：Journal of International and Intercultural Communication, 2011(4): 252−258.

2　Sobré Denton, Bardhan N.Cultivating Cosmopolitanism for Intercultural Communication：Communicating as A Global Citizen[M]. London：Routledge, 2013: 174.

际人道主义事务最大的关注和宣传。

世界动物保护协会(World Animal Protection)于1981年正式成立,长期致力于动物保护事业,以"终止动物虐待,重视动物保护"为宗旨,活跃在全球50多个国家,确保将动物保护纳入全球亟须解决的议题之中,积极加强和推动动物保护的观念和实践,向世界说明保护动物就是造福人类。通过网站的建设进行活动的组织、宣传,以及新闻的报道,为爱护动物的人提供便捷的网上交流平台。其在中国开设的微博官方账号,至2024年8月底已发布2710条微博,已拥有86.1万粉丝。

案例来源:世界动物保护协会官网

一般具有世界公益性质的组织一开始的成立或来源于某个国家的政府机构,或由个人组织搭建。但随着全球化的发展,在互联网技术加持下,参与加入这些组织的人员不再局限于特定的国家成员,其衡量标准不再止于公民身份,以互联网为基础实现虚拟共同体的连接,在全球公民的身份认同中实现沟通交流,组织中的成员往往对组织有着强烈的归属感,在组织的帮助下树立新的身份认同。

红十字国际委员会的历史源头始于一个叫亨利·杜南(Henny Dunant)的人,他在旅途中被战场上无人医治的战士所震撼,从而改变了原本的旅行计划,完全投入帮助救治和护理伤者的工作中。在技术结构驱动下的虚拟共同体中,有许多像亨利·杜南一样的个体,他们在组织中拥有与组织基本趋同的价值观和情感取向,在跨文化传播过程中体现出特殊的心理动机和行为目标。以红十字会为代表的,当下互联网技术加持下的组织成员以构建世界稳定和谐一体化、实现全体人类价值最大化为目标,进行信息的传播和选择。对于涉及具有普遍性意义的内容,其敏感程度更高,心理接受机制更为灵活;而在面对局部、区域性倾向明显的信息时,接纳程度较弱,出于感情、利益等立场的支撑,甚至会忽略这些信息,其心理对于信息接收的议程设置更为清晰缜密。

在跨文化传播中,虚拟世界主义下的群体成员往往更能激发个体价值。在多元化的交流中进行批判和反思,以组织的强烈归属感为出发点获得更强的身份认同感和忠诚感。国际化的空间平台加快了公民身份的溶解，为打破国家民族界限创造世界共同体的成员提供了基础条件。新媒体时代互联网的助力加快了虚拟世界主义的进程，扩展了其发展的路径和方向，个体通过各类网络平台、组织、机构实现数字资源共享。

◉ 案 例

联合国儿童基金会(United Nations International Children's Emergency Fund，简称UNICEF)，原名"联合国国际儿童紧急救助基金会"，于1946年12月11日创建，最初目的是满足第二次世界大战之后欧洲与中国儿童的紧急需求。随后，其工作扩展到保护全球各国母婴和儿童的生存、发展、参与和受保护的权利。联合国儿童基金会在190个国家和地区开展工作，以拯救儿童的生命、捍卫儿童权利、帮助儿童实现自我潜能为宗旨。

联合国儿童基金会全球官网上设有儿童保护、儿童生存、教育、应急响应等版块，每个版块下面又细分为不同问题，针对这些问题有三个方面的描述：挑战、解决方案和资源，不仅可以在网站详细设置的版块上获得有关世界各地儿童紧急需求的资料，还可以直接在网页上传儿童故事的视频、图片、文字加以援助，或直接通过网上捐赠的方式为世界另一个角落的儿童送去温暖。

案例来源：联合国儿童基金会全球官网

联合国儿童基金会为组织成员提供了个体价值可表达的平台，除去线下的志愿活动，通过线上平台如联合国儿童基金会官方网站、Facebook、Instagram、Twitter等社交平台将故事、活动的经验、有价值的线索进行分享，通过在线平台网站对世界范围内儿童的教育、医疗、性别平等相关领域作出贡献，也发挥明星效应在网络上进行宣传普及，如联合国儿童基金会大使王源在纪念《儿童权利公约》通过三十周年暨庆祝世界儿童日联合国大会高级别会议上发表演讲，通过王源在中国的影响力，使得联合国儿童基金会这一组织的知名度不断升温。

在以网络为基础搭建的虚拟共同体空间中，通过对话题的讨论、思考和批判，国家民族为界限的身份意识逐渐消融于组织之中，组织成员的个体价值被唤醒。通过在线资源的分配和交换，分析讨论具有普遍意义的世界问题，使之成为传播中的信息，从而反作用于个体本身，不仅更加明确了组织成员的身份认同，从心理层面上也变得更加积极主动，更具有普遍性的价值倾向。

三、跨文化传播视域下的个人身份认同

学者杰弗瑞·韦克斯（Jeffrey Weeks）对认同的定义被认为是最具社会学研究的代表，他认为认同给予社会成员一种个人归属感，也给予稳固核心的个体特征。同时，认同也有关个体的社会关系，涉及个体与他者之间的复杂关联。而从心理学角度出发，弗洛伊德的定义则最具代表性，他将认同定义为个人与他人、群体或被模仿的人物，在感情上、心理上趋同的过程。总之，学者都是根据社会和自我之间的关系进行定义。因此，从两者关系上可以归纳认同主要表现为自我认同（self identity）和社会认同（social identity）。[1]

不同文化群体以认同为依据，区别于其他社会存在并对外进行沟通交流。根据库利的"镜中我"理论以及米德的"符号互动"理论，在社会交往中认同受到影响，根据社会角色的扮演和呈现进行自我知觉、自我界定或自我参照认知，从而影响人的社会行为、生活方式，也影响着人们对他人的角色期待和行动预测。

而接受某种文化群体的认同，就意味着个体接受了特定的角色地位和行为规范，并以此作为自身行动的框架，从而使得个体在社会网络中进一步确认了自身身份，以此形成身份认同。行为主体在社会互动中通过对自身身份和他人关系不断更新，形成身份认同，其实质可以追溯到"我是谁"这一从苏格拉底时期就被一直探讨的哲学问题。关于身份认同，可归纳其特征包括三点：一是由主观认同和客观认同，共同构成身份认同；二是身份认同的形成过程是一个复杂的心理过程；三是身份认同是对群体之间共同性和差异性的认知。[2]也有学者在归纳其组成要素和来源时，提到个体的动态心理发展机

---

1 Jonathan Jenkins. Social Identity[M]. London: Lawrence & Wishart，1999: 88.

2 张淑华.身份认同研究综述[J].心理研究，2012（1）: 21–27.

制对身份认同的塑造起到明显作用。[1]所以，身份认同是个体确认自我身份和认知所归属群体以及整合所伴随的情感体验及行为模式的心理历程。身份认同不仅包含心理学的内容，对心理学的发展也起到了推动作用，学者埃里克森的"自我同一性"理论开创了将认同理论引入心理研究领域的先河，为研究自我同一性的形成提供了帮助。

身份认同不仅是个人对身份确认的复杂的心理过程，还涉及自我、他人、群体的划分。随着全球化发展进程不断深入，在国家、民族以及地方共同体的边界面临挑战的局面下，个人身份认同更是成为学者研究的热点。

Web2.0时代，以网络为基础的虚拟社群成为线上交往的新型沟通空间，以兴趣爱好为纽带形成的趣缘群体在其中尤为突出。其实，趣缘群体作为一种社会现象一直存在于人类社会发展过程中，最早的研究可以追溯到20世纪社会学家斐迪南·滕尼斯（Ferdinancl Tönnies）在城市社区的研究中提出的"共同体"和"社会"的二分概念，归纳出社区形成的核心前提是拥有共同的地域，而后在众多研究当中"兴趣社区"成为研究的一大类型。伯明翰学派在针对亚文化的研究中提出兴趣是其构成的内在因素之一。这些理论都为趣缘群体的研究提供了借鉴。

网络趣缘群体的形成从技术层面上分析，可结合哈罗德·英尼斯（Harold Innis）将媒介划分为"偏倚空间"和"偏倚时间"两类，在互联网技术加持下"偏倚空间"的媒介创造出大"社区"，打破了传统地缘、血缘、业缘为纽带的人际交往范围，信息传播的无限性得到释放；"偏倚时间"的媒介延伸了信息的传输和保留，凝聚小"共同体"。以互联网的普及、媒介传播技术的发展为基础，现实生活中零散的、碎片的小众趣缘群体发展成为网络虚拟社区当中数量庞大、种类繁多的存在。

📍 案　例

李子柒，1990年出生于四川省绵阳市，微博美食视频博主，知名自媒体人，

1　但海剑，石义彬. 数字时代跨文化传播中的文化身份认同[J]. 武汉理工大学学报（社会科学版），2009（4）：148-151.

被誉为"东方美食生活家"。2016年，李子柒开始拍摄手作视频，视频拍摄题材主要围绕中国传统农家的衣食住行展开。截至2021年9月停更，其全网粉丝数量超4675万，视频累计播放量达30亿。而李子柒的视频影响力不仅局限于中国，截至2024年8月底，她在Youtube上的粉丝数量达到了1980万。美国最具影响力的媒体之一CNN拥有的粉丝也不过1680万。而李子柒在Youtube账号上仅发布了128个视频，每一个视频的播放量都达到了1000万以上。2019年12月14日，李子柒获"年度文化传播人物"称号，荣登2019"年度影响力人物"榜单。

李子柒发布的一条纯中文动态，下面的最高赞和评论来自伊朗、美国、俄罗斯、菲律宾、巴西等国家。各国网友在页面评论：她是我最喜欢的Youtube博主；我经常看她的视频不仅是因为惊奇的配乐和声音，她还能让我回忆起孩子；只有看她的视频我不会跳过广告，因为我希望她赚取那些钱。[1]

案例来源：微博@雷斯林Raist

从喜爱李子柒的海外用户心理来看，网络趣缘群体是以兴趣和情感为核心、信任为基础建设的"圈子"，并形成"圈子化"的文化传播机制，通过对中国传统文化以及田园生活的向往为情感链接和兴趣点，将海外用户广泛相连，并以此为特征与其他圈层相区分，形成独特的文化传播。这是基于身份认同为基础的亚文化群体，在信息多元化发展过程中寻求身份认同和群体归属，在李子柒视频下聚集的海外用户找到了志同道合的成员，并且产生了强烈的群体意识。在这个过程中观看李子柒的视频，并通过讨论、点赞进行信息的频繁互动，圈子内的成员开始有"我们"的认识，进而促使个体的身份认同感不断加强，群体凝聚力和群体意识日益加深。

在《人类激励理论》一书中，心理学家亚伯拉罕·马斯洛（Abraham Maslow）将人类需求从低到高分为生理需求、安全需求、社交需求、尊重需求和自我实现需求这五种。当生理层面和安全层面的基本需求得以解决后，人类渴望与他人协作、交流，通过群体获得归属感和认同感的需求愈加明显，当互联网技术的不断发展减少了沟通交流的成本，为群体形成、对话和行动

1　雷斯林Raist. 李子柒怎么就不是文化输出？[EB/OL].（2019-12-05）[2023-08-09]. https://card.weibo.com/article/m/show/id/2309404446136898289811?_wb_client_=1.

提供支持平台后，以兴趣为核心的个体能够在网络平台上找到自己所属的圈子并进行自发聚集，在一段时间积累后达到一定规模成为趣缘群体。

后　记 ————————————————————————●

　　从2011年开设全校公选课"心理学与传播"至今已有14年，课程后改为全校通识课"传播心理学"，很幸运课程经过若干年建设，2020年入选浙江省一流课程，2021年这门课又成为专业选修课"媒介与公众心理"。一门课上了好多年，一路走来不易，所幸教学相长中也得到过一届届学生的诸多支持和喜爱。

　　因之前有申请到教材的出版资助，就想着把这几年的教案做一番整理，也是对这些年教学的梳理。本书的编撰得到了我的三位研究生吴勇波、胡雅洁、苏辉斌的大力支持，在此表示感谢。同时感谢本书的编辑葛娟老师的支持和帮助，由于今年在海外访学，书稿的校订都是远隔万里，深感于葛老师的耐心和专业。

　　对于本书的体例和涉及内容，本人进行了长时间的思考，并向多位心理学和传播学的学者请教，本书的撰写，参考了大量国内外同行的研究成果，对传播心理学的脉络和发展有了比较全面的了解。今年在剑桥大学的图书馆内借阅参考了一些珍贵的英文版书籍，尤为庆幸。限于篇幅，未能一一列出，在此谨对所有作者表示感谢。并借此机会向母校中国传媒大学的刘京林教授表达谢意，感谢刘教授对此书提出的宝贵建议，给了我莫大的鼓励。

　　由于资历尚浅，书稿经过几轮修改，还是有很多未尽之处，无奈出版在即，若有疏漏之处，还请各位读者见谅。此书的出版也算是完成了一个心愿，对这些年倾注自己心力的一门课程有所总结和归纳，这也是出版此书的初衷，若是阅后能引起诸位读者的共鸣，也是鼓励和支持。

　　身边有很多笔耕不辍的师友，因为常得鼓励包容，有幸成为其中的一个，感谢所有帮助我的人，以此为勉。

周　琼

二〇二四年冬于剑桥大学